DANS LA PRAIRIE CANADIENNE

This book has been published with the help of a grant from the Saskatchewan Department of Culture and Youth.

DANS LA PRAIRIE CANADIENNE

PAR GASTON GISCARD

traduction, **LLOYD PERSON**
introduction, **ANDRE LALONDE**
éditeur, **GEORGE E. DUROCHER**

3068-85

CAHIERS D'ETUDES "CANADIAN PLAINS" ■ 11
L.G. CROSSMAN, REDACTEUR EN CHEF

CANADIAN PLAINS RESEARCH CENTER
UNIVERSITY OF REGINA
1982

Copyright 1982 by the University of Regina, Canadian Plains Research Center.

Canadian Cataloguing in Publication Data

Giscard, Gaston, 1886-1969.
   Dans la prairie canadienne

   (Canadian plains studies, ISSN 0317-6290; 11)
   Textes en français et en anglais.
   Titre de la p. de t. additionnelle: On the Canadian prairie.
   ISBN 0-88977-024-7

   1. Giscard, Gaston, 1886-1969. 2. Canadiens français — Saskatchewan — Bio-
graphies. 3. Défricheurs et pionniers, Vie des — Saskatchewan. I. Durocher,
George E. II. University of Regina. Canadian Plains Research Center. III. Titre.
IV. Titre: On the Canadian prairie. V. Collection.
FC3522.1.G58A3 1982   971.24'202'0924
F1072.G58A3 1982   C82-091017-1F

Giscard, Gaston, 1886-1969.
   On the Canadian prairie

   (Canadian plains studies, ISSN 0317-6290; 11)
   Text in French and English.
   Title on added t.p.: Dans la prairie canadienne.
   ISBN 0-88977-024-7

   1. Giscard, Gaston, 1886-1969. 2. Canadians, French-speaking — Saskatche-
wan — Biography.* 3. Frontier and pioneer life — Saskatchewan. I. Durocher,
George E. II. University of Regina. Canadian Plains Research Center. III. Title.
IV. Title: Dans la prairie canadienne. V. Series.
FC3522.1.G58A3   971.24'202'0924
F1072.G58A3 1982   C82-091017-1E

Canadian Plains Research Center
University of Regina
Regina, Saskatchewan
S4S 0A2

TABLE DES MATIERES

PREFACE

Gaston Giscard est né à Cransac (Aveyron) le 2 mai 1886. A la suite de ses études puis d'un stage dans l'armée, il quitte la France pour le Canada en mars 1910.

De Saint-John, Nouveau-Brunswick, son point de débarquement, Giscard monta à bord du Transcontinental et poursuivit son trajet vers North Battleford, Saskatchewan, où l'abbé Paul Esquirol l'attendait. Ce prêtre qu'il avait déjà connu en France le conduisit à Jack-Fish, l'hébergea dans son presbytère et l'aida à trouver un emploi. Un peu plus tard au printemps de 1910, l'abbé Esquirol l'aida à sélectionner un *homestead* au nord de Jack-Fish.

Avant de se mettre à l'oeuvre sur sa propre terre, Giscard devait obtenir de l'argent pour se procurer de la machinerie agricole et simultanément acquérir une connaissance au moins rudimentaire des méthodes agricoles appliquées par les pionniers. Au cours du printemps et de l'été de 1910, il a détenu une variété d'emplois — il a labouré, émotté, hersé et ensemencé la terre d'un immigrant venu de Lyon, conduit le tracteur d'un autre fermier, manoeuvré un gratteur tiré par des chevaux pour la construction des routes, et défriché la terre d'un autre fermier, puis a façonné des poteaux de clôture avec les arbres qu'il avait coupés.

Vers la fin de l'été 1910, lorsque Giscard a commencé à défricher sa terre, il a découvert que sa propriété était recouverte de pierres. Déçu mais non découragé, il a décidé d'abandonner sa terre et de tenter de trouver une meilleure propriété ailleurs.

Ne pouvant obtenir une récolte sur sa propre terre en 1911, il loua la ferme de Léon Chaland située à Jack-Fish et simultanément selectionna un nouveau *homestead* dans le district d'Emmaville près de la rivière English. Au cours de l'été 1911, il accomplit le travail de deux hommes — effectuant les travaux requis sur la terre louée tout en entreprenant certains projets dans sa propriété pour s'assurer que sa terre serait habitable (et même rentable) l'année suivante.

Sa portion de la récolte sur la ferme de Chaland en 1911 lui permit de séjourner en France durant l'hiver de 1911-1912. Il était de retour en Saskatchewan au mois de mars 1912, envisageant avec plaisir les travaux sur sa terre. Au début de l'été, il construisit une maison neuve, en bois cette fois, pour remplacer le *sod shack* construit hâtivement l'année précédente.

Au cours du même été, son troisième en Saskatchewan, il décida d'établir un magasin de village pour augmenter son revenu agricole. Avec l'enthousiasme et l'énergie qui le caractérisent, il construisit un nouveau bâtiment près de sa maison, et en août 1912, il vendait épiceries, quincailleries et autres produits à ses voisins.

A l'automne de 1913, Giscard moissonna sa troisième et dernière récolte. Ayant connu un succès modeste dans le secteur agricole et en affaires, il décida de vendre et de déménager à Edmonton. C'est dans cette ville au début de 1914 qu'il s'associa avec un médecin, un journaliste, un banquier et un ministre du cabinet provincial pour fonder la Société Immobilière Franco-Canadienne. (Un extrait de son texte se lit comme suit: "Le titre de notre société était Franco-Canadienne Realty Cy, avec siège social à Edmonton.")

Cependant, le déclenchement de la guerre mit fin à la participation de Giscard dans cette nouvelle compagnie. Même s'il était devenu officiellement citoyen canadien, il retourna en France pour défendre son ancienne patrie.

A la fin de la guerre, Gaston Giscard, maintenant marié et dépassant les 30 ans, s'installa à Toulouse où il créa une manufacture de chaussures. Il demeura directeur de cette entreprise jusqu'à sa retraite en 1952. Durant sa longue et heureuse carrière, Giscard fit preuve du même entrain, du même enthousiasme et de la même intelligence (tels que reflétés à travers ces pages) durant les heures de loisirs. Il devint alpiniste très habile, spéléologue amateur[1] et pêcheur qui connaissait à fond ce sport puisqu'il alla jusqu'à écrire des articles sur la pêche.[2]

Durant les quelques années qu'il fut un *homesteader,* Giscard écrivit tous les quinze jours à sa mère et à d'autres membres de sa famille. Ce courrier fut préservé par une des soeurs de Giscard qui, avec l'appui de son épouse, lui recommanda de rédiger un compte-rendu de ses expériences au Canada. La lecture de ses anciennes lettres stimula chez lui beaucoup d'intérêt mais il avait déjà beaucoup trop de préoccupations. C'est seulement durant les premiers mois suivant sa retraite qu'il eut le temps de refondre ce vieux courrier et de préparer un manuscrit. Au cours de l'année 1952, année de sa retraite, une maison d'édition à Lyon publia ce petit volume de mémoires sous le titre *Dans la prairie canadienne.*

---

[1]   Giscard était fier d'avoir étudié et exploré les cavernes avec le spéléologue réputé, Norbert Casteret. Voir page 78.

[2]   Lorsque Giscard est revenu en Saskatchewan en 1957, il participa à plusieurs expéditions de pêche avec d'anciens et de nouveaux amis et il rédigea un compte-rendu détaillé et intéressant de ces expéditions. Cependant, ce compte rendu n'a pas été inclus dans ce volume (avec regret) parce qu'il y avait peu de liens entre Giscard le *homesteader* et l'homme d'affaires durant l'ère des pionniers sur les prairies.

Cependant, même si ce volume était fort intéressant, il ne rendait pas justice au manuscrit que Giscard avait préparé. On l'avait persuadé de publier un volume à l'intention des écoliers et il avait en conséquence été obligé d'omettre plusieurs de ses expériences au Canada.

Giscard a rêvé pendant plusieurs années, même avant sa retraite en 1952, d'entreprendre un voyage en Saskatchewan qui lui permettrait de renouveler ses anciennes amitiés et de revoir son lopin de terre. Il avait déjà 71 ans lorsqu'il entreprit son voyage vers la Saskatchewan en 1957. Il fut reçu chaleureusement par ses anciens amis et voisins qu'il n'avait pas vus depuis 40 ans. Il fut étonné de voir des routes pavées, les nouveaux bâtiments sur les fermes, la machinerie agricole moderne. Après un séjour de trois mois au Canada et aux Etats-Unis, il rentra en France déterminé à ajouter un nouveau chapitre à son manuscrit.

Lorsque l'auteur de cette préface prit contact avec Gaston Giscard en 1969 pour lui suggérer que ses mémoires de pionnier pourraient être publiés au Canada, il répondit avec enthousiasme et signala que le compte-rendu de sa visite en 1957 devrait être ajouté au manuscrit original — une suggestion que j'ai fortement appuyée. Nous avons échangé plusieurs lettres concernant le volume proposé. Malheureusement, Gaston Giscard est décédé au mois de novembre 1969 à la suite d'un accident de voiture.

J'ai tenté de réorganiser le contenu du volume publié en 1952 et les différents manuscrits de Giscard portant sur ses expériences au Canada. Ici et là, une note au bas de la page fut ajoutée pour identifier une personne ou un lieu, mais ces explications ont été tenues au minimum.

Je tiens à remercier les filles de Monsieur Giscard qui m'ont octroyé la permission de publier cette version éditée des mémoires de leur père. La correspondance de Madame F. Cabannes (née Giscard) me fut très utile lorsque je tentais de réorganiser les mémoires de son père.

Il m'est impossible de nommer tous ceux qui ont contribué à la publication de ce volume, mais je ne peux pas me permettre de passer sous silence le Canadian Plains Research Center de l'Université de Régina pour avoir accepté de publier ces mémoires en français et en anglais, le professeur Lloyd Person du "Faculty of Extension" de l'Université de Régina qui a traduit le texte français en anglais: le professeur Brian Rainey du Département de français de l'Université de Régina qui nous a offert plusieurs suggestions concernant le texte français et la traduction anglaise; L.G. Crossman, professeur emeritus à l'Université de Régina, pour ses conseils et son assistance concernant des problèmes d'édition; Barbara Jones, coordinatrice des publications au Canadian Plains Research Center, pour l'attention qu'elle a consacrée au format et au texte de volume; et le professeur André

Lalonde du Département d'histoire de l'Université de Régina pour ses suggestions concernant le texte des mémoires de Giscard et pour son introduction qui place ces mémoires dans le contexte de l'immigration française en Saskatchewan.

GEORGE E. DUROCHER, o.m.i.
Editeur

INTRODUCTION: L'IMMIGRATION FRANÇAISE DANS L'OUEST CANADIEN, 1896-1914

L'Ouest canadien se trouvait en pleine période d'expansion lorsque, en 1910, Gaston Giscard quitta son pays natal, la France, et vint s'établir en Saskatchewan. Des milliers d'Américains, Britanniques, Scandinaves, Allemands et Ukrainiens affluaient alors vers les prairies canadiennes. Cependant, peu d'émigrants français précédèrent ou suivirent Giscard. Si les Français furent parmi les premiers Européens à explorer et à exploiter l'Ouest, ce sont d'autres groupes ethniques qui peuplèrent cette région.

Les Français pénétrèrent initialement dans ce territoire durant les années 1730. La course aux fourrures et la nécessité de neutraliser l'influence économique de la compagnie de la Baie d'Hudson poussèrent les voyageurs de la Nouvelle-France à construire une série de postes de traite sur le littoral des artères fluviales qui sillonaient les prairies. La conquête de la Nouvelle-France par les forces britanniques ainsi que la perte de la vallée de l'Ohio à la suite de la révolution américaine entraînèrent la réorganisation de la traite et mit en valeur l'Ouest en tant que réservoir à fourrures. Les deux compagnies rivales, la compagnie de la Baie d'Hudson et la Compagnie du Nord-Ouest, accrurent leur main-d'oeuvre. Afin de réduire ses frais d'opération et d'handicaper son compétiteur, la compagnie de la Baie d'Hudson appuya la création d'une source locale d'approvisionnement: la colonie de la Rivière Rouge. Cependant, dès 1821, le coût élevé des frais d'opération et le déclin du marché des fourrures entraînèrent la fusion des deux compagnies.

Vers 1800, à l'époque où la compétition avait atteint son apogée, la compagnie du Nord-Ouest maintenait une main-d'oeuvre d'environ 2,000 employés, la plupart d'entre eux français. Ces hommes jeunes, isolés dans la prairie pour des périodes prolongées, recherchaient souvent la compagnie de femmes. La progéniture de ces mariages ad-hoc et autres entre les traiteurs français et les Indiennes constitua le noyau de la nation métisse.

A la suite de la fusion des deux compagnies et de la réduction de la main-d'oeuvre, plusieurs des anciens employés perdirent leur emploi et choisirent de s'établir avec leur famille dans la colonie de la Rivière

Rouge. Ils y furent encouragés par les quelques prêtres catholiques français qui s'étaient aventurés vers la région de la Rivière Rouge afin de christianiser les Métis et les Indiens. Au fur et à mesure de l'accroissement de la population française et métisse, le nombre de prêtres catholiques augmenta encore davantage. Ces prêtres étaient recrutés au Québec et en France pour desservir les missions établies à travers les prairies. En 1870, l'élément français représentait la moitié de la population d'extraction européenne au sein de la seule colonie de l'Ouest et l'église catholique romaine était fermement implantée à travers les prairies.

Cependant, l'achat par le Canada du territoire qui appartenait à la compagnie de la Baie d'Hudson suscita l'anxiété parmi les Métis qui craignaient que l'afflux d'immigrants anglo-saxons de l'Ontario et des Iles britanniques ne menaçât leur langue, leur foi et leur culture. Bien que les Métis aient réussi à la suite d'un soulèvement à obtenir du gouvernement canadien certaines garanties constitutionnelles pour protéger leurs institutions les plus chères, les membres de la hiérarchie cléricale de l'Ouest se rendirent compte que ces garanties constitutionnelles ne survivraient pas indéfiniment si le pourcentage de la population française fléchissait de manière significative. Afin de maintenir la parité numérique, le clergé catholique et une poignée de laïcs du Manitoba tentèrent alors de recruter des colons au Québec et de rapatrier les Canadiens français exilés en Nouvelle-Angleterre.

Le Père Lacombe et quelques-uns de ces confrères balayèrent la province de Québec à la recherche de colons désireux de s'établir dans l'Ouest. Le gouvernement fédéral nomma des missionnaires-colonisateurs mandatés pour rapatrier les Canadiens français exilés aux Etats-Unis. Des sociétés furent créés pour coordonner les efforts dans le secteur de la colonisation et aider les nouveaux pionniers.

Les membres du clergé de l'ouest n'obtinrent cependant pas l'appui de leurs confrères de la belle province. Le clergé du Québec refusait en effet d'encourager ses ouailles à s'établir dans l'Ouest canadien où ils seraient engloutis par la masse des étrangers. De plus le Québec avait ses propres territoires vierges à coloniser et la majorité des prêtres et des politiciens du Québec recommandaient à leurs concitoyens de demeurer au sein de la patrie, le Québec.

La plupart des Québécois ne firent pas attention aux conseils de leurs dirigeants. Incapables de survivre au Québec, des milliers de Canadiens français immigrèrent aux Etats-Unis où ils pouvaient obtenir un emploi dans les usines de textiles, mais peu de Québécois s'orientèrent vers l'Ouest. Les collectes à travers la belle province, organisées par les missionnaires des prairies pour subvenir aux besoins des Métis, avaient donné aux Québécois l'impression que l'Ouest était inhabitable, une région de misère.

Les missionnaires-colonisateurs des prairies qui de leur côté tentaient de rapatrier les Canadiens français exilés aux Etats-Unis ne connurent guère plus de succès. Ces individus qui avaient quitté leur pays natal pour causes économiques se méfiaient de ces prêtres qui faisaient l'éloge des vertus de l'Ouest canadien.

Tandis que les Québécois considéraient l'Ouest comme "une solitude désertique", "un gouffre à engloutir nos taxes", les Ontariens présumaient que l'Ouest canadien faisait partie de leur patrimoine et constituait un prolongement de leur province natale. Ces idéologies opposées entraînèrent de profondes modifications dans la composition de la population du Manitoba. La pénurie de nouveaux colons français et l'exode de plusieurs Métis qui s'aventuraient plus à l'ouest contrecarrèrent les efforts des Franco-Manitobains qui tentaient de conserver la parité numérique. Afin de permettre aux Canadiens français de l'Ouest de reprendre le terrain perdu, les membres de la hiérarchie cléricale du Québec avisèrent l'évêque du Manitoba de rechercher des colons dans les pays français d'Europe.

La tournée que le curé Labelle fit en France en 1885 éveilla un nouvel intérêt pour l'ancienne colonie française parmi les royalistes et certains ecclésiastiques. Des sociétés d'immigration furent créées pour répandre à travers la France des renseignements sur le Canada. Des prêtres français s'aventurèrent vers l'Ouest canadien dans le but d'établir de nouvelles paroisses françaises et catholiques.

Vers 1900, de nouveaux villages peuplés par des francophones d'Europe parsemaient le paysage des prairies. Un jurassien, l'abbé Dom Paul Benoît, fonda Notre-Dame de Lourdes. L'abbé Gaire d'Alsace-Lorraine recruta en France et en Belgique des centaines de colons qui s'établirent dans le district d'Assiniboia (aujourd'hui le sud-est de la Saskatchewan). Ses efforts entraînèrent la création de quelques villages, tels Bellegarde, Cantal, Wauchope. Hector Fabre, le Consul canadien posté à Paris, ainsi que son secrétaire, Pierre Foursin, et quelques financiers parisiens planifièrent et subventionnèrent la création de Montmartre. Toutefois cette immigration de colons belges et français ne contribua pas à une modification significative de la composition ethnique de l'Ouest.

De 1870 à 1895, le taux d'immigration vers l'Ouest canadien fut négligeable en raison d'une récession économique généralisée et de la proximité des Etats-Unis en pleine voie de développement. Cependant, malgré cette pénurie d'immigrants, les Français ne réussirent pas à maintenir leur parité numérique et, en 1896, les Français représentaient environ 10 pourcent de la population de l'Ouest canadien.

Lorsque la politique du gouvernement fédéral de placer un colon sur chaque quart de section de terrain commença à porter fruit vers la fin du XIXe siècle, les Francophones de l'Ouest craignèrent d'être submergés. Cependant, leur détermination à survivre incita l'intelligentsia francophone de l'Ouest à intensifier ses activités dans le domaine de la colonisation. De plus, les francophones influents de l'Ouest exhortèrent le gouvernement fédéral à attribuer des fonds supplémentaires au recrutement de colons de langue française au Québec, aux Etats-Unis et en Europe.

Le gouvernement fédéral répondit à cette pression en nommant en France des agents d'immigration supplémentaires, en augmentant la diffusion du matériel publicitaire à travers les pays francophones d'Europe et en fournissant des fonds supplémentaires aux missionnaires-colonisateurs actifs dans le secteur du rapatriement et de l'établissement de colons.

Toutefois, l'afflux anticipé d'immigrants francophones vers l'Ouest canadien suite à l'augmentation du personnel et des fonds disponibles ne se réalisa point. La majorité des ecclésiastiques et des politiciens du Québec s'opposèrent à toute activité qui puisse avoir pour conséquence la dépopulation de "la patrie". On attendait des missionnaires-colonisateurs de l'Ouest qu'ils limitent strictement leurs activités au secteur du rapatriement. Cependant, en ce domaine, le clergé québecois refusait de laisser le champ libre à ses confrères de l'Ouest. Une foule d'agents de rapatriement du Québec, de l'Ontario et des prairies bombardèrent les Franco-Américains de littérature publicitaire assimilant le Canada à la Terre Promise. Mais ces individus qui avaient quitté leur pays natal pour causes économiques ne pouvaient facilement être persuadés d'y revenir.

Quant à l'Europe, le gouvernement français réagit à l'aggressivité des agents canadiens en menaçant d'appliquer rigoureusement les lois qui avaient pour but de limiter sévèrement toute forme de propagande destinée à promouvoir l'émigration de citoyens français. Les autorités, à Paris, craignaient que les activités d'agents d'émigration ne servent qu'à accentuer un problème qui les préoccupaient grandement: la dépopulation des milieux ruraux. De plus, plusieurs politiciens français éminents avaient été scandalisés par les déclarations publiques de certains prêtres originaires de France qui, lors de leurs tournées de recrutement dans leur pays d'origine, avaient accusé le gouvernement d'anticléricalisme.

Même si le gouvernement à Paris n'avait pas imposé de restrictions, l'immigration de fermiers français vers les prairies canadiennes n'aurait pas augmenté de façon significative. Environ 15,000 personnes émigraient de France annuellement. Croyant que le Canada ne consistait qu'en "quelques arpents de neige" (selon le mot de Voltaire), la plupart des émigrants français s'aventuraient vers les Etats-Unis, l'Argentine, le Chili ou vers d'autres pays où le climat était réputé plus clément.

Le taux d'immigrants francophones du Québec, de France, de

Belgique et des Etats-Unis n'atteignit jamais le niveau anticipé dans l'Ouest. Cependant, durant la période d'expansion, si les francophones de l'Ouest n'avaient pas réussi à remonter la pente, ils n'avaient pas non plus perdu de terrain. Ils constituaient en 1914 le même pourcentage de la population totale qu'en 1896.

Gaston Giscard était un de ces colons français arrivés dans l'Ouest canadien durant l'apogée de la période d'expansion. Agé de 24 ans, le résident de Cransac (Aveyron) recherchait l'aventure. La présence d'un ami intime dans ce pays fut le facteur déterminant qui incita Giscard à immigrer vers l'Ouest canadien. Ce n'était pas un phénomène exceptionnel. Plusieurs de ses compatriotes optèrent pour le Canada pour la même raison. Comme le fit Giscard, ils s'appuyaient sur leurs amis ou leur parenté pour obtenir un emploi à leur arrivée et pour se familiariser avec leur nouvel environnement tout en épargnant suffisamment de fonds pour se mettre à leur compte.

Dans l'ensemble, les expériences relatées par Giscard sont typiques, plutôt qu'uniques. Les problèmes et les épreuves que Giscard a affrontés et surmontés furent éprouvés par un bon nombre de pionniers, surtout ceux qui venaient de France. Une multitude de nouveaux colons, leurrés par les apparences, choisirent comme *homestead* un lopin de terre encombré de pierres. Après s'être éreintés pendant des semaines ou des mois, ils reconnaissaient la futilité de leurs efforts, abandonnaient leur carré de terre et recommençaient à neuf ailleurs. Plusieurs colons, comme Giscard, durent se réfugier sous la table de cuisine durant un orage parce que le toit de tourbe qu'ils avaient construit laissait entrer la pluie. Ainsi en relatant ses expériences personnelles, Giscard nous offre une histoire sociale non seulement d'une partie de sa vie mais de l'ère des pionniers en général.

Le séjour de Giscard dans la prairie canadienne prit fin soudainement en 1914. Suite à l'appel lancé par le Consul Général français posté à Montréal, Giscard rentra en France pour défendre son ancienne patrie. Plusieurs colons français revinrent au Canada après la guerre, mais Giscard préféra s'établir dans la région de Toulouse où il s'aventura dans le commerce. Peu après avoir pris sa retraite, Giscard put réaliser un rêve qui l'habitait depuis longtemps: visiter le Canada. L'incrédulité et la stupéfaction caractérisent sa description de l'Ouest qu'il avait quitté quarante-trois ans auparavant. Il est renversé par les changements qui se sont produits, particulièrement dans le secteur agricole, entre 1914 et 1957. L'étonnement de Giscard force le lecteur à reconnaître la rapidité de l'expansion qui a caractérisé le développement de l'Ouest canadien durant la première moitié du vingtiéme siécle.

A.N. LALONDE
Département d'histoire
Université de Regina

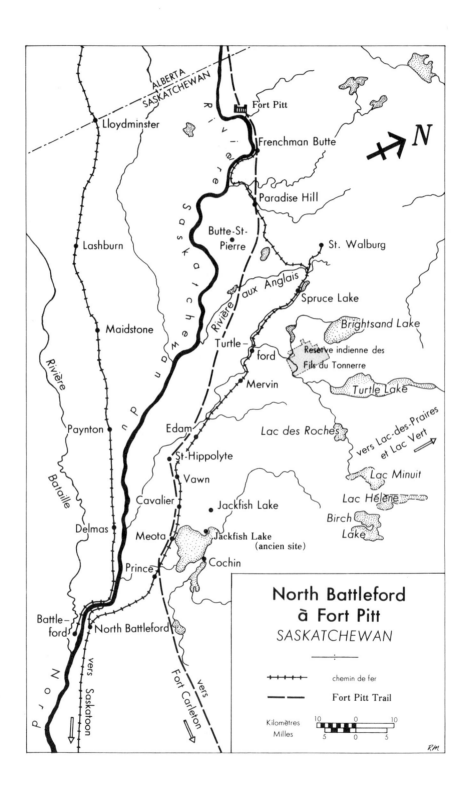

ALBERTA
SASKATCHEWAN

Fort Pitt

Frenchman Butte

Lloydminster

Paradise Hill

Butte-St-
Pierre

St. Walburg

Lashburn

Rivière aux Anglais

Spruce Lake

Brightsand Lake

Maidstone

Turtle–
ford

Réserve indienne des
Fils du Tonnerre

Turtle Lake

Mervin

Paynton

Edam

Lac des Roches

vers Lac-des-Prairies
et Lac Vert

St-Hippolyte

Lac Minuit

Vawn

Lac Hélène

Cavalier

Jackfish Lake

Birch
Lake

Delmas

Meota

Jackfish Lake
(ancien site)

Prince

Cochin

Battle–
ford

North Battleford

vers Saskatoon

vers
Fort Carleton

North Battleford
à Fort Pitt
SASKATCHEWAN

chemin de fer

Fort Pitt Trail

Kilomètres
Milles

10   0   10

5   0   5

RM

DANS LA PRAIRIE CANADIENNE

I   LE GRAND VOYAGE

Rien ne m'avait préparé à la vie aventureuse. Au collège, je n'étais pas précisément un brillant élève, puisque j'avoue, à ma grande honte, avoir été collé trois fois à l'oral du baccalauréat.

Ce que j'ai le mieux retenu de mes études classiques, ce sont deux vers d'Euripide, pour les avoir copiés mille fois. Mais le peu de grec et de latin que je savais devait me suffire amplement pour ma nouvelle vie. Le seul prix que j'aie jamais décroché, celui de gymnastique, m'a servi davantage.

Après mon service militaire, je sentis qu'il fallait songer plus sérieusement à l'avenir. Mon "Oncle Curé" avait eu comme vicaire un jeune prêtre que je connaissais bien et qui était parti s'installer au Canada: l'abbé Paul Esquirol. J'avais lu ses lettres; elles enflammèrent mon jeune esprit emballé de Mayne-Reid et de Fenimore Cooper. J'avais besoin d'air frais. Ma mère le comprit. Je n'acceptai de sa part que la somme suffisante pour la traversée et un peu d'argent de poche, afin d'être obligé de travailler dès mon arrivée.

Et je partis. Nous sommes au printemps de 1910.

A Paris, après avoir conduit mes bagages à la gare transatlantique Saint-Lazare, je vais à la Compagnie Allan Line, qui me délivra un billet de Paris au Havre et un autre de Saint-John, Nouveau-Brunswick (port de débarquement au Canada) à North Battleford, Province de Saskatchewan, au coeur des prairies: soit 4 jours et 4 nuits de chemin de fer.

Encore un guichet: employés avenants au large sourire, et j'ai maintenant le billet de traversée et de grosses étiquettes à coller sur mes bagages. Tout cela respire déjà la mer, le large. J'échange 500 francs d'argent français en un chèque payable à Montréal de 94 dollars. (Le dollar valait 5 fr. 15.)

Je suis ensuite l'objet d'un questionnaire sévère, pour le gouvernement canadien. Questions:

"Qu'allez-vous faire au Canada? Quelle est votre religion? Etes-vous célibataire ou marié? Allez-vous chez des amis? Avez-vous des parents au Canada? A quelle adresse? Etes-vous bigame, polygame? Etc., etc."

Et je signe ma déclaration.

Je repars de Paris le soir, à 20 heures, pour arriver au Havre à minuit.

Le lendemain, je vais sur les quais voir *Le Corinthian*, sur lequel je dois embarquer. Il n'est pas encore là. Il arrive de Londres et n'entrera qu'à midi au port, par marée haute. En attendant je contemple l'océan que je vais traverser pour la première fois.

Le Corinthian, joli paquebot, rentre au port à 11 heures et attendra la marée haute pour repartir demain. Je visite le port. Le Havre est une ville assez sale. Dans la soirée, je me rends à bord du *Corinthian*.

Sur ce paquebot, pas de premières. Les cabines de deuxième sont considérées comme premières. Elles sont confortables. C'est un bateau déclassé; il ne peut plus lutter de vitesse avec des paquebots plus modernes, qui arrivent à faire la traversée de l'Atlantique en cinq jours. Pour des personnes moins pressées, ces paquebots déclassés offrent l'avantage du confort des premières avec un billet de deuxième.

J'ai vu ce soir les yachts de Rothschild, de Dufayel et de Meunier. Celui-ci n'a pas bougé depuis 5 ans. Il brille comme s'il était neuf. Il a 24 hommes à bord en permanence et les officiers. En déplacement, ils sont 60.

Nous quittons le Havre. *Le Corinthian* s'éloigne lentement du quai et gagne la haute mer. Peu à peu les côtes de France s'éloignent, s'estompent et disparaissent. Le coeur se serre un peu de quitter son pays, la "doulce France". Je pense aux derniers instants de la séparation, aux adieux, à la famille, au village. L'épreuve est dure, mais quand on est jeune, plein de courage, on se ressaisit vite, et "vogue la galère".

Dans toute traversée, on donne une soirée au profit des sinistrés de la mer. Les artistes sont recrutés parmi les passagers. Je descends dans les cales pour aller chercher ma flûte dans une de mes malles. Ce n'est pas sans peine; il y fait chaud, je sue sang et eau, pour les retrouver parmi tant d'autres, dans l'obscurité et la chaleur étouffante.

Nous faisons aussitôt une répétition. Les morceaux à jouer sont faciles. Je puis aisément les accompagner avec le piano. Les Anglais exultent d'avoir déniché pianiste et flûtiste. Au salon, on s'amuse à dire la bonne aventure. Je trouve dans un almanach Hachette, qui traîne sur une table, la façon de dire l'avenir par les cartes. Trouvaille! Je prends comme interprète un Français établi au Canada depuis 30 ans, et qui parle très bien l'anglais. Les Anglais sont très superstitieux. Quand je leur ai dit que je pouvais connaître l'avenir (pas moins), il a fallu m'exécuter de bonne grâce.

Naturellement, j'invente beaucoup. Le traducteur, que je ne puis contrôler, doit en faire autant. Les jeunes filles, je les fais marier avec un beau jeune homme très riche, très distingué. Tout le monde est ravi. "All right."

Des toasts sont portés en anglais et en français. Le Docteur du bord (30e année) parle aussi, mais un peu trop . . . grâce au whisky. Il met, me dit-on, les pieds dans le plat, en touchant à la politique anglaise, car il est Irlandais.

Nous attendons avec impatience le moment du débarquement à Saint-John. Depuis deux jours la mer est très calme et nous filons à belle allure. Nous sommes tous les jours en relation par radio avec trois ou quatre navires.

A bord, trois repas par jour, à 8 heures, 13 heures et 18 heures. La cuisine, exclusivement anglaise, est loin de valoir la nôtre. Anglais et Américains le reconnaissent, et c'est pourquoi les bateaux de la French Line, Compagnie Générale Transatlantique, sont si renommés pour la table.

Le petit déjeuner du matin, le *breakfast* anglais, est un repas complet comme les autres, avec *porridge*, bouillie d'amande d'avoine avec du lait, oeufs au jambon, viandes froides, confitures, fruits, toasts beurrés. Comme boisson, à tous le repas, du thé pour les Anglais, du café pour les Français. A 10 heures, 16 heures, 21 heures, *five-o'clock Tea*, c'est-à-dire thé au lait avec gâteaux, pain beurré et grillé.

Les premiers jours, le mal de mer aidant, nous trouvions la cuisine exécrable. Je me souviens en particulier d'une sauce à la menthe et d'un poulet à la confiture!

Au réveil, nous percevons les côtes d'Amérique. Le temps est splendide, avec un beau soleil, que l'on croirait de notre Midi de la France, mais l'air est très vif. Il fouette le visage, mais c'est tonique.

Sur le pont, les hommes d'équipage font les préparatifs de débarquement. Chacun commence à boucler ses bagages et écrit fiévreusement, pour faire partir sa correspondance à l'arrivée. Appuyé au bastingage, tel Christophe Colomb, je contemple les côtes du Nouveau Monde.

Nous débarquons: visite sanitaire, douane, formalités. Un des nôtres glisse à un employé 2 dollars, qui ont pour effet de faire passer nos bagages comme une lettre à la poste.

Nous partons de Saint-John à 18 heures, et nous voici dans le "transcontinental". Je ne me suis pas séparé de mes compagnons de route du *Corinthian*. Dans le train, un dollar glissé à l'employé, et nous passons la nuit en première classe dans le pullman.

De larges cages, au-dessus de nos places, s'ouvrent en forme de lit. Le jour, elles sont invisibles, dissimulées dans le parois. Elles comprennent deux couchettes. Au-dessous, les sièges sont reliés par deux rallonges, qui forment deux autres lits.

Dans les compartiments longs et très modernes, on trouve fumoirs formant salon de lecture, cabinets de toilette avec eau chaude et froide, et une pile de serviettes. Après usage, même un simple lavage de mains, on met sa serviette au panier. Dans chaque compartiment, il y a un filtre avec de l'eau glacée, une cuisinière toujours allumée, pour faire chauffer les aliments, pour ceux qui veulent faire la cuisine eux-mêmes. Pour certains, ces voyages durent près d'une semaine: de l'Atlantique au Pacifique (de Saint-John à Vancouver) il faut 5 jours et 5 nuits.

Une personne de service, toute la journée, fait la navette sur le train, balaie, astique, rince les cuvettes, vide les cendriers, nettoie les crachoirs.

Ah! ces crachoirs. C'est un objet national. On en trouve partout à profusion! J'étais installé au fumoir, quand je vois un monsieur se diriger vers moi et m'envoyer un jet de salive entre les jambes. Je n'avais pas pris garde que j'avais un de ces ustensiles à mes pieds. Les Américains chiquent énormément, et il faut bien un exutoire à leur excès de salive. Ils sont très forts pour envoyer à 2 mètres leur jet, dans l'ouverture largement évasée du crachoir, sans le rater.

En queue des trains se trouve souvent un wagon observatoire, avec salon-plate-forme à l'arrière, pour contempler le paysage à l'air libre. Le wagon-restaurant, *dining-car*, est toujours à la disposition du voyageur qui ne veut pas préparer ses repas.

Les fermes défilent avec leurs bâtisses en bois peint. Leur aspect est riant, on dirait des cottages. Nous faisons halte à Montréal et le visitons. Le temps est très doux, et les rues sont en plein dégel. "La neige pourrit", comme on dit joliment ici. Des enfants de 15 ans conduisent de lourdes voitures ou passent avec des véhicules légers dans les rues encombrées. Les cinémas abondent. L'Armée du Salut fait des quêtes dans la rue avec musiciens et chanteurs.

C'est dimanche, tous les magasins sont fermés, sauf les hôtels et les *drug-stores*, sorte de pharmacies vendant de tout. La ville semble morte: on ne peut rien acheter, repos absolu. Les lettres mêmes ne partent pas. On ne peut ni chasser, ni pêcher. Les rigoristes anglais vont un peu loin: un reçu signé ce jour-là n'est pas valable, mais on le signe de la veille. Tous les bars sont fermés, mais plus d'un en profite pour se saouler en chambre d'hôtel!

Je roule depuis 36 heures dans le train de Montréal à Winnipeg. Malgré deux nuits passées en chemin de fer, je me sens alerte. Il fait très chaud dans les compartiments. Bien des voyageurs portent, bien en évidence, leur billet sur le devant du chapeau, entre le ruban et le feutre; ils le placent sur le filet s'ils veulent dormir. Le contrôleur jette un coup d'oeil sur le billet et laisse le voyageur tranquille, à moins qu'il ne descende à une station voisine. C'est plus courtois que le poinçon de nos contrôleurs sur vitre.

Au wagon-restaurant, on mange fort bien pour un dollar. A l'heure du repas, un employé passe de quart d'heure en quart d'heure avec des conserves de toutes sortes, des fruits, des sandwiches, des boissons. Après, ce sont du tabac, des cigarettes, des cigares, des bonbons, des livres, des magazines, des cartes postales, des souvenirs, et enfin les journaux du jour. Les compagnies de chemin de fer sont soucieuses du bien-être de leurs voyageurs. Il y a trois compagnies anglaises concurrentes pour ce parcours transcontinental: Canadian Pacific Railway (C.P.R.), Canadian Northern Railway (C.N.R.), et Grand Trunk Pacific (G.T.P.)

Si l'on veut manger chaud, la cuisinière allumée, au bout de chaque compartiment, est à votre disposition. Les Anglais s'en servent surtout pour les boissons: on les voit sans cesse une théière à la main.

Depuis Montréal, la campagne est recouverte de neige. Nous avons longé longtemps les Grands Lacs, véritables mers intérieures, bordées de grandes forêts et de rochers.

Je fais halte 24 heures à Winnipeg, capitale du Manitoba, la première des provinces de l'Ouest Canadien avant la Saskatchewan et l'Alberta. C'est là que vivaient autrefois les immenses troupeaux de buffalos, cette contrée étant recouverte de l'herbe à buffalo, le *buffalo-grass*.

Winnipeg est une grande ville, très moderne d'allure, très américaine, parce que très récente. Je me souviens y avoir vu une maison importante se promener dans la rue. A l'hôtel, en me couchant, je n'avais rien remarqué d'anormal. Le lendemain, au réveil, je suis au comble de la stupéfaction quand j'aperçois, au milieu de la rue en face de la fenêtre, une maison à un étage. Je me demande si je suis bien éveillé ou si je ne me suis pas fourvoyé, en ouvrant une fenêtre opposée. Mais non, cette maison avait poussé comme un champignon dans la nuit et allait son petit bonhomme de chemin. Pourtant tout doucement, en bringuebalant, sur des rondins ou des patins, la maison va son chemin, jusqu'au nouvel emplacement rêvé par son propriétaire.

L'anglais domine à Winnipeg et on entend peu parler français. Je suis toujours avec mes compagnons du *Corinthian*, que je ne dois quitter qu'ici.

De Winnipeg à North Battleford, encore un jour de voyage, à travers des cultures à perte de vue. Elles alternent avec de petits bosquets et d'innombrables lacs.

Et c'est le terme du voyage.

II   DANS LA GRANDE PRAIRIE

A North Battleford, à la gare, j'ai l'agréable surprise de trouver, tout à fait par hasard, l'abbé Esquirol. J'étais allé à l'hôtel Métropole, en face de la gare, pour retenir une chambre. Je demande au patron s'il me serait possible d'avoir une voiture, le lendemain, pour me rendre à Jack-Fish Lake, distant de 50 kilomètres. Il me fait savoir que le curé de Jack-Fish, l'abbé Esquirol, vient de partir à la station; il doit prendre le train (celui que je viens de quitter) pour Delmas, station voisine.

Vite, je file à la gare, au pas de course, et je cherche un bon moment dans tout le train. Enfin, je l'aperçois et je me précipite. Il renonce à son voyage; nous revenons à l'hôtel. Que de choses à se dire!

Il était venu à Battleford pour s'occuper du *homestead* (concession gratuite donnée aux nouveaux colons) à l'intention de son frère, Henri, et à la mienne, car j'étais attendu sous peu. Qu'étaient ces *homesteads?* Moyennant 10 dollars (50 francs français), le gouvernement canadien concède aux colons un terrain de 160 acres, 64 hectares, avec condition de l'habiter 6 mois chaque année pendant 3 ans, défricher ou faire défricher 18 hectares. Ces conditions remplies, le colon obtient le titre de propriétaire définitif et peut en disposer pour la vente.

Or, cette fois, une mésentente à l'office des terres obligea l'abbé Esquirol à attendre deux jours pour faire enregistrer ces nouveaux terrains. C'est alors que pour occuper ces moments d'oisiveté, il avait décidé d'aller à Delmas, la station voisine, voir un confrère, directeur d'une école indienne.

Nous bavardons. Il me parle de sa paroisse: ce n'est encore qu'un village en éclosion. Les rues sont tracées auprès du lac, et les trottoirs posés à l'endroit où passera la future ligne de chemin de fer, à moins que l'on ne la fasse passer ailleurs, plus à l'ouest. Etrange pays où l'on commence à poser les trottoirs avant de bâtir!

Le lendemain, visite de North Battleford, ville très récemment construite . . . parcourant des rues entières avec trottoirs, où on ne trouve parfois que 3 ou 4 maisons de loin en loin. On n'entend parler dans ce pays que de spéculation sur les terrains. Tout le monde spécule, même l'abbé. Il est propriétaire de 100 hectares, dont il a payé la moitié. (On achète beaucoup à tempérament). Lui possède cheval, voiture, poulain, génisses et quelques bêtes à cornes. Il fait son petit *businessman.*

Dans tout l'ouest sévit la fièvre de bâtir et le désir d'arriver bon premier. Les villes qui atteignent un développement rapide s'appellent des *mushroom cities*, villes champignon.

Dans ce pays, liberté la plus absolue. On ne s'occupe ni de vos idées politiques, ni de vos croyances religieuses, et personne ne se soucie de ce que fait le voisin. Nul préjugé et nulle distinction dans les différentes classes sociales. Au bar, le manoeuvre choque amicablement son verre avec le magistrat, même s'il ne le connaît pas. Si ce magistrat veut labourer sa terre ou blanchir sa maison lui-même, on trouve cela tout naturel.

Au surlendemain, à 9 heures, nous sommes à l'Office des terres pour faire enregistrer les deux concessions, dans la section 30, Township 49, Rang 17, au 3e méridien. Puis nous partons avec des Métis du Jack-Fish, venus en ville, et à qui nous avons proposé 5 dollars pour nous transporter avec nos bagages. Les miens sont volumineux.

Ces Métis sont une race croisée d'Indiens Peaux-Rouges et de Blancs. Suivant que le croisement s'est fait avec des Anglais ou des Français, on les appelle Métis canadien-anglais ou français. Ces derniers sont les plus nombreux, car les Français ont été les premiers "coureurs de bois".

Malgré leur tenue moderne, on les reconnait facilement à leur teint rougeâtre et à la ligne du nez et des lèvres. Ils sont très intelligents et souvent très fainéants. Ils s'adonnent beaucoup à la boisson. Les lois interdisent de vendre des boissons alcoolisées aux Peaux-Rouges, sous peine de suppression de la licence du bar, qui est un des gros profits pour le tenancier d'un hôtel; mais on n'en tient pas toujours compte. Les Peaux-Rouges échangent souvent leurs fourrures contre de l'alcool frelaté, ce qui explique en partie la disparition de cette race. Dans les solitudes désertiques du Grand Nord, la surveillance de la police montée ne peut évidemment s'exercer toujours de façon efficace, quoique la *Royal Mounted Police* soit la meilleure du monde.

L'abbé me raconte tout cela. Il m'explique encore que la région où nous sommes est l'ancien *Far-West*: d'immenses cultures s'y étendent à perte de vue, avec des grandes fermes à l'aspect riant. C'est la grande prairie, l'ancien domaine du *buffalo*. D'énormes troupeaux de bisons y paissaient autrefois en liberté, et parfois si nombreux qu'il leur fallait des jours pour traverser les rivières, à la file indienne, dans les endroits guéables, au cours de leur migration. On estimait à 100 millions leur nombre au 17e siècle. Il en restait encore, en 1860, neuf millions environ. Il n'en reste plus que quelques milliers en réserve.

Revenons à notre voyage. Partis à 15 heures pour Jack-Fish, nous arrivons à 22 heures. Les Métis sont des conducteurs émérites. J'ai fait le voyage, juché à l'arrière, sur les bagages, confortablement assis sur le matelas d'un lit pliant, acheté le matin. En Amérique, les *buggys*, voitures légères sur hautes roues, paraissent si fragiles que l'on hésiterait à y monter, et cependant elles sont très robustes. Elles passent partout dans la prairie, souvent remplie d'ornières, de trous de blaireaux ou de gopheurs.

Pratiquement les routes n'existent pas encore dans l'Ouest. Les roues finissent par tracer de multiples pistes, qui se déplacent sans cesse, aux endroits qui deviennent mauvais. A certains passages sablonneux, 10 à 12 sentiers se côtoient parallèlement. Ces pistes s'appellent des *trails*. Autrefois c'étaient les sentiers de guerre des Indiens.

Si les Métis sont d'aussi bons conducteurs, cela tient au sang Peau-Rouge qu'ils ont dans les veines. Ils passent sur ces *trails* à toute vitesse et même dans les endroits qu'ils connaissent peu, aux bifurcations souvent compliquées de plusieurs chemins, ils n'hésitent pas un instant et ne s'égarent jamais, même par une nuit noire. Le Peau-Rouge et le Métis ont le sens de l'orientation. Avec eux on peut être pris l'hiver par les pires tempêtes, on s'en tire toujours. A un moment, mon conducteur regarde la lune et dit: "Il est 21 heures et demie." Je regarde ma montre, c'est exact.

Non loin du Jack-Fish se trouve une réserve de Peaux-Rouges. Le gouvernement leur donne une certaine étendue de terrain, suivant l'importance de la tribu. Dès que la colonisation s'étend et qu'ils ne sont plus entourés que de Blancs, le gouvernement leur affecte une autre réserve plus à nord, afin de donner, en concessions, les terres qu'ils occupaient. On déposède ainsi ces pauvres Indiens et on les refoule sans cesse.

Après la guerre que leur firent les Américains, les Anglais et les Français, certaines tribus n'acceptèrent pas le traité qui leur était imposé, estimant que les Blancs ne respectaient pas la parole donnée (les Peaux-Rouges ne connaissent pas l'écriture). Ce qui reste de ces tribus dissidentes vit d'une vie nomade, un peu partout, sur les bords des lacs, dans les forêts. Ils n'ont pas de droit à la "réserve indienne" et à la pension de quelques dollars par an que le gouvernement alloue aux autres.

Pendant le trajet, nous apercevons une aurore boréale vraiment curieuse. Des bandes de lumière multicolores se déplacent à tout instant dans le ciel, au Nord. Les Métis les appellent des marionnettes.

En arrivant chez l'abbé, nous ouvrons une bouteille de vin de France, de ces quelques bouteilles qu'il garde religieusement. Voilà qui vaut mieux que toutes les bières, thés et whisky américains. Le lendemain, dimanche, je fais connaissance de mon nouveau village et de la plupart des paroissiens. Cent personnes environ assistaient à l'office du dimanche, tous venus en voiture, parfois de très loin. La majorité ont leur *buggy*, attelé de deux chevaux, bien harnachés; les moins fortunés, assez rares, arrivent avec la voiture de travail. Tous sont très fiers de leur attelage, et le dimanche, ils mettent les plus beaux harnais à leur chevaux les plus rapides: en route, ils sont fiers de "gratter" un voisin. Toutes ces voitures s'alignent autour de l'église, formant un ensemble pittoresque. La modeste chapelle est loin d'être une basilique, mais elle est fort jolie dans sa simplicité, au milieu d'un tel décor.

L'abbé Esquirol m'héberge au presbytère, en attendant que je m'installe sur mes terres. Je suis bien hébergé en attendant de trouver de l'emploi.

Dans la semaine, je reçois enfin des nouvelles de France que j'attendais avec impatience. Il y a au Jack-Fish un *post office*, bureau de poste, mais bien différent des nôtres. Le P.O. est tenu par un simple particulier, fermier très souvent, qui descend deux fois par semaine à Battleford, pour porter et prendre le courrier. Parfois, c'est le *general store*, magasin vendant de tout, qui tient la poste. Le service est bon si la personne préposée est attentive.

Notre *postmaster* postier, John Ness, un Irlandais, est assez consciencieux. C'est un bon vieux, habitant le pays depuis fort longtemps, et qui a connu le beau temps du *buffalo*. Il regrette cette époque où la prairie les comptait par milliers.

Les habitations, ici, ne sont pas luxueuses: des maisons primitives, bâties en rondins, qu'on appelle *shacks*. Cependant, l'intérieur est souvent très confortable et surtout très chaud (dans ces pays, le thermomètre peut descendre à moins de 50 degrés F.). Si les demeures sont douillettes, les vêtements le sont aussi. Certains accoutrements sont même risibles: gants énormes, manteaux épais, qui font ressembler à un ours, casquettes à poil ne laissant apparaître que les yeux, le nez et la bouche; doubles chaussures.

Dur apprentissage

La neige n'est pas toute fondue; trop tôt donc pour pouvoir visiter et parcourir à souhait. Je rêve d'aller visiter ma concession, que l'abbé m'a procurée, à une dizaine de kilomètres environ. Si l'on veut une bonne terre, il faut aller la chercher loin: tout autour, les meilleures sont prises.

Par un bel après-midi, voilà quelqu'un qui frappe. C'est un Français, lyonnais, installé depuis quelques années à une dizaine de milles du Jack-Fish. Sachant que je cherche une place, il vint me trouver. Lorsqu'il s'agit de fixer les conditions, j'avoue de suite que je suis incapable d'évaluer ce que je puis gagner, attendu que j'ignore tout des travaux des champs. Nous pourrions faire un essai de 8 jours. Ce n'est certes pas la bonne volonté qui me manque. Accord conclu.

Huit jours après, je me hasarde à demander: ça va? Réponse affirmative; très bien et offre de vingt dollars par mois. C'est un salaire normal, mais je n'y attache pas une très grande importance. Je veux apprendre.

Ces débuts sont très durs, car je manque totalement d'entraînement. Réveil à cinq heures. Le patron m'amène à l'écurie et me montre le travail à effectuer: donner du foin aux six chevaux, les étriller, enlever le fumier. Cela fait, nous revenons à la maison pour le petit déjeuner. Retour à l'écurie pour faire boire les chevaux et leur donner leur ration d'avoine.

Jusque là, pas de complication. Quand, plus tard, il me faut harnacher les quatre chevaux, les choses se corsent. Les harnais américains sont très différents de ceux employés en France. Pour harnacher quatre chevaux de front, je me trouve en présence d'une forêt de guides sans fin, à croiser à l'italienne, des colliers à deux pièces, des traits, des bricoles, où j'ai du mal à me reconnaître. Et pourtant, en France, je me débrouillais assez bien dans le domaine du harnachement. Plusieurs jours sont consacrés à mettre de l'ordre autour des bâtiments, et à préparer les pièces de machineries.... Le printemps est arrivé.

Aujourd'hui c'est l'apprentissage du labour. Les quatre chevaux sont attelés de front sur une charrue à siège, à deux socs, (*sulky plow*). Accompagné par le patron, nous partons pour le champ à labourer. Je m'installe sur le siège et le patron m'accompagne pendant un ou deux tours pour me montrer la manoeuvre des leviers. Il me quitte, en me disant de continuer de même toute la journée.

J'apporte à ce travail, tout nouveau, une attention exagérée. Je veux un sillon parfait, droit comme un I, avec une bande de terre également large, pas plus épaisse à droite qu'à gauche. Bref, je suis à tout instant pendu à mes leviers et je me donne un mal de chien. Cependant après quelques heures, je m'aperçois que ce travail est beaucoup plus simple et aisé; qu'une fois les leviers en place et bien réglés, la besogne se fait toute seule. Quand le sillon est terminé, j'appuis sur la pédale de débrayage et les socs remontent pour virer sans labourer. En face du nouveau sillon, j'appuie sur la pédale, et les socs s'enclenchent et s'enfoncent dans le sol à la même profondeur.

Parmi les quatre chevaux qu'il faut tenir d'une poigne ferme, l'un d'eux a la gueule très dure. Il voudrait tout tirer à lui seul. Je suis constamment obligé de le retenir. Les premiers jours, en me levant, j'ai peine à ouvrir mes doigts endoloris et meurtris.

Suivant le temps, je disque, je herse, et plus tard, je sème. Je m'installe sur le siège de la machine à 17 disques tranchants. le semoir est automatique, muni d'un marchepied sur lequel se tient debout le conducteur. Il guide les quatre chevaux et règle le débit du grain, à la profondeur voulue. Seule la herse n'est pas munie d'un siège, ce qui rend cette besogne fatiguante et harassante, en marchant toute la journée, en avalant la poussière soulevée par les chevaux.

Tous les dimanches, je me rends à Jack-Fish avec un poulain que j'ai acheté pour me permettre de me déplacer. Mon ami me garde à déjeuner. Je profite de ce déplacement pour retirer mon courrier et poster mes lettres hebdomadaires au *post office*.

Un soir, je suis en train de dîner seul, ainsi que cela m'arrive assez souvent, mon patron étant fiancé. Quand il est là, c'est lui qui s'occupe de la cuisine. On frappe à la porte. Un homme me demande de venir lui donner un coup de main, sa voiture s'étant embourbée à un mille de là et il fait sombre. Chemin faisant, nous causons. Tout d'abord, il ne retrouve pas ses chevaux. Enfin, nous les apercevons. Il me raconte qu'il est boucher et qu'il rapporte un boeuf dépecé, abattu chez un colon. Il est Français. Après échange de nos noms, je suis fixé sur sa personnalité, légendaire dans la région. C'est bien un authentique marquis, le Marquis de la Salle!

Nous déchargeons toute cette "bidoche" et je constate qu'un quartier de boeuf est bien lourd à soulever sur ses épaules. Nous retirons la voiture de l'ornière, enlisée dans un sable mouvant et nous rechargeons. Ces quartiers sont doublement lourds. Fouette cocher et au revoir, Monsieur le Marquis!

Après quelques semaines d'apprentissage, je fais part à mon patron de mon intention de le quitter. Le voilà tout désolé. Il s'étonne, me demande si je ne suis pas satisfait, et me propose une augmentation. Je m'empresse de lui répondre que là n'est pas la raison de mon départ. Je tiens à changer pour comparer les différentes méthodes de culture, particulières à chaque exploitant. Nous nous quittons bon amis.

Peu après, je m'engage chez un Canadien français dirigeant une entreprise de labour avec tracteurs. Après le moteur à crottin, je vais faire connaissance avec le moteur à explosion. Beaucoup de nouveaux colons, peu fortunés, n'ont pas les moyens d'acheter des chevaux et du matériel agricole, pour défricher tous les ans les quelques arpents exigés par le gouvernement. Il vont travailler sur les chantiers de la province ou dans les exploitations forestières, où l'on paye de gros salaires. Avec l'argent gagné ils vont défoncer les quelques arpents imposés. Pour occuper leurs tracteurs, les entreprises de battage ont créé un service de défonçage. Ces tracteurs suivant leur puissance peuvent tirer jusqu'à dix socs.

Dans les quelques jours qui suivirent mon nouvel embauchage, la saison printanière s'annonce belle. Il peut neiger un quelque peu, mais la pluie qui tombe par intermittance la fait fondre. L'état du sol me donne alors des loisirs forcés, d'autant plus que mon tracteur est immobilisé dans l'attente d'une pièce de rechange commandée à Winnipeg.

J'en profite pour aller au *post office* de Jack-Fish distant de 7 milles. Je reçois des nouvelles de France. J'écris à ma chère mère, inquiète sur mon sort. Bien sûr, je ne lui cache rien, mais allez faire entendre raison à une maman.

Avec l'abbé, je vais enfin visiter ma concession à environ une dizaine de milles au nord. Il nous a fallu d'abord trouver les piquets de fer qui jalonnent les quatre coins de chaque section, c'est-à-dire tous les milles du nord au sud et de l'est à l'ouest. Dès qu'une région est ouverte à la colonisation, les arpenteurs du gouvernement entreprennent son piquetage. A chaque mille une barre de fer carrée est profondément enfoncée, portant le numéro de la section, du *township*, ainsi que celui du rang et du méridien, c'est-à-dire la longitude et la latitude. Sur des millions d'hectares, ainsi arpentés, il suffit de trouver un de ces piquets, pour connaître, à l'aide d'une carte, l'endroit exact où l'on se trouve. Dans les bois et les forêts, des bûcherons pratiquent à la hâche de larges saignées. Une fois engagé dans ces larges allées, on ne risque pas de perdre le nord!

La pièce de tracteur arrive enfin et je puis reprendre mon travail. Nous labourons sur une longueur de demi-mille (presque un kilomètre) à l'aide de trois engins qui se suivent à 50 mètres d'intervalle. Chaque bande de terrain, large de plusieurs mètres, est retournée en un large ruban de bon humus de terre noire, caractéristique de l'Ouest canadien. Ce sol vierge n'a jamais connu le soc.

Nouvel apprentissage et nouvelle expérience. Après la conduite des tracteurs, je reviens à la conduite des chevaux pour travailler sur les chemins du gouvernement avec deux chevaux attelés à un *scraper*. Ce dernier, une sorte de pelle mobile, contenant l'équivalent d'une grosse brouette, effectue un travail énorme. En relevant les deux mancherons en oblique, comme avec une brouette, on fait piquer du nez la partie du *scraper*. Grâce à la traction de l'attelage, il se remplit instantanément. On lâche alors les mancherons, le *scraper* incurvé en forme de cuvette, glisse sur le sol. Pour le vider à l'endroit voulu, on relève les mancherons à la verticale; il se retourne et se vide complètement à l'endroit choisi. Nous sommes une dizaine de couples de chevaux, faisant la ronde dix heures par jour. Nous vivons sous la tente et le personnel est entièrement anglais; celà me gêne un peu, n'étant pas encore familiarisé avec la langue de Shakespeare.

Séance de dressage

Le cheval que j'ai acheté pour me déplacer a failli me désarçonner. J'avais pourtant eu soin de le faire dresser par un jeune Canadien, excellent cavalier, car pour ma part je n'ai rien du cow-boy, sauf peut-être ma veste à franges en peau de caribou, achetée à un Métis. Or ce cheval par son renâclement et le port de ses oreilles rabattues, quand on l'approchait, me faisant l'effet de posséder en bien ou en mal, les qualités et les défauts de la race indienne cayousse. Mon apprenti cow-boy fut d'ailleurs éjecté de mon "broncho" dès la première séance de dressage.

Que signifie le mot broncho? C'est un cheval qui *buck*. Ces mots sont intraduisibles dans notre langue, parce que le *bucking* inconnu de nos races européennes, est particulier à la race américaine indienne, dont descend le broncho. Le cheval fait des sauts-de-mouton, à droite, à gauche, les deux pattes antérieures se croisant avec les deux pattes arrières, la tête infléchie entre les pattes de devant. Si le cavalier ne connaît pas la technique de ce mouvement désordonné, et même le connaissant, il est lancé en l'air à bref délai, comme un projectile.

Les Américains et les Canadiens adorent ce genre de spectacle, nommé *rodeo*, sport qui n'est pas sans danger. Les cow-boys sont d'extraordinaires cavaliers. Lorsqu'ils partent le matin en tournée de *round-up*, pour rassembler les animaux, épars dans la prairie, parfois très loin, si leur monture ne fait pas quelques *bucks* avec pétarades, la queue en l'air, ils en changent. Pour eux ce n'est pas un bon cheval.

J'ai assisté récemment chez Bourret, le *rancher*, à la plus belle séance de dressage et d'équitation que l'on puisse voir. J'avais admiré en France, en 1900 au Cirque Barnum, les plus fameux cavaliers du monde, dont le légendaire Colonel Cody, surnommé Buffalo-Bill, pour le nombre impressionnant de buffalos qu'il avait tués dans sa jeunesse, mais rien n'égalait cet exercice de haute école chez Bourret.

Le Métis Sam Arnaud, rude cow-boy, vint lui demander de lui prêter un cheval pour se rendre au Lac Minuit, à 60 milles au nord, afin d'en rapporter quelques ustensiles, qu'il avait laissés dans sa cabanne, après hivernage.

Calvinus, lui répond Bourret, j'ai un broncho que l'on a jamais pu dresser. Si tu te sens capable de le monter, prend-le.

D'accord.

Un cheval ne vit jamais seul dans la prairie. Il fallait donc aller à la recherche de la bande, dans laquelle il se trouvait. Pour ramener la bande au corral, deux cavaliers de chaque côté le canalisent vers l'entrée du corral. Sam Arnaud les suit dans l'enceinte. Un cavalier ayant mis pied à terre se tient près de l'entrée, qu'il ferme avec des perches coulissantes, dès que les chevaux sont enfermés. Sam commence à effectuer un triage, en éliminant une à une les bêtes les plus dociles, qu'il pousse vers la sortie, et auxquelles l'homme en faction livre passage. Dès que la bande est clairsemée, il cherche le moment favorable pour lancer le lasso sur le cheval indiqué.

Les bons cow-boys jouent du lasso avec une adresse incomparable. Ils "cabressent" (encore un mot intraduisible, cabrès en canadien signifie lasso), ils cabressent à volonté un cheval ou une bête à cornes, même en pleine course, soit par le cou, soit par les pattes de devant ou de derrière. Ce parapluie flexible manque rarement son but.

L'on rencontre souvent dans la prairie des gamins à cheval. Ils galopent tant que leur monture peut donner. Ce sont des cavaliers-nés. A 5 ou 6 ans, ils savent atteler, conduire; ils partent souvent seuls, très loin, ce qui fait d'eux, ensuite, d'excellents cavaliers ou cow-boys.

Donc, mon Sam Arnaud lance le lasso autour du cou du broncho, qui tire au renard à perdre haleine. Sam se rapproche, en reprenant du cable, mètre par mètre, le coince contre la balustrade et lui saute prestement sur le dos. Aussitôt le cheval ayant repris son souffle, se met à "bucker" de-ci, de-là, dans l'enceinte réduite du corral. Puis d'un bond formidable, le broncho saute pardessus la palissade, passablement élevée. Et voilà monture et cavalier disparaissant de notre vue en quelques secondes dans le lointain.

Calvinus, dit Bourret, il va se tuer! Sans grande appréhension cependant, connaissant l'homme. On attend son retour...s'il revient?

Et il revint au bout d'une demi-heure. On aperçoit poindre un cavalier à l'horizon: c'est lui, tout guilleret. Le cheval répond parfaitement au mouvement du chapeau, présenté tantôt à droite ou à gauche des oreilles. Il a trouvé son maître; il est mâté.

Mais il fallut alors le harnacher pour ce lointain voyage. On attendait pour lui passer la bride, qu'il s'étouffe et perde sa respiration, en tirant au renard de tout son poids, sur le noeud coulant du lasso passé autour du cou. Le seul attouchement de la main sur le museau le faisait frémir et renâcler, à plus forte raison le mors de bride, qu'il fallait introduire dans la gueule. Pour lui passer la selle, ce fut une toute autre histoire; ce fut pire. Il fallait à présent non seulement poser la selle sur son dos chatouilleux, mais surtout le sangler. Le broncho se cabrait, ruait, se tordait, s'agenouillait, se raidissait. Qui n'a pas assisté à une telle séance n'a rien vu!

Notre Sam part pour le lac Minuit et revient quelques jours après, avec, amarré sur la selle, un minuscule poêle de cuisine, renfermant casseroles, marmites, couverts, etc. Beau charivari ambulant pendant cette chevauchée de 60 milles.

Sam arrive alors chez Bourret:

Batêche, t'en vla chiouo, ben cassé, ben dressé; il est correct.

Il était en effet dressé et pouvait désormais figurer dignement dans une parade de cirque.

Si on lâche dans la prairie un cheval dont on n'a plus besoin, après lui avoir enlevé le licou, il s'en va tout en paissant, à la recherche d'une bande. Dès qu'il rencontre d'autres chevaux, il n'est pas de suite accepté. Il broute en marge du troupeau à une distance respectueuse. S'il s'approche trop près, un ou deux briscards se détachent du lot, foncent sur lui et ont vite fait de l'éloigner par des ruades et des morsures; en répétant cette manoeuvre, notre isolé se rapproche de plus en plus, et au bout de quelques jours, il ne fait plus qu'un avec la bande.

Ces chevaux laissés en liberté par centaines et par milliers, ne s'éloignent jamais de plus de 10 à 20 milles de leur ranch. Les bandes sont nombreuses et peuvent être disséminées dans toutes les directions, parfois très éloignées les une des autres. Il faut souvent plusieurs jours pour retrouver la bande recherchée. C'est le rôle du cow-boy de les rassembler, de trier. Ainsi que le berger connaît tous ses moutons, même s'ils sont semblables de couleur, de taille et de poids, le cow-boy connaît toutes les bêtes de son ranch.

Tous les animaux vivent en liberté dans la prairie, à l'état sauvage. De temps en temps le propriétaire part à cheval pour les rassembler et reste quelquefois plusieurs jours à les chercher et trier. Ces animaux voient rarement l'homme et deviennent sauvages; le cow-boy, pour les attraper, les suit au grand galop de sa monture et lance le lasso en pleine course. Il manque rarement l'animal visé; il le saisit, le "cabresse" tel qu'indiqué plus haut, soit par le cou, soit par les pattes de devant ou de derrière, ou par les quatre à la fois. Ce sont de véritables virtuoses, et ces exercices ne sont pas sans danger, mais les cow-boys ont une telle habitude du cheval que c'est pour eux un amusement.

Poursuivons notre récit. Certains sujets, de nécessité, nous reviendront.

Avant de m'installer sur ma concession de 64 hectares, j'entreprends le métier de bûcheron. Mon nouveau patron me propose à façon un travail assez dur, consistant à couper à la hache plusieurs bosquets en vue de défricher un coin de prairie. Avec les branches ou jeunes tiges, je dois faire 300 piquets de clôture sciés à la longueur voulue et appointés; ensuite brûler toutes les brindilles pour faire la place nette pour le passage de la charrue.

Lorsque j'ai conclu ce *job*, je me demandais si je mènerais à bien un tel travail, tout nouveau pour moi, peu entraîné. Le prix fait était convenu d'avance, normal sans doute pour un bûcheron entraîné. Or, les Canadiens sont de rudes bûcherons, réputés les meilleurs du monde. J'étais loin d'être classé dans cette catégorie. Néanmoins j'accepte le prix proposé pour voir ce dont je suis capable dans ce nouveau genre de travail.

Cinq jours après, les bosquets sont coupés, débroussaillés, les piquets terminés, le bois brûlé. Mais quelle besogne! Manier une lourde hache pendant des journées entières est un travail terriblement dur. Finalement, je réalise 4 dollars par jour, résultat satisfaisant pour un débutant. Je craignais de ressentir une grande fatigue, accompagnée de courbatures, comme il arrive aux débutants. C'eût été normal. Il n'en fut rien.

Sur ma terre

Six mois ont passé. J'ai gagné un assez beau pécule en travaillant chez les étrangers. Ajoutez à cela quelques fonds reçus de France, je puis enfin songer à travailler à mon propre compte.

Me voilà installé sur ma concession — sur mon *homestead* — et dans la solitude la plus absolue. J'ai perdu la notion du temps; depuis une semaine, je n'ai vu qu'une personne allant visiter des concessions. Je lui ai donné ma maigre hospitalité pendant une nuit. J'ai acheté deux gros chevaux de trait, une charrette-wagon, une charrue, de l'outillage, des ustensiles de cuisine, un lit pliant, provisions, et me suis mis en route pour ma concession à 12 milles au nord de Jack-Fish.

Mon plus proche voisin est à six kilomètres. C'est un Canadien français, Bourret, un *rancher* marié à une Française, veuve d'un commandant, dont le frère, le Père Louis Cochin, a sa paroisse de l'autre côté du lac. M. Bourret possède déjà 400 bêtes à cornes et une centaine de chevaux. Je lui demande de m'aider à bâtir étable et maison, car au Jack-Fish je n'ai pu trouver personne pour me donner un coup de main. Il consent à me donner trois jours à condition que je les lui rende.

Nous coupons, charrions le bois et montons la carcasse de l'écurie et posons le toit en tourbe. Les chevaux, mon poulain et les autres chevaux de trait seront à l'abri du soleil et de la pluie. Il ne reste plus qu'à "bousiller" avec un mortier de terre et de foin haché.

Pendant que le voisin était là pour m'aider, un orage a éclaté. Nous avons juste le temps de descendre le coffre de la voiture, qui s'enlève, et de le retourner. En hâte, nous nous y réfugions avec les couvertures et le sac de farine. Tout le reste souffre de la pluie.

Pour l'instant, n'ayant pu me procurer une tente, je couche en plein air, sous le caisson de la voiture renversée. J'y couche tous les soirs. Ce n'est évidemment pas très haut comme plafond, je dois y entrer à quatre pattes, comme dans une tanière, mais une fois dedans, je suis bien au chaud. Je ne puis donc y installer mon lit pliant, et je mène une vie un peu dure, à la Robinson Crusoe.

Je me trouve dans l'obligation de faire ma cuisine en plein air. Mon poêle est installé près de la voiture, à côté des caisses dans lesquelles j'ai apporté tout mon matériel. Elles me servent de table, de siège et de garde-manger. Le vent fait parfois dégringoler le tuyau du poêle.

Mes provisions se composent de porc salé, de pommes de terre, oeufs, farine, confitures, café, sucre. Le premier jour, je fais un trou dans la terre pour tenir la viande au frais. Dans la nuit, il a plu, et le trou s'est rempli d'eau. Je prépare avec du sel et de l'eau, de la saumure, dans laquelle je mets le porc pour le conserver.

Pour la viande fraîche, je n'ai que l'embarras du choix. Un petit lac en bordure de ma concession est toujours plein de canards, de sarcelles, de poules d'eau, et dans la prairie foisonnent poules de prairie et lièvres. Je prends mon fusil, toujours à portée, et je tire dans le tas. Je n'en tire pas beaucoup, car tous ces volatiles sont longs à préparer, et il me faut de la cuisine expéditive. Il n'est pas question de plumer: un coup de hache sur le cou, sur les ailes, sur les pattes... Comme on ferait pour un lapin, j'écorche et j'arrache plumes et peau en même temps. Un lièvre, tué à quelques mètres de mon campement, avait six petits lapereaux dans le ventre. Quel dommage!

Dès que j'ai fini de me servir des chevaux, je les laisse dans la prairie, avec des entraves aux pieds, pour les laisser paître. J'ai soin de mettre une cloche au cou de l'un d'eux. Dés que j'entends le son un peu lointain, je vais les chercher pour qu'ils ne s'éloignent pas trop.

Je commence enfin à défricher et à labourer, avec ma charrue neuve. Une désagréable surprise m'attend dès la première tentative de labour sur ma terre. Aussitôt la charrue en terre, au premier sillon, je rencontre rocs sur rocs, enfouis dans le sol. Cependant, à première vue, rien ne décelait cette présence: seuls quelques cailloux de-ci de-là. Le premier jour j'en retire des quantités impressionnantes. La charrue rencontre des gros blocs de 30 à 40 kg, que je dois enlever à la pince ou à la barre à mine. Je passe tout mon temps à enlever ou soulever les pierres. Pendant ce temps, les chevaux restent au repos à me regarder travailler. Les rôles sont renversés!

Je persévère néanmoins pendant plusieurs jours. Je me demande si je n'ai pas eu la malchance de débuter sur un mauvais endroit. J'espère toujours que la situation s'améliorera. Malheureusement, non. C'est décourageant. Si cela continue, je vais avoir de quoi bâtir une maison.

Pour la première fois je subis une crise de cafard, mais de courte durée. Que faire? Il n'y a qu'une solution bien simple, c'est rendre cette concession à l'Office des terres, ainsi que j'ai le droit, et en choisir une autre. Une perte de dix dollars, n'est pas la mer à boire. J'aurai travaillé trois semaines pour rien, en pure perte. Ce n'est pas grave.

On parle beaucoup de très belles terres sur l'English River, la Rivière aux Anglais, plus au nord-ouest, où il y aurait encore d'excellents *homesteads* à prendre. Dès que j'aurai l'occasion, j'y ferai une reconnaissance.

Soit dit en passant que la pluie me donne parfois un moment de répit. J'ai attelé pour labourer et j'ai dû trois fois dételer, laissant les chevaux harnachés pacager dans la prairie, en attendant une éclaircie.

J'en profite pour écrire ma lettre hebdomadaire à ma mère. Est-ce aujourd'hui vendredi? Samedi? Je ne parviens pas à le déterminer. Et pourtant je dois aller au Jack-Fish pour renouveler les provisions. Je préférerais y aller un dimanche, mais le soleil, qui me suffit pour connaître approximativement l'heure de la journée, ne m'indique pas le jour.

L'occasion se présente de faire le cow-boy. Une cinquantaine de bêtes à cornes paissent autour de mon campement, attirées sans doute par le foin que j'ai apporté. Je les chasse à quelques centaines de mètres, mais aussitôt le dos tourné, les voilà qui reviennent. De guerre lasse, j'enlève les harnais à un de mes chevaux, je l'enfourche sans selle et je me lance bride abattue sur la bande, que je mène à fond de train à 3 ou 4 milles plus loin. Je remarque dans la bande un taureau tellement maigre que ses os semblent percer le peau.

En dix jours, trois gros orages. Pauvre de moi! Le premier, je l'ai encaissé sur le chemin de Jack-Fish. Les habitations sont si peu rapprochées que lorsque l'on se trouve pris par l'orage dans la prairie, il faut en prendre philosophiquement son parti. Cette pluie me retarde beaucoup pour mes labours. J'en ai subi un autre pendant que j'étais en train de préparer mon repas. Il m'a fallu me mettre rapidement dans ma boîte. La pluie a éteint mon poêle.

Quant à me raser, je reste quelques fois quinze jours sans le faire, attendant l'occasion de descendre à la mission le dimanche. Je ressemble à l'homme des cavernes. Mais je ne puis guère m'admirer, ne possédant qu'un bout de miroir de poche tout fendu.

Mes labours terminés, je loue mes chevaux à un Anglais pour aller au Lac Vert, à 140 milles (450 kilomètres aller et retour). Je les loue ensuite pour aller au Lac Des Prairies (Meadow Lake), à 350 kilomètres. Il faut environ 7 jours pour faire ce trajet. Ils le font en 5 et demi, et rentrent fourbus.

Je bâtis une cabane rudimentaire et m'installe de mon mieux.

Comme la plupart des colons, je fais moi-même mon pain. Je pétris à la main dans une grande terrine profonde, et je cuis tous les deux ou trois jours. Je commence par faire dissoudre de petites galettes de levure, comme une pièce de cent sous, appelées *Yeast-Cake*, car on ne garde jamais le levain de la pâte précédente. Une fois la levure dissoute, j'en fais un mélange clair avec de la farine que je laisse fermenter pendant une demi-journée, et j'ai mon levain. Je pétris ensuite la farine, et quand elle est devenue une pâte consistante, je la laisse lever sous une couverture. Je la repétris, la fais lever une seconde fois, et il arrive qu'elle déborde parfois du récipient. Je découpe ensuite la pâte dans les moules et la mets au four de la cuisinière, spécialement conçue pour la cuisson du pain. Le pain en sort bien levé, doré à souhait — si on ne le laisse pas brûler! Les farines sont ici de toute première qualité, faisant du pain très blanc, très levé et très facile à digérer.

Si je veux aller plus vite quand il arrive des convives au moment du repas, alors que la provision de pain tire à sa fin, je prends un autre genre de levure en poudre, du *baking powder*, que je mélange avec de la farine, et dont je fais une pâte consistante que je découpe en petites miches de la grosseur du poing. Je les mets aussitôt au four et quelques minutes suffisent pour en faire des petits pains craquants et appétissants. On peut aussi cuire cette pâte dans la poêle, avec de la graisse, comme chez nous une grosse crêpe. Les Indiens appellent ce pain de la *bannock*, et je m'en contente quand je suis pressé.

Grande pêche sous la glace

Vais-je passer l'hiver "sur ma terre", seul dans ma cabane provisoire? Les labours sont achevés depuis longtemps; je n'ai plus grand'chose à faire ici jusqu'au printemps.

L'abbé, qui s'est bâti un presbytère neuf, me propose de me laisser son ancienne maison, pour les mauvais jours. J'accepte avec joie. C'est une grande bâtisse à deux pièces, à côté de l'église. Pour passer l'hiver, je me vois obligé de retaper l'intérieur. Le calfeutrage entre les rondins de bois, fait à la façon indienne, avec du mortier de terre et du foin, est en bien des endroits absent. De toute urgence je dois procéder à cette opération, car les froids vont survenir sans tarder. Dans cette bâtisse ouverte à tous les vents, je me réveillerais certains matins avec des glaçons dans les moustaches et dans les cils.

J'aménage ensuite l'intérieur avec quelques étagères, un garde-manger, une table, deux bancs et un poêle pour faire la popote. Je tapisse les murs avec des cartes demandées au Ministère de l'Intérieur, à Ottawa.

J'ai acheté deux autres chevaux, ce qui m'en fait six. Je garde à l'écurie, attenante au vieux presbytère, deux chevaux pour mes sorties d'hiver et le charroi du poisson, car j'ai l'intention de me livrer à la pêche sous la glace sur le lac Jack-Fish, dès que le lac sera gelé, ce qui ne saurait tarder, avec les amis Nédélec, deux frères bretons.

Je lâche mes autres chevaux en liberté dans la prairie. Les chevaux hivernent très bien en liberté tout l'hiver, malgré les grands froids, la neige et la tempête. Ils piochent la neige avec les pattes de devant pour découvrir l'herbe sous la neige. Il n'en est pas de même pour les bêtes à cornes. Elles ne piochent pas. On les laisse tout de même dehors, à proximité des habitations, leur servant tous les jours une ration de foin, jetée sur la neige et en maintenant ouvert un trou d'eau dans la rivière ou le lac. Les chevaux n'ont pas besoin d'eau. L'herbe qu'ils trouvent en est suffisamment imbibée. Pendant les grosses tempêtes de neige, les animaux vont se réfugier dans les bosquets voisins, en attendant que la tourmente s'apaise.

J'achète chez un *rancher* plusieurs charges de foin pour l'hivernage de mes chevaux en écurie. J'en fais une meule que je clôture avec de la ronce artificielle, pour que les animaux affamés rôdant dans les parages ne fassent disparaître ce foin en un clin d'oeil. L'abbé m'a aidé à décharger ce foin et à charroyer plusieurs charges de bois mort, flotté par le vent sur les bords du Lac Jack-Fish, en prévision des longs mois d'hiver. Comme dédommagement, j'ai labouré son jardin et j'ai fait pour lui ses deux jours de prestation sur les chemins du gouvernement.

Il fulmine contre les animaux qui pénètrent sans cesse dans son jardin clôturé, saccageant tout, surtout contre les veaux qui passent entre les fils de fer barbelés. Nous réparons donc cette clôture.

L'abbé me cède de temps en temps un gallon (4 litres .44) de vin rouge qu'il fait venir de France. Je le bois avec parcimonie en l'additionnant de beaucoup d'eau. "Mettre de l'eau dans son vin" prend ici toute sa signification. Je n'en approuve guère la sagesse! La vie dans le bled impose certains accommodements. On ne peut se permettre de faire 50 kilomètres dans le seul but d'une coupe de cheveux. Je taille ceux de l'abbé et il me rend le même service. Peu ou prou, tout le monde dans cette contrée devient Figaro.

Au début septembre, je fais, avec un camarade, l'ouverture officielle de la chasse. On peut chasser toute l'année pour se nourrir mais on célèbre tout de même l'ouverture.

Nous partons deux en voiture légère et voici qui n'est pas un conte de Tartarin. Nous tuons le premier soir: 47 canards, 3 poules d'eau, 2 poules de prairie, 2 bécassines, en tout 54 pièces. Le coffre de la voiture était plein. Sur un petit ruisseau, nous abattons 30 canards sans bouger de place. Nous ne tirions jamais une seule pièce et nous attendions que plusieurs soient dans la ligne de mire. Le combat cessa faute de munitions.

Encore endolori de la longue chevauchée de la veille, je me lève un peu tard et je prépare une poule de prairie que je fais rôtir pour mon déjeuner. Je me régale à l'avance à l'idée de déguster ce volatile dont j'ai tout spécialement surveillé la cuisson pendant une heure. A midi, j'étais en train de découper ce rôti, dont une aile allait s'abattre dans mon assiette, quand soudain entre l'abbé Esquirol. Il vient faire un brin de causette. Il jette un coup d'oeil sur mon plat et s'écrie: "Vous badinez, c'est vendredi." Coup de massue! Mon rêve s'envole. L'annonce d'un krach financier n'eût pas frappé plus cruellement un banquier à table. Si j'ai perdu la notion du temps, l'abbé ne l'a pas perdue. Que faire? Remiser ma poule et me contenter d'un maigre repas. Je me disais tout bas: "Sapristi! Il aurait pu venir une demi-heure plus tard, une fois le délit involontaire consommé!"

Je pris le soir ma revanche, en faisant mijoter une soupe de légumes consistante, qui boucha toutes les fissures que le maigre déjeuner avait pu faire dans mon estomac. Je l'arrosai d'un bon verre de vin, auquel j'avais ajouté de l'eau pour le savourer plus longtemps. Je regrettais néanmoins ma poule froide, qui gisait au fond du garde-manger. Que faire sinon de regarder et contempler le calme du lac à 500 mètres de chez moi.

La saison d'automne s'annonce belle, quoique le froid semble prochain. De belles journées nous sont réservées pour des randonnées de chasse ou de pêche. C'est alors que je tuai pour la première fois deux perdrix de savane assez rares, à la chair plus fine que la poule de prairie. Je tuai aussi un lièvre de couleur fauve, n'ayant pas encore son pelage blanc d'hiver.

Avec un ami nous somme allés visiter les filets sur le lac. Pendant que je ramais, j'avais attaché un long cordeau à mon mollet, au bout duquel traînait une cuillère ondulante. Dès qu'un poisson mordait, je sentais une secousse dans le mollet; j'arrêtais, je tirais la ligne et ramenais un brochet ou une perche. Ce lac du Jack-Fish est excessivement poissonneux. Le brochet abonde, ainsi que le nom du lac indique, puisque Jack veut dire brochet. Certains sont énormes et pèsent jusqu'à 30 livres, et ont un mètre de long. Nous prîmes en quelques heures 50 livres de poisson.

J'accompagne l'abbé au Lac Minuit et au Lac des Roches, où se trouvent quelques paroissiens métis qu'il visite deux ou trois fois l'an, à une cinquantaine de kilomètres au nord. Nous partons de bonne heure et déjeunons sur le bord d'un lac, pendant que les chevaux broutent dans la prairie. Nous avons pris une grande voiture, afin d'emporter tout le campement: chapelle portative, munitions de chasse, avoine pour les chevaux, couvertures. Nous prenons même une bouteille de vin, pas de messe, mais de table, ce qui est un luxe.

Le lendemain, il dit sa messe chez les habitants du Lac Minuit. Les gens des environs ont été prévenus, une douzaine en tout. Tous sont Métis canadiens français.

Nous partons ensuite pour le Lac des Roches, et le lendemain, même cérémonie que la veille. Les habitants veulent nous garder pour chasser, et l'abbé, toujours passionné de chasse, y consent. Nous rapportons au retour quantité de gibier, du boeuf frais, des choux, du beurre, que ces gens nous donnent. De retour au Jack-Fish, je ramasse sur le bord du lac encore cinq charges de bois mort, pour me chauffer, pendant le long et rigoureux hiver. Il me suffira de quelques charges de bois vert pour entretenir le feu pendant la nuit dans un poêle spécial. Partout il existe un poêle pour la nuit, un pour le jour.

Les grands froids commencent à se faire sentir avec des températures de -20°C. Lacs et rivières sont gelés depuis une semaine, pour ne plus dégeler qu'au printemps. Le Jack-Fish, très grand, n'est complètement pris que sur les bords. Nous sommes au début novembre. Dans quelques jours, le lac ne formera plus qu'une vaste patinoire, et on pourra le traverser avec voitures et chevaux. Il va plus tard se peupler de petites cabanes pour la pêche d'hiver, sous la glace.

Oui, l'hiver est définitivement arrivé. Il fait un froid polaire, mais ce froid est sain et sec. Les soirées dansantes d'hiver vont commencer. Elles sont très fréquentées. Rares sont ceux qui, malgré des températures de moins 40 degrés, manquent une de ces soirées. On danse toute la nuit. L'hiver n'impose pas un grand travail de jour, et on a tout le temps voulu pour rattraper le sommeil perdu.

Je suis invité à deux soirées. Je me rends à la première invitation, malgré la neige qui tombe drue et me fouette le visage, lancée par un vent de face. La neige ici n'est pas grasse comme en France, mais fine et pulvérisante, piquant le visage comme des aiguilles.

Je pars vers 19 heures par une nuit très obscure déjà. Je laisse le cheval me conduire; il ne s'égarera pas. Je me dis en moi-même que je suis fou de sortir par un temps pareil pour aller danser, et je m'imagine que les danseurs seront peu nombreux. Je ne presse pas ma monture. Je suis alors dépassé par une pleine voiture de gens chantant des chansons canadiennes, puis par une autre aussi bruyante, puis par des cavaliers. Tous ces équipages filent bon train, comme s'ils avaient peur d'arriver en retard.

A destination, nous sommes une quarantaine, malgré le mauvais temps. A minuit, on sert un *lunch* et je pars à deux heures, laissant mes compagnons danser jusqu'au jour. Au retour, il ne neige plus. Je suis bien couvert et mollement emmitouflé dans des couvertures. Je regrette cependant mon lit.

La pêche m'intéresse davantage, et voici la bonne saison pour s'y livrer. Je fais équipe avec deux Bretons, les frères Thomas et Corentin Nédélec. Ils arrivent vers la mi-novembre; je les héberge afin que nous puissions faire la pêche ensemble. Nous achetons un quartier de boeuf pour passer l'hiver. Je le dépèce encore tiède, pour faire geler les tranches aussitôt sur une planche et n'avoir pas à me servir de la hache ou de la scie par la suite. Je fais des morceaux minces pour les grillades, et de plus gros pour les rôtis et bouillis. Aussitôt congelée, j'enferme cette viande dans une caisse qui sera laissée au dehors. Tous les dimanches ils rentreront chez eux vers St-Hippolyte. Ces amis ont pratiqué ce sport lucratif pendant sept ans et sont très au courant.

Nous dressons une petite cambuse en toile, faite d'une petite tente amovible, sur patins, avec un minuscule poêle à l'intérieur, fixé sur deux traverses. On la déplace d'un trou de visite à l'autre.

Le poêle ronflant toute la journée dans la cambuse, visiter les filets n'est plus aussi pénible, surtout quand le vent souffle fort. Néanmoins les doigts deviennent vite gourds au contact de l'eau glacée, et il faut les approcher vite du poêle rouge pour les dégourdir. Une fois la cambuse en place sur un trou de visite, on ne sort plus que pour aller tirer la corde qui permet de rentrer le filet sous la glace.

Pour poser les filets sous la glace, la première fois, on fait d'abord un trou carré central, avec la hache, de 1 mètre de côté, qui sera le trou de visite journalier. Lorsque la glace devient plus épaisse, on fait quatre entailles profondes jusqu'à l'eau, avec la hache, afin de détacher un gros bloc. Comme il serait trop lourd pour le sortir, on appuie dessus avec un bâton, pour le faire glisser sous la couche de glace.

On prend ensuite une perche, la plus longue possible, à laquelle on attache un cordeau. On passe cette perche par le trou, dans la direction du filet à poser. Celle-ci flotte sur l'eau, sous la glace, et par transparence on aperçoit une ligne noire, indiquant la position de la perche. En faisant un petit trou triangulaire à son extrémité, on fait avancer la perche d'une longueur sous la surface, et ainsi de suite jusqu'à la longueur du filet à poser. A cet endroit, on fait un trou de 50 centimètres, pour permettre d'attacher le filet à une longue perche, piquée au fond du lac, dans la vase.

On revient au grand trou central; on attache au cordeau, qui a suivi la perche, le filet à poser. Pendant que l'un de nous guide le filet vers le trou central, un autre tire la corde à l'autre extrémité, au trou de 50 sur 50. Le filet posé, on prend deux longues perches de 3 à 4 mètres, suivant la profondeur, auxquelles on attache les deux extrémités de l'engin. Afin de bien utiliser le trou central de visite, travail assez long, on fait partir de ce trou quatre filets, dans les quatre directions opposées. Il faut attacher les filets aux perches un peu au-dessous du niveau de la glace, sinon ils se prennent à la surface et sont perdus.

Pour la visite du filet, le lendemain, nous enlevons avec la hache et une pelle la glace qui s'est formée pendant la nuit. Nous sortons alors la perche du trou opposé au trou de visite, et nous détachons le filet auquel nous nouons le cordeau qui a servi à le poser et qui suivra le filet. Nous tirons alors par le trou central le filet, dont nous détachons, au fur et à mesure qu'ils se présentent, les poissons pris. Nous les jetons sur la glace par la porte de la cambuse entr'ouverte. Une fois l'opération terminée, l'un de nous va au trou de 50 sur 50 pour tirer le cordeau, qui a suivi le filet pendant la visite. Le filet se trouve ainsi replacé.

Les pêcheurs font ordinairement deux repas par jour, un le matin avant de partir, et un le soir en rentrant. Nous faisons le repas du midi dans la cambuse. Au moment du déjeuner, nous prenons le premier poisson qui se présente au filet. L'un de nous l'écaille, le vide, le rince dans le trou de visite et le voilà dans le poêle sur le feu. Les deux autres tirent le filet et sortent le poisson. Nous apportons tous les matins pains, thé, sucre, dessert. De temps en temps, lorsque nous sommes fatigués de poisson, nous emportons quelques tranches de beefsteak gelé.

Lorsque nous avons fini de visiter les quatres filets d'un trou, nous faisons glisser la cambuse jusqu'au trou suivant. Chaque permis de pêche donne droit à quatre filets de 100 yards. Nous avons donc posé douze filets. Nous sommes des mieux outillés, certains devant faire la pêche avec des moyens de fortune rudimentaires.

D'autres, non loin de nous, pêchent en plein air. Les filets, aussitôt sortis de l'eau, se gèlent et ils ont du mal à les remettre à l'eau. Le poisson s'embrouille souvent dans les mailles et ils doivent sortir les mains des moufles et les mouiller. Opération peu agréable avec de tels froids! Avec notre façon de procéder, nous pouvons visiter deux fois plus de filets par jour.

Ma moustache cependant commence à devenir un inconvénient sérieux, avec son amas de glaçons. Je comprends pourquoi les Américains sont complètement rasés! Durant notre pêche, je dois le dire, nous n'usions guère du mouchoir. Voici de quelle façon on se mouche là-bas, en hiver: bien entendu, par grand froid et à l'extérieur. Les mains sont bien au chaud dans les mitaines. Comment retirer un mouchoir de la poche emmitouflé comme on l'est, avec une paire de gants dans une paire de mitaines? Alors, c'est très simple: le pouce sur la narine et vlan!...ça part comme une balle, gelée avant d'arriver au sol s'il fait très froid. Fusil à répétition sur l'autre narine, et vous voilà débarrassé. Naturellement, ce n'est qu'au-dessous de moins 30 degrés que l'on use de ce procédé commode.

Dès les premiers jours, la pêche s'annonce bonne. En trois jours, nous prenons 300 poissons, dont la moyenne est de 3 à 4 livres pour le *whitefish*. Il vaut 20 centimes la livre, la perche 15 centimes, et le brochet n'a pas de valeur. On le donne aux voisins qui le feront dégeler au printemps et le donneront aux poules pour activer la ponte.

Après une semaine, nos prises s'élèvent à 1,400; résultat très satisfaisant. Le lundi, les filets étant restés deux jours sans être visités, nous retirons 400 poissons, dont certains brochets de 20 à 25 livres.

Les places sont plus ou moins bonnes. Si un filet ne rend pas, nous le changeons de place, et nous devons recommencer la longue opération de la pose. Elle devient d'autant plus dure que la glace épaissit tous les jours. Pendant que deux de nous visitent les filets, l'autre fait de nouveaux trous pour les filets à changer. Dès que nous trouvons une place d'un bon rendement, nous y restons jusqu'à épuisement du poisson. Après janvier, on ne peut guère les changer, la glace atteignant 1 mètre 50 à 2 mètres d'épaisseur.

Nous apportons une charge de bois mort sur le lac pour alimenter le petit poêle de la cambuse. Nous arrivons sur le lac au lever du jour, vers 7 heures et demie, et en repartons à la nuit, à 17 heures. Chaque jour nous portons le poisson pris à l'ancien presbytère, où nous logeons tous les trois. Si nous le laissions sur place, les loups risqueraient de le manger. Nous l'empilons comme du bois scié, contre le mur de la maison. Le tas fait déjà un mètre de haut sur trois mètres de large et de long. Pour pouvoir bien l'entasser, nous faisons en sorte, quand nous sortons le poisson de l'eau, qu'il se gèle bien à plat. Quelques minutes après la prise, il commence à se congeler, et il lui arrive parfois de se geler tout replié dans un dernier coup de queue. Nous le redressons aussitôt: une fois gelé, si on veut le redresser, il casse comme du verre.

Le thermomètre descend fréquemment à moins 30 degrés, et nous trouvons moins 20 degrés sans vent très supportable. Il est vrai que, pour pêcher, nous chaussons des bottillons en caoutchouc, dans lesquels nous mettons des mocassins fourrés de laine.

Nous capturons un brochet de 30 livres, un monstre avec une denture à faire frémir. Attention aux doigts! La morsure du brochet est venimeuse et peut vous enlever une phalange, lorsqu'il atteint une telle taille. Dès qu'un tel poisson approche du trou de visite, nous le devinons vite. Le filet arrive tout embrouillé et nous nous méfions. "Encore un Jack!" Tant qu'il est dans l'eau, il ne bouge pas trop. Nous lui sortons légèrement la tête, et avec un os de tibia de buffalo, renflé aux deux bouts, nous lui assénons un coup sec sur la tête, entre les deux yeux. Il passe aussitôt de vie à trépas.

Nous avons soin de dénouer au fur et à mesure les "couettes" que fait le poisson en vrillant les fils; sinon, dans quelques secondes, le filet devient raide et il est impossible de les défaire sans briser le fil. Dans ce cas, nous retrempons la partie embrouillée dans l'eau, quelques instants, pour recommencer à débrouiller la vrille. Les Nédélec sont très adroits dans ce genre de travail: c'est minutieux, il faut un certain tour de main.

Le 20 décembre, nous arrivons à 3,000 poissons. Nous faisons tous les jours des pronostics et parions sur le chiffre escompté. Jusqu'ici, l'hiver a été assez doux, et la pêche est une distraction, même par moins 25 degrés. Quand le froid est trop vif, nous courons sur la glace et nous nous battons les flancs avec les bras, énergiquement. Ou bien nous nous plaçons deux de face et frappons la semelle, bien en cadence, en variant le rythme. Nous devenons vite forts dans ce genre de gigue.

Notre tactique de changer de trou nous réussit. Certains, surtout les Métis, choisissent une place au début et n'en démarrent pas. La veille de Noël, nous atteignons le chiffre de 3,314, plus qu'anticipé.

Nous allons à la messe de minuit. L'église est bondée. On ne manquerait pas cette solennité pour un empire. Au retour, nous réveillonnons chez mes compagnons, les Nédélec. C'est alors que Corentin nous raconte un retour de messe de minuit, l'année précédente. Il faisait grosse tempête de neige; un vrai *blizzard*, que l'on nomme ici "poudrerie". Pensant s'être égaré, il laisse les guides aux chevaux, sachant qu'ils ont plus de flair que l'homme, et reviennent toujours à un endroit connu. Cependant, comme il n'arrivait jamais à la maison, il décide de s'arrêter au bord d'un bosquet, pour s'y réfugier en attendant le jour. Tous les passagers se mettent à l'abri dans le bois touffu, où le vent soufflait moins fort. Il essaie de faire du feu. Toutes les allumettes ratent, éteintes par le vent violent. Enfin, à l'avant-dernière, il réussit à faire prendre quelques brindilles, et devant un bon feu, l'attente devient supportable. Au jour, il s'aperçoit qu'il se trouve à une centaine de mètres de la maison!

Aussitôt après Noël, le thermomètre descend à moins 40 degrés. A nouveau, il souffle un vent glacial, faisant tourbillonner la neige fine en un *blizzard*. Ce vent du nord souffle à vous couper le visage. Il serre les tempes comme dans un étau. Si l'on s'égare, on risque fort de se retrouver dans les "chasses éternelles" des Indiens. Il paraîtrait (certains ont dû en revenir) que, épuisé, couché dans la neige moelleuse, on s'endort béatement et la mort, sans souffrance, s'accompagne de doux rêves! Pour ma part, je préfère attendre pour goûter ces douces joies futures. Malgré cette température qui dure, nous allons visiter nos filets pour une dernière fois. Il n'est plus question de pêcher, la glace ayant atteint une épaisseur trop considérable. Il n'y a que les enragés et les Indiens pour sortir par un temps pareil.

Notre voisin de pêche sur le lac, le Métis Napoléon Lafleur, a fait de même. Il est vrai qu'il a du sang indien dans les veines. En passant devant notre tente sur le lac, il nous lance:

Viarge sante, fet-y ben assé frét, à ct-heure? C'est d'la misère.

Ben correct, Père Lafleur. Un bon coup de whisky ferait bien mieux notre affaire, pas vrai?

Ca parle ben au diable, ouais. Je cré ben qu'il va falloir rentrer, bonguiène.

La position devient intenable. L'un de nous a le bout du nez gelé, l'autre une pastille blanche sur la joue, signe évident d'un commencement de gelure.

Attention, prends de la neige et frotte, frotte.

La pêche est terminée. Il ne nous reste plus qu'à charroyer tout ce poisson gelé, environ 15,000 livres: des *whitefish*, des dorés, des perches. Nous le portons à la station du chemin de fer à Meota, où des marchands l'achètent et l'expédient dans les grandes villes du Canada et des Etats-Unis. Nous devons faire plusieurs voyages avec deux chevaux. Ce n'est pas que le poids soit énorme: 8 tonnes; les chevaux pourraient aisément les traîner en deux voyages; mais du poisson, même bien rangé, fait du volume.

Une randonnée vers le nord

J'avais rêvé d'aller plus au nord, faire la chasse au rat musqué. Un Indien en a pris dernièrement 300 en trois jours. La peau vaut environ deux ou trois francs. Je viens d'acheter une belle peau de loup pour 10 francs.

Ce qui me tente, c'est que l'un de mes amis, Henri Vicario, est parti trapper un peu avant la Noël avec sa traîne à chiens. La pêche avec mes compagnons Nédélec m'a retenu et je n'ai donc pas pu suivre Vicario.

Il a dû apporter un lourd chargement de vivres sur son traîneau. Dès qu'il aura fait 150 à 200 milles au nord, il ne trouvera plus d'habitation. Il ne devra donc compter que sur lui. C'est un métier très dur, plein de difficultés et d'embûches. Il faut des moyens physiques peu communs, et par-dessus tout, une âme bien trempée. Mais Vicario est un dur.

A l'aller, à chaque étape, il m'a raconté devoir faire une cache pour se décharger de la nourriture nécessaire à l'étape correspondante du retour. Surtout, il faut songer aux chiens, qui fournissent une dure besogne. Le salut dépend souvent d'eux, et parfois leur maître est obligé d'en sacrifier quelques-uns et de les manger pour survivre, quand le gibier vient à manquer. Ces caches ne sont pas cachées, comme le nom semblerait l'indiquer. Au contraire, on les met bien en évidence, à deux mètres au-dessus du sol, sur un arbre, pour les soustraire à la dent des loups, renards ou autres bêtes sauvages. Elles sont bien en vue, la loi du Grand Nord veut que l'on ne les touche jamais, même en cas d'extrême besoin, si on n'en est pas le propriétaire. La vie de celui-ci, qui compte sur elles au retour, peut en dépendre. Celui qui n'observerait pas cette loi rigoureuse, quoique non écrite, le payerait de sa vie.

Nous ambitionnons d'aller au Nord, mais avec des moyens moins rudimentaires. Nous partons avec les fidèles amis Nédélec et Henri Bonnet afin de chercher du bois à couper pour bâtir. Nous prenons des provisions: haches, scies, couvertures, avoine et foin pour les chevaux. De quoi tenir quinze jours.

Le premier jour, nous faisons une longue étape. Nous déjeunons chez un *rancher* anglais, du nom de Bulmer, vivant avec une Canadienne française. Nous causons sans soupçonner que sa femme comprenait le français. Mes amis parlent très bien l'anglais, mais ce n'est pas mon cas; je baragouine quelques mots, de quoi ne pas mourir de faim. Pendant le déjeuner, je dis à Nédélec: "Demande-lui du sucre, pour le thé."

"Demande-le toi-même!"

Le mari est absent. Je me tourne vers la dame qui écoute au coin de la fenêtre: "Give me sugar, please." Elle se met à sourire, et je suis stupéfait de l'entendre me répondre en français.

Le soir, nous dînons chez Roussel, un gros *rancher*, arrivé de France il y a 20 ans. Il vaut, dit-on, le demi-million. Il possède plusieurs centaines de chevaux et de bêtes à cornes. Il nous renseigne sur le chemin à suivre.

Le lendemain, nous arrivons chez un autre Français, M. Léon

Sergent. Avec sa femme, une Parisienne charmante et cultivée, ils vivent en ermites, entourés d'Allemands et de Russes. Ils possèdent une quarantaine d'animaux. Ils ne sont pas sortis de leur exploitation depuis deux mois.

Chez eux, nous apprenons une nouvelle qui nous afflige. Nous pensions trouver, à quelques milles au nord, une forêt possédant de beaux billots droits et longs d'épinettes. Nous apprenons que les nouveaux arrivants, ces dernières années, ont coupé ce qui était utilisable. Nous partons plus au nord, sans indications plus précises, emportant de chez les Sergent une provision de foin pour plusieurs jours, au point que la stabilité de notre traîneau, ventru et fort élevé, laisse à désirer.

A plusieurs milles de là, nous rencontrons un Allemand. En un français baroque, il nous donne les indications sur la route à suivre à travers la forêt. Il nous conseille de suivre sur la neige la trace de deux traîneaux, partis le matin à la recherche de quatre orignaux, tués à l'automne par les Indiens Peaux-Rouges. Désormais, plus d'habitation en vue. Nous suivons aisément les traces fraîches, et après cinq heures de marche, nous faisons le thé et déjeunons. Tout ce que nous apportons comme nourriture, poulet, poisson, cochon, boeuf, est congelé, et nous le faisons dégeler avant les repas.

Dans l'après-midi, nous entrons dans une grande forêt de trembles, de bouleaux et saules, mais elle ne contient aucun des pins que nous recherchons. Dans ce bois fourré, nous avons une peine inouïe à avancer, le chemin étroit étant très sinueux. Souvent, dans les tournants, nous devons abattre des arbres pour passer. Le soir, près d'un lac, nous décidons de camper. Les chevaux sont fourbus.

Nous faisons un trou dans la glace du lac, pour avoir de l'eau nécessaire à la cuisine et aux chevaux. Nous allumons un grand feu. L'un s'occupe du repas, un autre des chevaux, les autres coupent du bois mort pour la nuit. Nous attachons les bêtes au traîneau garni de foin et les protégeons avec des couvertures.

Nous dînons, et après un gai repas, nous fumons nos pipes, en regardant flamber un feu immense, un vrai feu d'enfer. Nous nous rôtissons le visage pendant que le dos gèle. Quand un côté est bien chaud, on tourne l'autre. Tout cela assaisonné de gaieté, de plaisanteries et de rires. A 10 heures, nous nous couchons sur la neige. La belle affaire! Nous sommes jeunes!

Nous posons préalablement une couche de foin sur la neige et étalons toutes nos couvertures dessus pour dormir, tous quatre, l'un contre l'autre. Nous plaçons deux arbres énormes au fond des pieds pour nous séparer du feu et éviter que le foin ne s'enflamme. Puis nous glissons dans les couvertures et posons sur nos têtes nos manteaux de fourrure.

Vers minuit, je dormais d'un sommeil de plomb, lorsque j'entends vaguement du bruit. Je suis tellement enfoui sous mon paletot que je ne réalise pas de suite ce qui se passe. Mais pas plus tôt le nez dehors, je sens une odeur de roussi, de brûlé. Mes compagnons sont occupés à ramasser de la neige à pleines mains et à la jeter sur les couvertures à leurs pieds. Notre campement flambe! Je me joins à eux et bientôt nous sommes maîtres de l'incendie. Les deux arbres secs, que nous avons mis à nos pieds, sous l'intense chaleur du foyer, ont pris feu, et enflammé foin et couvertures. J'en retire une des miennes hors de service. L'alerte a été chaude!

Nous nous recouchons en prenant nos précautions pour que pareil méfait ne se reproduise pas. Nous aurions fini par coucher sans couverture, à la belle étoile. Le matin, au réveil, quelle surprise! Nous avons une couverture supplémentaire, mais de neige!

Nous explorons les alentours et sommes bien déçus. Nous trouvons à peine quelques pins disséminés ça et là. Il eut fallu frayer trop de chemin dans le bois pour les ramener avec les chevaux. Nous décidons de faire demi-tour.

Nous revenons chez nous en quatre jours, après avoir roulé dix jours sans arrêt. Et pour rien . . . sinon l'aventure.

Printemps canadien et nouvelle concession

L'hiver aura bientôt achevé sa longue durée. Déjà, les signes indiquent l'approche, encore lointaine, du printemps. Une neige abondante tombée durant l'hiver encombre routes et champs.

Il me faut toutefois songer au plus tôt à me trouver une nouvelle concession. Je vais porter mon choix vers la Rivière aux Anglais, où les Nédélec ont pris un *script*, soit deux *homesteads* de 60 hectares. La ligne du chemin de fer, continuation de celle de Battleford à Edam, près de Jack-Fish, doit passer sans tarder dans cette région. L'émigration s'est portée fortement vers ce coin, l'an dernier. Cette Rivière aux Anglais est à 80 kilomètres de Jack-Fish, vers le nord-ouest. On peut s'y rendre en un jour de voiture. Je vais suivre mes amis, les Nédélec, qui partent demain.

Le sol est encore trop recouvert de neige pour choisir une terre, mais j'aurai un aperçu de la région. Elle me plaît d'ailleurs. Ce ne sera que plus tard, après le dégel, que je pourrai juger de la qualité du sol. Les terrains libres ne sont plus nombreux depuis les derniers mois. Je fais une brève visite avec mes amis et, après avoir consulté Roussel qui m'indique certaines terres dans la région de la butte du Paradis, je suis à même de choisir plus définitivement à ma prochaine visite.

De retour à mes quartiers d'hiver si hospitaliers de Jack-Fish, j'apprends qu'un Français, Léon Chaland, ayant entrepris une opération de labour avec des tracteurs, cherche quelqu'un à qui donner sa terre à semer, dont 50 hectares sont en culture. Sur ma nouvelle terre, lorsque choisie, je ne pourrai commencer les premiers labours qu'en mai ou juin, seule époque favorable pour le premier défonçage sur terre vierge. On ne sème jamais la première année sur ce "cassage," avant le printemps suivant. Donc, chez moi, pas de récolte avant un an, tandis que je puis récolter sur la terre affermée, 35 hectares de blé et quelques minots d'avoine pour les chevaux.

D'après mon ami Esquirol, les conditions que l'on me propose sont bonnes. En général, le propriétaire fournit la moitié de la semence, contribue aux frais de battage et la récolte est partagée de moitié. Dans mon cas, je fournirai tout et je prendrai les deux tiers de la récolte. En outre il laisse à ma disposition, pendant les travaux, sa maison fort bien achalandée, l'écurie, la graienerie et toutes les machines agricoles. La neige tombée durant l'hiver est un indice certain de bonne récolte. J'accepte donc la proposition de Chaland.

J'irai très bientôt loger dans la maison de Chaland, en attendant de l'occuper seul, lorsqu'il s'en ira, dans un mois. C'est aujourd'hui dimanche. Une grande vente de paniers, au profit de la paroisse, est organisée chez Moïse L'Heureux, un *rancher*. Chaque jeune fille prépare un panier et l'orne le plus artistement possible. Dans ce panier se trouve un repas froid, préparé par elle, avec desserts et force sucreries. Le nom de la jeune fille est inscrit sur un papier, dans le panier, et l'acquéreur, après la vente à l'encan, va en déguster le contenu avec elle. En général on les achète sans en connaître la provenance. Cependant, si la demoiselle a un amant, elle se charge de lui décrire le panier qu'elle a garni. Mais si d'autres jeunes gens le savent, on le lui fera payer cher! C'est la folle enchère, sans risque, puisque l'on sait pertinemment que le prétendant ne lâchera pas le panier de la bien-aimée, pour aller prendre son repas avec une autre.

L'an dernier, le panier de Mlle Cécile Bourret est monté à 18 dollars. Mais comme elle se moquait éperdument du prétendant, cela fit bien jaser. Il y a cette année 40 paniers. Celui de Mlle Bourret est arrivé à 32 dollars. Il était en bois sculpté, mais ce n'est certainement pas cette qualité qui l'a fait monter! De tout cela, la paroisse n'en sera que plus riche.

Je suis installé chez Chaland depuis le 18 mars. On s'entend bien car il est d'excellente famille, bien instruit, et d'un commerce agréable. Je commence par cribler le grain de semence, car la belle saison avance à grands pas. La couche de neige disparaît de jour en jour. Les petits gopheurs, terribles petits rongeurs de récolte, commencent à sortir de leur trou, signe certain de l'arrivée du printemps.

J'achète à mon propriétaire un gros cheval de trait pour remplacer une jument qui va mettre bas sans tarder, ainsi que quelques bêtes à cornes, que je laisse en liberté dans la prairie. Le gouvernement m'a octroyé une étampe pour marquer au fer rouge les animaux, chevaux et bêtes à cornes, indispensable pour les reconnaître et les trier, lorsqu'ils sont en bande. Une bête marquée a peu de chance d'être volée, car le voleur court grand risque d'être pincé et très sévèrement puni d'un long emprisonnement. La police montée canadienne n'est pas tendre pour ce genre de délit; tout juste si elle ne le pend pas haut et court!

Pour cette demande de marque, on soumet au gouvernement six modèles d'empreinte, au cas où l'une serait déjà attribuée. Deux modèles ne doivent jamais se ressembler pour qu'il n'y ait pas de confusion. Cette marque devient votre propriété définitive et incessible. La mienne est composée de deux grands G. G. majuscules à l'envers, à graver sur l'épaule gauche de la bête. L'opération qui consiste à marquer les animaux au fer rouge est un spectacle à voir et à entendre. A l'aide de quelques voisins, on cerne les animaux, on les attrape au lasso, dans le *corral*, puis, on couche l'animal désigné, les jambes liées. Dès que l'on applique le fer rouge, la chair grésille et ce sont des beuglements assourdissants.

Les machines préparées, je commence à labourer 30 hectares. Le travail est assez facile sur ce chaume, la terre étant très douce et meuble. Avec mes quatre chevaux et une charrue à siège à deux socs, le labour est rapide, et grâce aussi à mon apprentissage de l'année précédente. Ensuite, je passe les disques tranchants, la herse et enfin le semoir. Ce travail peu compliqué est assez dur pour un homme seul. Il y a aussi tous les jours le nettoyage de l'écurie, la révision des machines, leur graissage, les soins du ménage. Après avoir soigné les bêtes, il faut aussi songer à l'homme pour lui redonner des forces.

Un de mes chevaux m'a réservé une surprise. Il est épileptique, cas certainement très rare, je suppose, n'en ayant jamais entendu parler. A l'achat, j'avais remarqué au-dessus de l'oeil gauche, une croûte sèche, sans y ajouter grande importance. Cette cicatrice ne guérissait jamais. Elle devenait parfois sanguinolente. Certains matins, je trouvais le cheval dans l'étable, le licou cassé. J'étais fort intrigué, ce cheval étant très sage, doux et fort tranquille. Ce n'est que quand je le vis piquer une crise, que je fus fixé.

Sa première crise eut lieu sur le semoir, alors qu'il était encadré des trois autres chevaux. Tout à coup il se cabre et tombe à la renverse, en se débattant et en se tordant. La deuxième fois quelques jours après, sur la charrue. Heureusement chaque fois, j'ai pu calmer et maintenir les autres chevaux. S'ils se fussent affolés, emballés, cela eût pu finir en catastrophe. La crise dure peu, à peine quelques minutes, mais pendant ce temps, l'animal est comme fou. Puis il se relève, reste un moment abattu et reprend son travail, comme s'il n'avait rien eu. Dorénavant, je lui mettrai une attache peu solide à l'écurie, afin qu'il puisse la casser aisément, si une crise survient.

J'échange deux juments contre deux chevaux plus forts, pouvant faire n'importe quel travail de ferme. Cela s'appelle un *bargain*. Les gens sont ici très forts pour "barguiner". On échange séance tenante, en pleine prairie, un chapeau, des souliers, une selle, un vêtement, une monture. Un simple mot suffit: "Tu as un joli chapeau ou un joli cheval...." Il te plaît?" "Oui." "Eh bien, changeons, si tu veux." Si l'échange n'est pas de même valeur, on discute la soulte à donner, et le *bargain* conclu, chacun reprend sa route.

Vers la mi-avril, je reviens à Emmaville, à la Rivière aux Anglais, chez les Roussel et près des Nédélec. Sept autres Bretons ont pris un *homestead* à quelques milles de ces gens. Je fais un voyage rapide et fatigant en voiture, marchant sans arrêt, par étapes de 50 à 60 kilomètres par jour. Les derniers jours, j'en ai assez et j'ai mal aux reins de rouler sur les trous de gopheurs et de blaireaux.

Je pars le samedi soir des Rameaux, pour aller coucher à Mervin. Le dimanche, je vais déjeuner chez Roussel, le *rancher*. Il me suggère de bons emplacements possibles. Le lundi, je vais avec Nédélec toute la journée visiter les terres. Le mardi, j'y reviens seul pour fixer mon choix qui se porte finalement sur une section où se trouve un Canadien français et un compatriote aveyronnais, du nom de Grialou. Tous les *homesteads* vacants ont été pris ce printemps, à cause du projet de ligne de chemin de fer qui doit traverser cette contrée. Ma terre n'est pas loin du tracé déjà fait.

Le mercredi, je descends au Jack-Fish, dans la même journée, soit 70 kilomètres. Le jeudi saint, je continue sur Battleford pour faire enregistrer la terre choisie, soit encore 50 kilomètres. Le lendemain, je veux faire remplir les formalités. Patatras! Toutes les administrations sont fermées vendredi et samedi saints, et le pont continue jusqu'au mardi. Je ne puis tout de même rester quatre jours inactif, en ville. Je rentre aussitôt. Je reviendrai la semaine prochaine.

Le même cheval m'a véhiculé pendant tout le trajet. Le dernier jour, il était aussi frais qu'au départ et n'a point maigri d'une livre. Ces chevaux, croisés avec des "cayousses", petit cheval sauvage indien, sont d'une résistance à toute épreuve et d'une sobriété incomparable.

Revenu sur la terre à mon boulot, je herse tout le jour, travail très pénible et éreintant, car on marche dans le labour, dans un nuage de poussière que soulèvent les quatre chevaux.

Chaland m'a quitté ce soir. Me voilà seul.

En prévision des feux de prairie, je fais des garde-feux autour des bâtisses, en creusant quatre ou cinq sillons à une certaine distance. C'est prudent. Il va sans dire que ces feux sont plus fréquents plus tard dans la saison, lorsque l'herbe est plus sèche. Mais il vaut mieux prévenir.

A mi-mai, les semailles sont faites. Je n'ai pas perdu de temps. Je travaillais du matin très tôt jusqu'à 10 heures du soir. Ce qui m'attend sur ma concession le mois prochain, sera probablement pire. Je n'aurai pas une maison confortable comme ici. Bah! Avec un peu de volonté et beaucoup de courage, tout s'aplanira.

Aujourd'hui j'ai de la joie plein le coeur: une jument a mis bas et m'a donné une superbe pouliche, grosse et bien bâtie. J'avais quelques inquiétudes au sujet de la mère, qui s'était toujours ressentie de ce voyage rapide dans le Nord, quand je l'avais louée à un Anglais. Depuis peu, je l'avais lâchée dans la terre clôturée; j'allais voir tous les jours ce qu'elle devenait, quand hier j'ai trouvé à côté une belle pouliche, couchée dans l'herbe. Je l'ai doucement caressée. La jument s'est sauvée au petit trot, et le poulain derrière, au galop. Il avait seulement quelques heures, et comme il ne faisait pas froid, je les ai laissés coucher dehors.

Au réveil, à 5 heures, ce matin, je suis allé porter une portion d'avoine à la jument; il commençait à bruiner; une heure plus tard, il pleuvait. Je vais aussitôt chercher jument et poulain pour les rentrer à l'étable. Il pleut toute la journée, et chaque fois que je sors pour voir l'état du temps, je me dis: "Voilà des dollars qui tombent du ciel!" C'est de l'eau bénite! Cette pluie bienfaisante arrive juste à point pour faire germer le grain.

J'en profite pour faire un nettoyage complet de la maison et de l'écurie, préparer un bon repas, qui mijote sur le feu. Je vais me régaler. Ces temps derniers, je faisais maigre chère.

Il s'agit maintenant de rouler les hectares semés. Rouler n'est pas le vrai mot. J'ai fabriqué une longue traîne avec des madriers posés les uns sur les autres, en forme d'escalier, et fixés entre eux avec des gros clous à chevron. Je les ai chargés de grosses roches sur les deux extrémités, et au milieu, j'ai posé le siège de la faucheuse comme surcharge, pour m'asseoir. Ce travail sert à niveler et à tasser le terrain, ce qui fait du beau travail, et mes champs ressemblent à un jardin. Chaland, venu voir le résultat, a été émerveillé. Comme l'appareil a 5 mètres de large, la besogne est rapidement exécutée.

Je construis mon *shack*

Les semailles terminées au Jack-Fish, chez Chaland, je pars pour ma terre d'Emmaville. Je voulais partir de bonne heure, mais je trouve toujours quelque chose à ajouter au chargement. Enfin, à une heure de l'après-midi, je suis prêt. J'attelle les trois gros chevaux à la voiture, les trois autres attachés à l'arrière. La charge est terrible et je n'en soupçonne même pas le poids. Je ne doute de rien!

Sur le démarrage, le palonnier casse net. La voiture n'a pas avancé d'un pouce. Je rentre les chevaux et avant la nuit je décharge une partie: 12 sacs d'avoine, une charrue à main, une malle, un lit pliant, deux caisses d'effets et diverses bricoles, dont je puis me passer.

Le lendemain, à 6 heures, je pars. A peine ai-je parcouru deux milles, que les chevaux sont en nage. Je suis encore trop chargé et je vais avoir du fil à retordre. De temps en temps, les chevaux à l'arrière tirent au renard et cassent les attaches. Après Saint-Hippolyte, le chemin passe par des sables mouvants et, par deux fois, je dois demander main forte à des habitants. Ils viennent avec un couple de chevaux me sortir de l'ornière. J'arrive le soir chez les De Monternal, où je passe la nuit. J'y suis fort bien reçu.

Le lendemain, je décharge 1,000 pieds de planche et le *rack* à foin (grande voiture pour entasser et transporter le foin). Je refais un troisième chargement moins lourd, avec 17 sacs d'avoine, la charrue à siège à deux socs, le poêle de cuisine, une malle, les ustensiles de ménage, les outils, le campement, les couvertures: juste l'essentiel pour quelques jours.

Je pars à 8 heures, et aussitôt je sens que le voyage s'annonce mieux. A midi, 15 milles sont abattus, et je m'arrête au bord d'un ruisseau pour soigner et laisser reposer l'attelage. J'en profite pour prendre un repas, faire du thé et je repars à une heure.

Vers 3 heures, j'essuie un orage épouvantable. Le temps de dételer les chevaux qui commencent à s'affoler, la grêle leur battant avec violence sur le dos, et me voilà trempé avant d'avoir pu me mettre à l'abri sous la voiture. L'orage passé, je repars et, à 19 heures, j'arrive chez Nédélec. Il ne peut m'héberger, n'étant pas encore installé. Je vais chez Roussel, le *rancher*, à quelques milles de là, où je trouve un bon gîte.

Après une bonne nuit, nous allons avec Nédélec chez mon plus proche voisin, un Russe, voir s'il peut me prendre en pension, les quelques jours que je bâtirai. Mais il est petitement logé et à court de vivres. Nous allons chez un autre, trois milles plus loin: sa femme est malade. Assez couru. Je ferai comme l'an dernier sur mon premier terrain, et je me débrouillerai seul.

Etienne Roussel m'indique un Métis canadien français, du nom de St-Germain, pour m'aider à bâtir mon *shack* canadien. On le devine déjà, c'est la première bâtisse de tout colon, une sorte de cabane d'une réalisation rapide et économique, puisque le bois est sur place. On n'a qu'à l'abattre sur les terres vacantes. Les Métis sont très adroits dans ce genre de construction. Celui-ci semble faire des difficultés et me demande le prix à la journée. Ce n'est donc qu'une question de dollars qui le décidera. Je lui offre royalement deux dollars par jour et nourri. Il accepte, et je n'ai pas à le regretter.

Le soir, je me rends sur ma terre et trace les premiers sillons avec la charrue. Cela servira de commencement pour le bâtiment. J'ai l'intention, d'ailleurs, de labourer tout en bâtissant. Mon Métis arrive un moment après et apporte une tente qu'il a pu se procurer. Nous pourrons nous mettre à l'abri pendant la construction du *shack*. Il connaît la région à fond et me conduit sur le bord d'un petit ruisseau tout proche que je ne soupçonnais pas. Nous installons la tente sur la rive, pour avoir de l'eau. Cela nous dispense de creuser un puits de suite.

Ayant déterminé l'endroit le plus favorable pour bâtir, nous abattons tôt après tout le bois nécessaire, environ 60 billots. Dans la soirée, j'amène ce bois et nous commençons à bâtir. Dans un jour nous terminons la carcasse et la charpente pour le toit. Ensuite, nous posons les perches sur la charpente, pour supporter la tourbe. On fait ensuite, à la charrue, un sillon et l'on découpe, à la hache, cette bande de terre, en carrés. On les accole, en damiers, sur le toit.

Ces habitations sont très chaudes l'hiver. Jusqu'à l'automne elle me permettra d'être à l'abri, pour mes labours, la fenaison, l'abattage du bois de chauffage pour l'hiver ou même au besoin, jusqu'au printemps, en attendant de construire un vrai chalet en planches.

La bâtisse finie, mon Métis s'en va, et me voilà seul. J'en profite, aujourd'hui dimanche, pour faire un tour de reconnaissance sur mon *homestead*, et je reviens enchanté. Le lundi, j'abats 70 arbres, bien droits et assez gros, pour bâtir plus tard mes écuries. Je manie bien la hache et sans fatigue. Quand j'en aurai le temps, je compte couper 150 à 200 arbres. On peut abattre tout le bois que l'on veut sauf pour le revendre. D'ailleurs, qui en achèterait? Il est si facile d'en trouver. Cette précaution m'évitera de chercher trop loin plus tard.

Je creuse un puits à côté de la maison. Je trouve l'eau à 3 mètres, dans le sable pur, mais je ne puis aller plus bas, seul: impossible de lancer les déblais par-dessous bord. J'attends d'avoir une aide pour creuser deux mètres de plus. Pour l'instant, j'ai assez d'eau pour la cuisine, mais pas assez pour les chevaux, qu'il me faut, trois fois par jour, amener au ruisseau. Je creuse enfin jusqu'à ce que je ne puisse lancer seul la terre par-dessus bord avec la pelle. Heureusement l'eau arrive en abondance.

Avec une caisse dont j'enlève les planches, je confectionne une table. Manier varlope, rabot, scie, s'apprend vite, si on est livré à soi-même et tant soit peu ingénieux. Avec ces planches, je fais aussi des étagères pour l'intérieur de la cabane. Je ne puis encore garnir les interstices des murs avec du mortier (fait de terre et de foin) car l'eau du puits n'est pas suffisante et je n'ai pas de tonneau pour aller en chercher au ruisseau. Je suis donc à l'abri de la pluie, non du vent. Porte et fenêtres sont encore à poser. Il me faut les planches laissées en cours de route. Naturellement, ma maison n'est pas luxueuse avec une seule étagère et une table, sans chaise! Mes affaires gisent lamentablement à même le sol!

Tout de même, mon emplacement sur la colline est admirable. La vue est splendide sur ma terre et sur toute la région. Je vois, dans la plaine, quatre lacs, et dans le lointain, à 20 kilomètres, l'église de Sainte-Marguerite, la seule de tout le pays. J'ai choisi de préférence cet emplacement pour être abrité des vents du nord-ouest, les plus froids en hiver, et pour bénéficier d'un bois dont je prends deux ou trois hectares. Mais ce petit *shack* n'est qu'une habitation provisoire et doit servir de graineterie par la suite. L'emplacement où je veux bâtir ma maison d'habitation est encore mieux situé, à quelques mètres plus haut, d'où la vue sera encore plus belle.

Mon plus proche voisin pour l'instant est le Russe. J'aperçois sa maison de chez moi. Des Canadiens français habitent sur la butte au pied de laquelle je suis, et on me dit qu'il y a là-haut un *post-office*, dénommé Paradise-Hill[1]. Fichtre! Le paradis ne serait pas plus haut que cà?

Je commence aussitôt à labourer. Echaudé par les premiers essais de l'an dernier, quoique la pierre soit très rare dans cette région, j'ai hâte de savoir si la chance me sera favorable. Dès les premiers sillons, je suis vite et pleinement satisfait. Pas un caillou, de la belle terre noire, légèrement sablonneuse. Je pense défricher 20 hectares avant les foins. Déjà, une large bande noire commence à apparaître sur ma concession. Elle s'élargit de jour en jour sur un demi-mille de long, soit presque un kilomètre. Le mille équivaut à 1,800 mètres environ. Je prends goût à cet ouvrage et me félicite d'avoir acheté une charrue à siège. Elle m'évite de marcher à longueur de journée et de me fatiguer. Sauf pour une période où je devrai couper du foin, je compte labourer pendant presque tout l'été, en attendant d'aller chez Chaland en août pour la moisson.

Tant que je n'aurai pas bâti une écurie, la surveillance des chevaux me crée de sérieux problèmes, lorsqu'ils ne travaillent pas. Ce soir, une demi-heure après avoir dételé, un orage menaçant crève. C'est le quatrième depuis un mois. Avec cette chaleur accablante, mes bêtes étaient en nage. Avant de leur donner la liberté, je les ai entravées, et ai mis à l'une d'elles une sonnaille, pour les trouver plus facilement, car dans la nuit elles vont parfois loin. Même "enfargées" (expression canadienne, avec des entraves) elles s'égarent parfois assez loin.

Parmi ces chevaux, l'un est diabolique, un cheval entier acheté à M. Chaland. Même entravé des deux pattes de devant et un madrier pendu à son cou, il veut souvent, malgré le *handicap*, la nature aidant, grimper sur les autres chevaux. Il les importune et les empêche de brouter. Finalement, je garde cet étalon près de la maison attaché à un

---

[1] Parmi les Canadiens français qui habitaient sur ou près de cette butte, on trouve Pierre Chaput, Athanase Gingras, Alphonse Béliveau et Ernest Béliveau. Selon une certaine légende locale, Ernest Béliveau, suivant son retour du Klondyke, fut tellement impressionné par la Butte St-Pierre qu'il s'écria "Mais, c'est le Paradis!" La région porte le nom de Paradise-Hill depuis cette exclamation.

piquet, en lui servant du foin et de l'avoine. Sur le labour, si je le place dans le sillon, comme guide, il veut en sortir. Il quitte la raie pour monter sur la prairie. Au fouet, je dois souvent le remettre dans le droit chemin. En général, le *leader* ne laisse jamais le sillon. Je n'ai jamais vu animal aussi bête et têtu. Les bastonnades ne l'assagissent pas. La forêt voisine ne sera plus suffisante à me fournir les bâtons cassés sur son dos!

Je voudrais bien engager un homme, si je le trouvais, mais la main-d'oeuvre est très rare. Je ne pourrai jamais, avant l'automne, accomplir ce qu'il me reste à faire. Après la fenaison prochaine, il nous faudra aller faire les récoltes au Jack-Fish, chez Chaland, et là, couper le grain, le mettre en tas, puis en meules, faire les battages, porter le grain à la station, que sais-je encore?

J'ai la visite de Bourret, le *rancher*, et d'un Canadien français, Alphonse Béliveau. Je leur donne l'hospitalité. Plus au sud, ils ne trouvent plus assez d'espace pour faire paître leurs gros troupeaux et sont à la recherche de terres libres au Nord. Puis je passe une semaine sans voir âme qui vive. J'en profite pour raser trois semaines de barbe hirsute.

Je vais chez Roussel aux provisions: j'ai besoin de porc salé, d'oeufs, de beurre, de pommes de terre. En arrivant chez lui, je trouve la maison vide. C'est dimanche et ils sont allés à la messe à Sainte-Marguerite. J'attends tout l'après-midi leur retour, mais en vain. Ils se sont arrêtés chez des amis et ne rentrent qu'à 22 heures. Naturellement, ils ne veulent pas me laisser partir. Je ne rentre qu'à 10 heures le lendemain matin.

Je me nourris surtout de conserves. Ici on met tout en conserve, la viande, les fruits, les légumes, le lait. Il y a une grande variété de fruits exquis, en particulier les fraises, les framboises. Les tomates sont conservées à l'état naturel, avec un jus légèrement acidulé, très rafraichissant. Je n'ai pu prendre une grande quantité de cochon chez Roussel. Je n'ai rien pour le conserver, ni cave, ni baquet pour mettre la saumure.

J'engage enfin Grialou, Aveyronnais et voisin de terre, qui n'est pas encore installé. Je pense qu'il restera jusqu'aux battages, ce qui ferait bien mon affaire. Je lui donnerai 35 dollars par mois et nourri. Il est peu débrouillard, mais c'est un homme sérieux et travailleur. J'ai hâte qu'il vienne demeurer bientôt avec moi.

Dans la journée suivante, je fais 16 tours de charrue sur un demi-mille. En ajoutant bout à bout ces sillons, cela ferait une longueur de 13 kilomètres. Les "maringouins" (gros moustiques) commencent à être mauvais pour le conducteur et les chevaux. Je confectionne pour ces derniers, avec un vieux caleçon, des muselières à franges, pour leur garantir le museau, plus sensible. Avec l'été pluvieux, les moustiques abondent. Je dois travailler avec un voile et des gants. Je fais tous les soirs, autour des bâtisses, de la "boucane" avec du fumier et des bouses sèches. Les bêtes viennent se mettre à l'abri de cet écran de fumée. Je me promène dans la maison avec un seau rempli du même produit, mais cette fumée épaisse et âcre devient finalement aussi insupportable que les moustiques. Heureusement: "Année de maringuoins, année de récolte."

Pour obvier à cette visite de maringuoins dans la maison, il me faudrait les planches que j'ai dû laisser en route pour la pose de la porte, des fenêtres et du plancher. Mon intérieur de maison n'est que désordre. En allant chercher faucheuse, râteau, disques, herse, j'en profiterai pour les ramener. Je désire aussi acheter quelques poules, pour les oeufs, et une vache et son veau, pour le lait. Ceci n'est pas un rêve de Perrette! J'ai hâte que Grialou m'arrive.

Je laboure à nouveau, sauf quand les orages m'en empêchent. Parfois, je n'ai que pris le temps d'atteler, lorsqu'une averse nous oblige à cesser. Ces pauvres chevaux, ils en voient de dures! Dans ce pays, et surtout chez moi, dans l'absence d'écurie, ils sont d'une résistance incroyable. Hier, par exemple, le temps de dételer en vitesse, et d'attacher les bêtes, je suis transpercé jusqu'aux os. Je rentre et je me change. Un vrai déluge! Je me croyais bien à l'abri dans mon *shack*. Hélas! La toiture, avec une seule couche de tourbe, laisse filtrer l'eau. Je n'avais pu, seul, placer le deuxième rang.

Dès que la tourbe a été saturée d'eau, il pleut aussi abondamment que dehors. J'avise alors de trouver un abri sous la table, mais je me vois obligé de quitter cette position; l'eau dégouline de partout à travers les planches de caisse mal jointes. Dès mon arrivée, j'avais étendu mon paletot de fourrure sur le lit, pour le préserver. Ne voyant plus une place pour me mettre à l'abri et la position devenant intenable, je me dis qu'après tout, le mieux est de me mettre au lit, la nuit étant arrivée. Les éclairs à travers fausses portes et fenêtres béantes, à travers les interstices de murs, éclairent mon intérieur comme en plein jour. M'enfouir sous les couvertures est vite fait. Horreur! Mon lit est plein d'eau, provenant sans doute des gouttières le long du mur. Il ne m'est plus possible de passer la nuit chez moi. Je prends mon paletot, seul objet à peu près sec, et vais demander hospitalité au voisin le plus proche, le Russe.

Sous la pluie, je cherche sa maison. Je n'étais allé qu'une fois chez lui, mais je savais la direction. En passant à travers flaques d'eau, ornières et trous, je finis par la dénicher, à la lueur des éclairs.

Une fois là, je rassemble tout ce que je sais d'anglais pour me faire comprendre. Avec beaucoup de difficultés, j'y parviens et il est convenu que je passerai la nuit chez lui. Je n'avais pas dîné, la pluie ayant interrompu la préparation de mon repas. Je vois de suite, au dénuement de l'intérieur, que je suis chez de pauvres gens, et je n'ose leur demander de me faire manger. Je vais me coucher le ventre creux; un repas manqué n'a pas grande importance.

Ces gens sont misérables. Ils n'ont pas une couverture à me donner: je me contente d'un vieux pardessus. Sur le plancher, mon paletot étendu me sert de matelas, et malgré ma chemise mouillée, je ne sens pas trop le froid.

Le lendemain, levé à 5 heures, je reviens chez moi. Je fais sécher, dans la matinée, quelques effets à un rayon de soleil. Grialou, qui doit arriver, m'aidera à poser le deuxième rang de tourbe, dont l'absence m'a joué un si vilain tour.

Le voilà, enfin. Avec lui, je creuse le puits plus profondément et nous trouvons de l'eau en abondance. Nous réparons le toit, en intercalant, entre les deux rangs et les joints, de la terre. Nous "bousillons" les murs, et je ferme provisoirement porte d'entrée et fenêtre avec des couvertures. Il peut pleuvoir à présent, je ne serai pas délogé.

Juillet: la fenaison approche. Je viens à Edam, acheter une faucheuse et un rateau. Nous coupons quelques charges de foin sur ma terre et aussi sur celles mitoyennes non occupées. Nous abattons une centaine de rondins de tremble pour bâtir l'écurie et une grainerie. Puis nous nous apprêtons à partir pour faire les moissons chez Chaland.

Ma première récolte

Grialou et moi nous installons dans la demeure de M. Chaland. Nous commençons à moissonner le blé le plus mûr, avec la moissonneuse-lieuse, attelée de 4 chevaux. En peu de temps la moitié du blé est coupée et mise en meule. Le reste peut attendre. D'ailleurs le blé est si épais que Grialou, seul, ne peut arriver à suivre la machine pour ramasser les gerbes. Elles sortent à une telle cadence, qu'il ne peut les mettre toutes en tas. Je dois m'arrêter pour l'aider.

Quoique un temps maussade fasse peu mûrir le grain, je continue de moissonner, les voisins faisant le même, par crainte des gelées. Les nuits sont fraîches et la saison assez avancée. Souvent vers le 15 août il gèle suffisamment pour détruire une récolte. Si le grain est un tant soit peu gelé, ou pas tout à fait mûr, il se ride ou il se ratatine, perdant ainsi de sa valeur marchande. Ce n'est qu'après l'avoir livré à l'élévateur, où il est classé du No. 1 à 5, que l'on connaît sa qualité. Cette année, il y aura la quantité.

Si ma récolte est bonne, j'envisage d'aller passer l'hiver en France pour revoir ma famille à laquelle je pense souvent. Je commence à avoir la nostalgie, mais ne bâtissons pas de châteaux en Espagne! Un voisin possédant une batteuse, commence à dépiquer. Les premiers grains battus atteignent un cours assez élevé. C'est de bonne augure. Se maintiendra-t-il? Ceci a une grande importance pour mon voyage projeté.

A présent tout mon grain est coupé et mis en meule. Il faut attendre la batteuse. Que faire ici? Alors que j'ai tant d'ouvrage à faire chez moi avant l'hiver. Cela fait près d'un mois que nous avons quitté Paradise-Hill. Je repars donc; on doit me faire savoir quand l'engin de battage sera proche.

Je suis bien heureux de retrouver ma modeste habitation comparée à celle que je viens de quitter. J'aurais pu construire une maison en planches, plus confortable, dès le début, mais les labours pressaient davantage, n'ayant que deux mois favorables pour cela, mai et juin, si je veux avoir une récolte sur ma terre l'an prochain.

Quinze jours après, prévenu de l'arrivée de la batteuse à proximité de chez Chaland, je repars.

Le blé et l'avoine sont dépiqués. Chaque jour j'apporte mon blé à l'élévateur de la station de chemin de fer de Edam. Ma récolte est excellente, meilleure que je n'escomptais, aussi bien en quantité qu'en qualité. Mon grain est coté No. 2 à l'élévateur. Le No. 1 n'existe qu'au Manitoba pour son blé dur, et très rarement en Saskatchewan. Je fais ces voyages tout le jour, besogne très dure et fatiguante, pour un homme seul.

J'ai laissé Grialou à Paradise-Hill pour s'occuper des animaux. Je reviens de mon premier voyage près des 2 heures. Pendant que les chevaux mangent, je prépare un deuxième chargement de 30 sacs de 80 kg. Ces sacs sont lourds pour les hisser seul sur la voiture. Le soir après mon repas, je prépare et je charge un autre voyage pour le lendemain matin. Je dois en faire douze en tout. Je tiens pour assuré mon voyage en France et j'ai hâte de terminer.

Les élévateurs sont pleins à craquer vue l'abondance de la récolte. Ce charroi est d'autant plus pénible, qu'il me faut à la gare décharger directement dans les wagons, dont on ne peut s'approcher complètement, d'où obligation de récoltiner tous ces sacs. Sinon, on entre dans l'élévateur avec voiture et chevaux, que l'on arrête sur une bascule au milieu du passage. Une fois le chargement posé, un dispositif met la bascule en plan incliné. La voiture calée suit la même inclinaison. On laisse alors couler le grain des sacs dans la trappe, ou du caisson de la voiture, si le grain est en vrac.

Ce grain s'en va dans les profondeurs de l'élévateur, d'où des systèmes de godets sans fin le transportent dans la partie haute, dans le compartiment correspondant à la qualité. La voiture tarée, on vous remet un chèque que vous allez toucher aussitôt à la banque voisine. Dans toutes les gares, il y a un ou plusieurs élévateurs suivant l'importance de la région.

Mon entente avec Chaland avait, somme toute, été excellente.

Bonne récolte et heureuse expérience, en attendant de pouvoir en faire de même chez moi l'an prochain.

J'allais repartir pour Paradise-Hill, quand je reçois la visite d'Henri Esquirol, le frère de l'abbé. Il vient me dire que l'abbé a reçu une lettre de mon oncle lui annonçant qu'un de mes beaux-frères est très malade. Le pressant de questions, il ne peut ou ne veut en dire davantage. A la réflexion, je m'attends à apprendre une mauvaise nouvelle. Il dit que l'abbé est venu chez Chaland pour me voir et que ne m'ayant point trouvé, il reviendra. Je devais être probablement parti à la station en train de livrer mon grain. Faire deux fois un trajet de 7 milles me laisse supposer qu'il a une bien mauvaise nouvelle à m'apprendre. Lorsque j'entends le roulement d'une voiture dans les parages, je sors pour voir si c'est lui. Le soir, n'y tenant plus, j'attelle et je pars pour la mission, au risque de le manquer. Il m'apprend l'affreux malheur: mon beau-frère, jeune docteur, que j'aimais comme un frère, est mort subitement, d'une embolie, à 34 ans, laissant 3 enfants en bas âge.

Du coup, plus d'hésitation; une fois les travaux d'automne terminés sur ma terre, je partirai pour la France. Mon compte en banque est bon. Je puis me le permettre.

En rentrant à Paradise-Hill, je passe chez Roussel pour prendre du ravitaillement. Nous causons foin. Je lui dis que j'ai laissé deux meules de foin dans la prairie, faites avant de partir pour le Jack-Fish et laissées sans clôture. "Vous ferez bien, me dit-il, avant l'approche des froids, de les clôturer avec un fil de fer barbelé, sans quoi vous risquez fort de ne plus rien retrouver." En effet une bande d'animaux, parfois groupée par centaines, peut détruire une meule en une nuit. En rentrant chez moi, je passe près de mes meules et j'y trouve attablées quelques bêtes à cornes. Avec le chien qui me suit, je les chasse au loin. Le dommage n'est pas énorme, tout juste une charge de foin gaspillée. Le lendemain, au jour, je pars clôturer ces meules.

En vue de mon voyage en France, pour une durée de 5 mois, je prends mes dispositions. Grialou, mon voisin, n'a pas encore bâti de maison. Je lui propose la mienne. Il soignera les chevaux. Avec le bois que j'ai ramassé, il a de quoi se chauffer pendant tout l'hiver. Je lui laisse des provisions suffisantes, un quartier de boeuf gelé, de l'épicerie en quantité, de la farine, etc. Je laisse mes animaux à hiverner chez un *rancher*, moyennant tant par tête. Les chevaux, sauf deux que je laisse à Grialou, se débrouilleront seuls en liberté dans la prairie.

J'avertis mes proches voisins et amis et fais mes plans de voyage. Je consulte les trois compagnies de chemin de fer pour savoir le prix d'un billet aller et retour de Battleford-Paris (*round trip*). Suivant le trajet ou le bateau plus ou moins rapide ou luxueux, on obtient des différences de prix sensibles. Si à l'une des compagnies, vous signaliez que l'on vous a fait une offre meilleure, on s'empresse de vous combiner un autre itinéraire. L'une me propose le trajet par les Etats-Unis, via Chicago, New York, sans différence de prix. Ce voyage est compris en 1ère classe sur les chemins de fer, en 2e sur le bateau. Ces compagnies rivalisent de zèle, pour rendre ces voyages confortables et agréables. Finalement, l'une d'elles, la Canadian Pacific, me fait passer par Montréal, l'Angleterre, via Liverpool, Londres, Dieppe, Paris.

A mi-novembre, j'embarque sur le *Laurentic*, de la White Star Line. Pour sortir du port de Montréal, il faut briser la glace, déjà épaisse. Ce navire sera le dernier de la saison à descendre le St-Laurent, pris par les glaces jusqu'en avril.

III RETOUR AU CANADA APRES UN VOYAGE EN FRANCE

Au printemps 1912, au mois de mars, je repars pour le Canada. Je me rends à Liverpool où j'embarque sur le *Teutonic* de la White Star Line, paquebot de 35,000 tonnes.

Au départ, il manque des passagers, mais ils doivent rejoindre au large, avec des vedettes, à cause de la grève des dockers. Si cette grève s'était prolongée, nous devions prendre le bateau suivant, le *Titanic*, le plus grand paquebot du monde à l'époque, qui allait effectuer sa première et dernière traversée. Il sombra au large de Terre-Neuve, heurté par un iceberg géant. Il y eut plus de 1,500 victimes sur les 2,340 passagers. Heureusement pour nous, le *Teutonic* put lever l'ancre à temps. A quoi tient la destinée!

Pendant l'hiver, j'étais allé voir un de mes beaux-frères, docteur à Réquista dans l'Aveyron. Un de ses clients des environs avait l'intention d'aller au Canada avec sa nombreuse famille. Mais où? Quand il sut que le beau-frère du docteur allait repartir pour le Canada, il vint me trouver. Je lui donnais tous les renseignements voulus et la date de mon départ. S'ils persistaient dans leur projet, je fixais rendez-vous à Paris au bureau de la compagnie, la veille du départ pour l'Angleterre.

Au jour et au lieu fixés, je retrouve dans la capitale deux familles au complet, au total 14 personnes, plus un jeune homme de 18 ans, Hubert Bonnet, à qui j'avançais l'argent du voyage pour me servir d'aide au Canada, comme engagé.[1]

A leur passage à Paris se passe un incident digne de Courteline, qui me fut conté le lendemain. Cela se passa dans une station de métro. Ces paysans n'avaient jamais beaucoup voyagé, certains n'étaient jamais allés plus loin que le chef-lieu de canton, et encore?

Quand ils voulurent descendre du métro, peu pressés, la vieille mère se vit fermer la porte sur le nez. Comme chacun sait, le métro n'attend pas les retardataires. A travers le portillon vitré, elle vit défiler toute la famille affolée, les bras levés au ciel! Seule, qu'allait-elle

---

[1]   Les deux familles mentionnées ci-dessus sont celles de Jules Bousquet et d'un certain Galtier. Ces deux individus sont retournés en France après cinq ou six ans. Hubert Bonnet a travaillé pour Giscard pour une période très brève, mais il est demeuré au Canada jusqu'à la fin de ses jours.

devenir? Où se retrouver dans ce grand Paris inconnu? Toute la tribu sur le quai ne savait à quel saint se vouer! La reverrait-on jamais? Ce voyage au long cours débutait mal. Des âmes charitables leur firent comprendre qu'une prochaine rame, en sens inverse, la ramènerait sur le quai opposé. Ouf! On avait eu chaud.

Sur le bateau anglais, leurs réflexions naïves me faisaient sourire. A 14 personnes, ils occupaient une table entière. Etant moi-même à une table éloignée, je ne pouvais les éclairer qu'à posteriori, une fois le repas terminé, sur le choix du menu, rédigé en anglais. Si encore ce menu avait été rédigé en patois languedocien! Ils ne savaient que commander. Le dialecte rouergat faisait bonne figure à cette table. Je reconnais que la cuisine anglaise ne convenait guère à ces robustes estomacs campagnards.

Sur les paquebots anglais, comme sur les français aussi, il y a sur la table profusion de couverts: cuillères, fourchettes, couteaux à viande, à dessert, à pâtisserie, ce qui faisait dire à l'un deux, qu'il n'avait jamais mangé avec autant de vaisselle. Ce brave paysan roque-fortain a moins voyagé à travers le monde que son fameux fromage. Il se servait sans doute plus souvent d'écuelles et de cuillères en bois qu'en argent.

Rude reprise de contact

Nous débarquons à Halifax, dans la province maritime de la Nouvelle-Ecosse. Les bateaux ne peuvent encore remonter le St-Laurent, pris par les glaces. Il reste 4,500 kilomètres à parcourir en chemin de fer pour arriver à North Battleford. Je les avale d'une seule traite tellement j'ai hâte de revoir ma ferme et tout ce que j'y ai laissé.

L'hiver s'est passé dans la morne solitude de la neige. Le prin-temps va bientôt nous revenir, ainsi que de nouveaux rêves et de nouveaux plans. Je vais bâtir ma nouvelle maison à Paradise-Hill. Mon nouvel engagé, Hubert, qui vient de rentrer avec moi de France saura m'aider sûrement.

Le lendemain de mon arrivée chez moi, je reviens en traîneau prendre mes malles et bagages à la gare de Edam, maintenant tête de ligne et plus proche de Paradise-Hill. J'en profite pour acheter au *lumber-yard*, dépôt de bois, toute la planche nécessaire pour bâtir ma nouvelle maison. Je passe chez Chaland, où j'ai laissé du blé de semence pour ma terre et un cheval acheté à l'automne.

En cours de route j'essuie une belle tourmente de neige. Quel changement subit avec le doux climat de France! Le cheval attaché derrière le traîneau, en tirant au renard, casse son attache. Je ne m'en aperçois que quelques milles après. Un cheval ou une bête à cornes dépaysé revient toujours vers son dernier séjour. Je rebrousse chemin et je le retrouve broutant tranquillement. Dès que je veux l'approcher, il file à fond de train. Cette comédie se renouvelle plusieurs fois et je n'ai pas d'avoine pour l'allécher. Je fais une dizaine de milles avant de le prendre.

Le dégel me surprend en cours de route; déjà en bien des endroits le sol apparaissait. Je faisais des détours pour rechercher les plaques de neige. Les patins du traîneau ne glissent plus. Je me vois obligé de décharger le surplus. Je pose à même la prairie les planches, que je place sur les sacs de blé de semence, emportés de chez Chaland. Je ne conserve que mes malles, et reviendrai avec une voiture que j'emprunterai chez Roussel.

Le printemps semble précoce. Bientôt, avec le beau temps et la construction de la maison, nous serons tôt arrivés à la vie active et fébrile des deux années précédentes, occupés à herser, disquer et surtout semer. Je ne puis m'empêcher de faire la comparaison avec l'hiver que je viens de passer dans le repos le plus absolu, au milieu des joies familiales.

En quelques jours nous montons la carcasse de la maison en planches, ma future habitation. Il ne reste plus que le toit à compléter, avec des tuiles de bardeau de cèdre. Les parois sont constituées de trois rangs de planches bouvetées. L'un est cloué sur les solives à l'intérieur et deux autres superposés à l'extérieur. Entre chaque couche, du papier fort imperméable goudronné. De telles maisons sont très chaudes, légères, confortables et souvent très coquettes.

Après le charpentier, je dois songer à l'aménagement intérieur, en m'improvisant menuisier, ébéniste. Dans ces pays neufs, l'homme livré seul à lui-même doit apprendre à tout faire. Avec les planches de caisse d'emballage récupérées, je me confectionne des meubles, table, étagères, bureau de travail. Finalement avec des moyens très rudimentaires de fortune, j'arrive à me faire un intérieur coquet et agréable. Je fais également dans l'écurie un poulailler sur pontage, afin que la volaille soit au sec et au chaud durant l'hiver.

Mon jeune engagé descend à Battleford faire enregistrer un *homestead* qu'il a choisi à côté du mien. Il ramène de St-Hippolyte quatre boeufs, dont j'ai fait l'acquisition, ainsi qu'une vache à lait Durham, avec son veau. Nous garderons le veau à l'étable, et lâcherons la vache qui reviendra matin et soir pour retrouver sa progéniture, lorsque l'excès de lait gênera. Nous lui tirerons quelques litres de lait, et le veau se chargera bien de la traire jusqu'au bout.

Le rêve de Perrette prend corps. De deux couvées, j'ai 21 poussins. Quant à la vache, elle nous donne un lait abondant et crémeux, dont nous ne gardons qu'un 1/2 seau tous les jours, mis au frais à la cave. Il ne manque que le cochon, mais là je ne suis plus Perrette dans ses rêves!

Pour la première fois j'assiste à la messe à Ste-Marguerite, ma nouvelle paroisse, située à 20 milles au nord. J'y fais la connaissance du nouveau curé, le P. Mollier,[1] venu de l'Ardèche. Il doit venir le dimanche suivant dire la messe dans nos parages, pour fixer l'emplacement d'une nouvelle église. Chacun la voudrait sur son lot, ou à proximité.

J'avais confié du bétail à Nédélec, en attendant que mon parc à animaux soit clôturé. Je vais chez lui pour le récupérer. Au retour, à mi-chemin, une vache s'échappe rompant son amarre. Mon engagé continue à pied son chemin, avec les autres attachés ensemble, pendant que je reviens en arrière avec la voiture, à la poursuite de la vache. Elle court à belles jambes avec son veau vers son ancienne place. Ah, sacrée vache de malheur! Je dois revenir presque à mon point de départ pour la capturer. Je hisse le veau sur la voiture et j'attache la vache par derrière. Elle pourra se détacher, elle suivra toujours son veau.

Ouverture d'un magasin

J'ai décidé d'ouvrir un magasin, un de ces *general stores*, dans lesquels on vend de tout. Il n'en existe pas à 20 kilomètres à la ronde. Pourquoi ne pas en ouvrir un sur ma terre? Je puis faire marcher de pair la ferme et les affaires. Ce commerce me rapportera autant, sinon plus que la culture, avec tous ses aléas: chaud, froid, pluie, sécheresse, gelée.

C'est décidé. Je placarde une affiche au *post office* où tous les colons vont, et aux carrefours des chemins, annonçant l'ouverture prochaine pour le mois d'août. Je compte aussi sur le télépho-arabe, qui fonctionne ici comme dans tous bleds africains.

Je vais donc chercher de la planche pour la construction de ce magasin. Avec la grainerie (l'ancien *shack*), la maison, l'écurie, le poulailler, l'abri pour les machines agricoles, ma ferme a l'air d'un petit village.

Je termine la couverture du magasin avec du papier caoutchouté *roofing*, dont la pose est plus rapide que le bardeau. Le plancher à l'intérieur est fini, comptoirs et étagères seront bientôt prêts.

Je me rends à Battleford pour les achats à la succursale de la maison McDonald, l'une des plus importantes firmes de Winnipeg. Ma connaissance de la langue anglaise est juste suffisante pour ne pas acheter du sucre pour des nouilles, mais je m'en tire à mon honneur. Un *general store* doit tenir de tout.

Mon magasin, construit en rondins, près de la maison d'habitation, avec deux baies vitrées de chaque côté de la porte d'entrée et deux autres sur l'arrière, est propret et les étagères, couvertes d'un carton feutré blanc, rend l'aspect propre et attrayant.

---

[1] Clovis-Justin-Ludovic Mollier, originaire de l'Ardèche, fut ordonné prêtre en 1910. En 1911, il oeuvrait comme curé de Sainte-Marguerite (40 familles). Il est l'auteur de deux volumes publiés en 1951 par Fides, Montréal: *Au Pays du Ranch* et *Les Broussards de l'Ouest*.

Je rends visite au tenancier du plus proche *store*, à Charlotte, pour lui demander de me communiquer ses prix, afin que les clients ne puissent dire que l'un ou l'autre vend plus ou moins cher. Dès que la marchandise est annoncée à Edam, je vais chercher une charge. A l'aller, je passe au Jack-Fish, au *store* du vieux John Ness, avec qui je suis en excellents termes, pour lui demander des adresses de maisons de gros.

Au retour, je charge un voyage de caisses à la station. Rendu chez moi, je termine l'aménagement intérieur du magasin. Comptoirs et étagères sont en place pour recevoir la marchandise. Boiseries sont un peu rugueuses, car je ne dispose que d'un rabot. Avec les modestes moyens du bord, il est difficile de faire mieux.

Nédélec vient me voir pour chasser le canard, qui abonde sur un petit lac tout proche. Il me complimente sur la tenue du potager, qu'entretient mon jeune engagé. Tout y pousse à merveille.

En mars déjà, je m'étais fait envoyer de France un fût de vin pour ma consommation personnelle, et je n'en avais aucune nouvelle. A Battleford, à la douane, l'on apprend avec surprise qu'il est là depuis le 9 mai! Ils m'avaient avisé à Meota, où je n'ai jamais habité, et naturellement n'ont eu aucune réponse. Heureusement, il finit bien sa dernière et courte étape, et arrive en parfait état de conservation. Avec Hubert, nous le savourons au compte-gouttes. Nous nous octroyons une bouteille tous les deux ou trois jours. Aux repas, nous n'en prenons qu'un demi verre, additionné d'eau tant qu'il garde un semblant de couleur. Art subtil de faire durer le plaisir!

A la date fixée, j'ouvre le magasin. Les clients arrivent de jour en jour plus nombreux, et il ne se passe pas un jour où je ne voie un acheteur. Quelle riche idée j'ai eue d'ouvrir ce magasin. Mais il y a le revers de la médaille! Je prends mes repas à des heures impossibles, et leur préparation s'en ressent. Les jours de la cuisson du pain, je dois trouver le temps de pétrir la pâte et de la faire cuire entre les clients et les travaux du dehors.

Un soir, tard, au moment de me mettre à table, s'amène un Français, Bousquet, avec son petit garçon, Albert, nouvellement arrivés dans la région. Après les avoir servis, je les invite à partager notre repas. Au moment de partir, je vois la nuit si noire, que l'on ne peut y voir à deux pas. A cause de l'enfant, j'insiste pour les garder à coucher. Peu familiarisés encore avec la région, ils se seraient sûrement égarés et sans doute vus obligés de coucher à la belle étoile.

Le jeune homme amené de France me quitte de façon peu correcte. Je lui avais avancé l'argent pour le voyage et fixé un salaire normal de 20 dollars par mois, nourri et logé. Depuis deux mois, son zèle s'est ralenti, et tout en travaillant moins, il voulait gagner davantage. J'avais porté sa mensualité à 175 francs, soit 35 dollars, pensant que cela le stimulerait. Pas du tout.

Un soir, en rentrant de Edam, où je l'avais envoyé pour prendre une livraison de marchandises, je lui fis une observation au sujet d'un sac de farine manquant, perdu en cours de route.

"Bien, me dit-il, réglez-moi mon compte et je m'en vais."

Je le paie aussitôt et il part à 10 heures du soir, sans même déharnacher les chevaux. Je sus le lendemain, par un voisin rentré avec lui, qu'il avait rencontré en route un colon, avec lequel il s'était mis d'accord pour aller travailler chez lui. Il cherchait sans doute un prétexte.

Je pressens mon voisin Besteland pour me faire quelques voyages à Edam. D'origine norvégienne, ce nouveau voisin vient d'arriver des Etats-Unis. En attendant de bâtir, il vit sous la tente avec sa famille, ses meubles apportés de là-bas, y compris son piano... mécanique! Besteland accepte de quérir ces marchandises, même sans solde, en considération de menus services rendus. Seul, je ne puis plus quitter la ferme. Les travaux des champs et le magasin me laissent peu de liberté. Dès que je vois arriver un client, je dois aller le servir.

C'est surtout la farine dont j'ai le plus souvent besoin, chacun faisant son propre pain. Heureusement, cet Américain vient de temps en temps me donner un coup de main. Comment me serais-je débrouillé seul? Très adroit, il s'est construit une belle maison au cours de l'été. L'argent, sans doute, comme pour tous les colons, semble lui manquer.

Mes clients peaux-rouges

Le téléphone indien a dû fonctionner assez bien. Je reçois toutes les semaines la visite de plusieurs Peaux-Rouges, venant acheter de la camelote, en échange de leurs fourrures. En général, ils ne sont jamais seuls, toute la famille suit. Ils sont curieux à observer. Il ne faut jamais être pressé avec eux. S'ils sont plusieurs, ils s'accroupissent par terre, les jambes croisées, à la manière indienne, et ils attendent. Je trouve très agréable de commercer avec eux. Si l'on est loyal et honnête, on s'en fait des clients fidèles et souvent des amis.

Voici comment se traitent les affaires avec eux. Très souvent l'Indien apporte des peaux en paiement. Avant d'acheter, il faut vendre. Au bout d'un certain moment, l'un prend un ballot, le déplie et montre des peaux. Suivant l'espèce: rats musqués, pour la plupart, renards, hermines, *skunks*, loups, je donne un prix. Nous sommes fixés journellement, par les journaux, sur les cours de la fourrure pratiqués à Chicago, Saint-Paul, Minneapolis, les grands marchés de la fourrure aux Etats-Unis. Il ne faut essayer de rouler le Peau-Rouge, sans quoi il referme son paquet et s'en va ailleurs. Si l'on est d'accord sur le prix, on compte les peaux et l'on fait le total. Il est rare que, parmi les Peaux-Rouges, il ne s'en trouve pas un, au sang plus ou moins mêlé, baragouinant quelques mots d'anglais, pour faciliter les opérations. (Au début, c'est moi-même qui confondais la prononciation similaire de *fifteen* et *fifty*. L'erreur une fois réglée, mes affaires s'en sont trouvées améliorées.) Le décompte fait, je donne à l'Indien les dollars convenus, et c'est ici que l'affaire devient comique.

Le Peau-Rouge commence à faire le tour du magasin, contemplant longuement, touche un objet pour savoir le prix et une fois le prix énoncé, il tend un des plus gros billets qu'il vient de recevoir, et on lui rend la monnaie. Pour chaque objet, il fait de même et continue par les plus chers: farine, lard fumé, graisse, thé, sucre, tabac. Après chaque objet acheté, il paie: l'addition dépasse son entendement. Quand il ne lui reste que quelques dollars, si le prix dépasse ses disponibilités, il se rabat sur un autre objet moins cher. Pour finir, invariablement il échange la menue monnaie contre des bonbons. Chaque Indien présent fait de même.

Ces Peaux-Rouges vivent en nomades, changeant de camp, suivant les possibilités de pêche et de chasse. Ils reculent toujours plus vers le nord, chassés par la civilisation qui envahit leur territoires. Ils se sentent définitivement vaincus par le Blanc, et cela fait pitié de voir cette noble race dépossédée de toutes ses richesses, en vertu de la loi du plus fort.

Le Gouvernement a bien essayé de les fixer en ouvrant des écoles indiennes, tenues en général par des représentants de diverses religions, en leur apprenant la culture, en leur donnant même au besoin des outils agricoles, du bétail; mais dès qu'ils reprennent le large, l'atavisme reprend le dessus. On ne pourra jamais domestiquer cette race. Exactement comme si l'on voulait parquer dans une belle ville nos Romanichels. Ils préfèrent leur roulotte, la route, le grand air, la liberté.

Mes amis et clients Peaux-Rouges m'ont invité à assister à la Danse du Soleil. C'est un évènement annuel à ne point manquer pour tout Indien de la région, et pour quelqu'un qui n'a point vu cela. D'accord. Je m'y rends.

Chaque année, les tribus se rassemblent pour cette fête qui dure trois jours. Elle est pour certains sauvages un divertissement, pour d'autres une pénitence. L'Indien, surtout l'Indienne, promet dans le courant de l'année, pour obtenir du Manitou certaines grâces ou s'imposer une pénitence, un, deux, trois jours de danse. Ceux pour qui la danse est un plaisir peuvent trouver ce sacrifice ironique. Il n'en est rien: car il ne faut ni boire, ni manger, pendant le temps de danse qu'on s'est imposé. Cette promesse, ce voeu, devient pour certains, ceux qui ont promis de tenir trois jours, une longue torture supportée sans faiblir, jusqu'au bout.

J'arrive dans une grande plaine où les *tepees*, tentes coniques indiennes, forment un grand cercle. Au centre se trouve une enceinte faite de branchages et au milieu s'élève un grand poteau de l'extrémité duquel partent des guirlandes de feuilles ou d'étoffes bariolées, vers les balustrades de l'enceinte. A l'intérieur, tout autour, une petite clôture de branchages, derrière laquelle se tiennent les danseurs ou les danseuses.

La danse commence sous l'oeil bienveillant d'un *Royal Mounted Police*. Ces rudes policiers, à la tenue rutilante, tout de rouge vif habillés, veillent surtout à ce qu'on ne vende pas de boisson aux Peaux-Rouges.

Nous rentrons dans l'enceinte. Au centre, autour du poteau, les spectateurs, Indiens et Blancs, sont assis à croupetons. Nous nous asseyons sur le sol, les jambes repliées, autour du feu de bois.

Un Indien est chargé d'entretenir le feu pendant toute la danse. De temps en temps, avec une baguette fourchue, il prend une braise et offre du feu à ceux qui fument la pipe en terre, ancien calumet de la paix. Ils fument religieusement cette pipe à long tuyau. Les uns, après avoir tiré quelques bouffées, pointent le tuyau vers le ciel pour faire fumer le Manitou, puis vers la terre, pour faire fumer les morts, avec un recueillement et une gravité admirables, et une noblesse qui m'a frappé. Il passe ensuite la pipe au voisin et celui-ci fait de même. Quand elle m'échoit, je tire bien quelques bouffées de fumée d'un tabac âcre, leur Quéné-Quéné quand ils n'en ont pas d'autre.

Au milieu des danseurs se tient le chef, un fils du soleil, du tonnerre ou d'une autre puissance, avec de longues plumes dans la coiffure, le visage peint de toutes les couleurs. Il est paré du costume des grands jours. Tels ils étaient quand ils faisaient la guerre, il n'y a pas longtemps. De vieux colons de 80 ans se rappellent cette époque, qu'ils ont vécue, et racontent des histoires d'Indiens et de buffalos à faire frémir enfants et grandes personnes. La cruauté ne fut pas toujours l'apanage des Indiens. Les Blancs leur ont souvent donné l'exemple.

Dès que le tam-tam joue, les danseurs se lèvent derrière la balustrade. Ils secouent le corps de bas en haut, sans tourner, et sifflent avec leur lèvres "fu-fu-fu-fp", au rythme des tam-tam. Ce n'est peut-être pas toujours le même air, mais c'est toujours le même mouvement et la même danse.

L'après-midi, grand défilé équestre, à l'extérieur; des jeunes cavaliers au visage peint, en grand costume de parade, caracolent, pendant que la danse continue. Tous les vêtements, gants, mocassins, selles, sont finement brodés de perles de différentes couleurs, produisant un magnifique effet, surtout si le soleil s'en mêle. Une paire de gants, sur un cavalier de 18 ans, me frappe par la richesse de son coloris et la finesse du dessin. Je veux les acquérir et lui fais offrir par le Métis qui m'accompagne 5 dollars. Il ne veut rien savoir; il lui faut plaire d'abord à sa dulcinée, et j'ai l'impression que tant que durera la danse, tout l'or du monde ne m'en rendra pas propriétaire.

Ces Peaux-Rouges formaient une belle race, mais elle dégénère et s'abâtardit depuis son contact avec le Blanc et l'absorption d'alcools frelatés. A présent, l'Indien passe à côté du Blanc, non pas méprisant ou haineux, mais plus indifférent.

En rentrant dans la nuit, après avoir assisté à cette danse du soleil, mon compagnon métis me raconte des histoires de Peaux-Rouges. J'aurai été un tant soit peu témoin de ces exploits de notre ouest canadien de jadis.

Revenu à mes pénates, ce fut une bonne journée de congé, loin des menus travaux journaliers, et des services au magasin. L'été avance rapidement, et je vois que l'on s'est entretenu surtout de construction d'habitation, de commerce et du magasin. Comme s'il fut possible de voir s'écouler une saison d'été sans préparer et surveiller les récoltes à venir. Parlons donc de ces occupations pour un moment, car outre le magasin, il y avait autres travaux.

J'ai labouré l'an dernier la partie la plus facile de mes 64 hectares. A présent, j'ai dû m'attaquer à quelques pousses de saules, sur le passage de la charrue. Pendant que je devais couper à la hache les jeunes tiges, travail aisé depuis l'expérience de la première année, les chevaux se reposaient. Si pour moi la besogne est un peu plus dure, pour eux c'est un bienfait. Au lieu de les laisser souffler au bout du sillon, ils se reposent à cet endroit, le temps de débroussailler pour faire place nette pour le prochain passage du soc.

Nous avions bien raison d'appeler le premier labour dans la prairie vierge un "cassage". La tourbe est très résistante et les chevaux doivent tirer à plein collier. Les radicelles, tranchées par le soc de la charrue, sont profondément enfouies et empêchent la motte de se désagréger, d'où l'utilité de passer plusieurs fois les disques tranchants dans les deux sens. Je défriche ainsi 20 hectares. Avec les dix semés ce printemps, cela fera un beau champ de 30 hectares, d'un seul tenant, c'est-à-dire, presque la moitié de ma concession à semer l'an prochain. Avec un temps favorable, je pourrais escompter une grosse récolte.

Les Roussel viennent faire leurs achats. Je les retiens à déjeuner. Au cours du repas, ils ne peuvent s'empêcher d'admirer la vue magnifique sur le lointain, que laisse entrevoir la baie vitrée, en face de la table. Et le père suggère entre deux bouchées, qu'il ne me manque qu'une seule chose, une femme. Je réponds que je n'ai guère pris le temps d'y penser.

Les travaux de terre pressent. Nous commençons à faire les foins, d'abord celui qui est sur ma terre. Mon ami et voisin Grialou va couper pour mon compte celui qui est sur les terres voisines vacantes. Il faut aussi songer à l'hivernage des animaux. Près de l'écurie, nous amenons une dizaine de charges, dont nous faisons une longue meule. D'autres meules sont laissées dans la prairie, à faire consommer sur place pendant l'hiver, par mes bêtes à cornes.

De même, il faut aussi prévoir le combustible pour les longs mois à venir. Avec le magasin, où des liquides, des huiles, des médicaments qui peuvent facilement geler, cela me fait deux feux à entretenir. Heureusement, le bois est abondant. Je chausse de paille, également, le bas de la maison et du magasin. Je rentre tout le jardinage, sauf les choux et rutabagas qui peuvent attendre jusqu'à la neige.

En août, la moisson est terminée et les gerbes mises en meules attendent les battages. A en juger par le nombre et la grosseur, la récolte pourrait être satisfaisante. Ainsi j'ai appris à élever une meule, droite, bien assise sur son gros ventre conique. C'est tout un art et un dur travail. Mon compagnon me lance les gerbes à toute volée. Nous intervertissons les rôles, car manier une fourche toute la journée, avec une lourde gerbe à bout de bras, surtout quand la meule est déjà haute, est un travail pénible et fatigant. Le soir nul besoin d'être bercé pour dormir.

Une Aveyronnaise, depuis peu arrivée, me demande l'autorisation de ramasser des épis pour ses poules dans mon champ. D'accord, mais la bonne femme semble ignorer qu'au pays du blé, on ne glane jamais. Il est plus simple d'acheter un boisseau de blé à 75 cents. Des glaneuses, c'est bon en France pour inspirer un Millet.

L'herbe devient sèche en fin de saison et les feux de prairie sont à craindre. A nouveau, je juge prudent d'établir des garde-feux de plusieurs sillons autour des bâtisses.

Les voisins viennent faire des provisions pour les battages. L'engin n'est donc pas loin et peut arriver bientôt. Je préviens les voisins dont j'aurai besoin.

Enfin, les battages!

La batteuse est là. Il était temps, car la saison avancée me faisait craindre d'attendre jusqu'au printemps. Il me fallut trouver huit hommes: quatre aux meules, trois aux charrettes pour ramener le grain à la grainerie, un autre à la machine pour alimenter le foyer avec du bois ou de la paille. L'engin avec roulotte et charrettes sont en place. Avant le déjeuner, on s'installe, à proximité des meules. Une fois le repas terminé, l'on est prêt à démarrer..

Oui, il faut faire manger tout ce personnel. La veille, j'avais pressenti une voisine, qui accepte de faire la cuisine. Je la prie d'apporter sa vaisselle, car je n'en possède pas suffisamment pour 14 personnes. Loin est le temps où je passais souvent quinze jours sans voir âme qui vive!

Du coup c'est l'envahissement. En un clin d'oeil, tout est sens dessus dessous. La maison et le magasin sont pleins de gens. Ma table ne pouvant contenir que 8 personnes, on fait deux services.

D'avance, j'avais débarrassé la grainerie pour loger le grain.

J'étais même allé chercher 3 charges de bois mort pour la machine. A défaut, on peut utiliser la paille, comme certains font, mais avec ce combustible, il faut sans arrêt alimenter le foyer, sinon la pression tombe.

Dès le repas terminé, la machine siffle longuement. Chacun va à son poste. Un quart d'heure après, la machine démarre. Je regarde avec une certaine joie couler le premier grain, issu de cette terre vierge, que j'ai été le premier à féconder. Un rapide coup d'oeil sur une poignée de blé me rassure sur la qualité.

Aussitôt le rythme du travail s'accélère et la machine ronfle dur, avec un gémissement chaque fois qu'elle avale une gerbe. Le grain coule à flot, on ensache, on charge les voitures. L'une remplaçant l'autre, apporte les sacs à la grainerie, qui n'est autre que mon premier *shack*. Ma voiture avec deux chevaux étant allée à Edam pour chercher de la marchandise, je ne dispose que de deux attelages de boeufs appartenant à des voisins. De ce fait, la cadence s'en ressent.

Pour remplir la grainerie jusqu'au plafond, je déverse le blé directement par une ouverture pratiquée dans le toit. Dès qu'une voiture est déchargée, je rapporte en courant les sacs vides à la machine, en attendant que les boeufs plus lents arrivent. Et je reviens tout essoufflé à mon poste.

A cinq heures de l'après-midi, le battage du blé est terminé. On déplace la machine entre les meules d'avoine. Celle-ci rend toujours plus que le blé; la cadence s'accélère. A six heures et plus, tout est terminé et je respire. Ma grainerie est pleine à craquer. Au total pour 10 hectares ensemencés, le rendement est bon.

Le dîner nous réunit tous de nouveau. C'est la cohue et la confusion des langues dans cette minuscule Babel moderne. Dans un coin, la colonie aveyronnaise entretient une brillante conversation en patois.

A ce sujet, je pense à l'aventure survenue à Bousquet l'automne dernier avec un de ses voisins anglais. Je les observe tous deux; ils se regardent en chien de faïence.

Bousquet, arrivé depuis peu sur sa terre, n'avait pas eu le temps, avant les froids, de recouvrir le toit de son shack avec de la tourbe. Il n'avait pas labouré ou fait labourer de terrain pendant l'été, alors qu'il travaillait pour gagner quelques sous sur les chantiers du gouvernement. Le sol étant gelé, il ne pouvait plus attendre. Il s'en va sur le labour du voisin pour y prélever quelques mottes de terre. Il ne lui avait pas demandé l'autorisation, pour la bonne raison qu'il ne parle pas un mot d'anglais. Ce n'était pas grave, bien sûr. Dans son for intérieur, il s'était dit qu'un peu de terre, après tout, donnée ou volée, la belle affaire! alors qu'il y a tant de terres au Canada à donner.

En toute autre saison il aurait pu labourer quelques sillons. Il ne fallait plus y songer et il devait sans tarder mettre sa famille à l'abri.

Le fils d'Albion ne s'arrête pas à ces considérations. Devant cette violation flagrante du bien d'autrui, il l'invectiva et lui intima l'ordre de décharger cette tourbe. Bousquet exposa son cas de son mieux. Il parvint à lui faire comprendre, qu'il payerait cette terre, si besoin, avec gestes et monnaie en main. L'Anglais saisit aussitôt l'aubaine et lui réclame 10 dollars. Bousquet, furieux de voir sa bonne foi exploitée, explose et lui lance en patois: "Manjo de m..., ce bos!", en bon français, mange de la confiture, si tu veux. Et l'Anglais, qui ne savait un mot de français, encore moins de patois, dut certainement deviner le mot célèbre, sans doute international, et lui fit décharger cette tourbe.

A mon retour de France, je m'étais fait envoyer un fût de vin rouge de 220 litres. Le vin n'était pas cher à cette époque là: un sou le litre, trois litres pour deux sous. Le transport coûta plus que le vin. Après dîner, j'offre à tous mes convives un vin d'honneur chaud, puisé à même la marmite sur le feu. Les Anglais présents n'en revenaient pas de cette largesse peu courante dans ce pays, et pour cause. Je dois dire qu'une barrique de vin à la cave, chez un colon, est chose plutôt rare dans ce pays.

Tous les voisins rentrent chez eux et je ne garde à coucher que les trois de la machine. Ils doivent repartir le lendemain de bonne heure. Dans la nuit, le chauffeur me demande s'il n'est pas temps d'aller allumer son engin pour le départ. Je lui réponds qu'il peut dormir tranquille, il est deux heures. Je me rendors à peine, quand on frappe à la fenêtre. C'est Besteland qui revient de Edam, sans farine, où il a attendu deux jours les wagons annoncés. Je me lève pour rentrer les chevaux et leur donner à manger. Je me recouche à 3h pour me relever à 5, afin de préparer le déjeuner des hommes qui vont partir. Avec soulagement je regarde ce convoi roulotte démarrer lentement et disparaître dans le lointain.

Ce manque de farine me gêne beaucoup. Dans ces parages, tous font leur pain et leurs pâtisseries. J'en trouverai bientôt.... Grialou n'a pas encore bâti sa maison. Il vient prendre ses quartiers d'hiver chez moi. Je l'héberge et je le nourris et en retour il soigne les chevaux, fait le train de l'écurie, scie du bois et entretient les feux. C'est un homme précieux pour moi. C'est l'homme à tout faire, sauf la cuisine. Dommage! Je lui céderais volontiers la queue des casseroles. Depuis 3 ans que je mène la vie de *gentleman-farmer*-cuisinier-*storekeeper,* je laisserais volontiers cette besogne à d'autres.

Le long et rude hiver canadien, où il n'y a rien d'autre occupation que soigner les animaux, est une vie de farniente. Les nuits sont très longues. Le soir il est nuit à 5 heures et le matin, il ne fait pas grand jour avant 8 heures et demie. Plus on se rapproche du pôle nord, l'année se divise en 6 mois de nuit et 6 mois de jour. C'est l'époque des soirées dansantes chez les uns ou les autres, dont les Canadiens sont très amateurs, le tout agrementé de jeux de société. Je n'ai jamais eu beaucoup d'attrait pour ce genre de distraction. Je préfère le coin de feu, en fumant une pipe, un livre à la main. Le hou-hou lointain et prolongé des petits loups coyottes a son charme et vous endort plus sûrement que le meilleur des somnifères. D'abord on en entend un, puis deux et bientôt plusieurs répondent dans le lointain. On en voit passer pendant le jour, mais ils se tiennent à distance, sauf si on est en voiture ou à cheval. Ils se laissent alors approcher de plus près.

Un matin, sortant sur le pas de porte, j'aperçois à quelques mètres de mon terrain, un chevreuil. Le temps de rentrer décrocher mon fusil, le voilà parti dans le fourré de la section voisine, complètement inoccupée et très boisée. Je vais parfois y chasser des biches, des dains, des perdrix de savanne et aussi lièvres et lapins. Le lièvre canadien, le *jack rabbit*, est beaucoup plus gros que celui d'Europe. Les lapins pullulent tous les 7 ans, puis disparaissent comme par enchantement. Pourquoi? Ce phénomène rapelle sans doute la période des vaches grasses et maigres des temps bibliques. Il y a un an, ils étaient si nombreux, qu'on les voyait courir par centaines dans la prairie. Pendant l'hiver, ils deviennent blancs. Plusieurs fois l'hiver, quand j'allais prendre du foin au meulon près de l'étable, je trouvais plusieurs lapins affamés en train de brouter du foin. En contournant la meule à pas feutrés, d'un rapide coup de fourche, j'en embrochais un. Durant l'hiver, si on coupe un tremble dont on laisse sur place les branches et les brindilles, le lendemain, l'écorce est soigneusement rongée, ne laissant apparaître que la blancheur du bois. Lapins et lièvres se sont chargés de ce nettoyage. Un matin, j'ai trouvé une langue de lapin collée et arrachée à un maillon de la chaîne sous une charge de bois. Si l'on prend des clous ou du métal avec les mains chaudes et humides, le métal reste collé après.

Faisons donc la rencontre d'une autre bête, cette fois, *la bête puante*.... A 200 mètres de la maison, je ramenais les animaux à l'écurie le soir, lorsque j'entends le chien aboyer sans arrêt devant un taillis. Intrigué, je m'approche et je l'excite de la voix. Tout à coup, je vois une queue hérissée, toute droite. Pensant, à la vue de cette queue, à un blaireau, je saisis un bâton pour l'assommer. J'excite le chien de mieux en mieux, quand soudain, je le vois se rouler en hurlant, se frottant le nez sur le sol et dans la neige. Instantanément, je sens une odeur épouvantable à vous rendre malade. Il a été aspergé en plein museau par une bête puante.

D'un bond, je suis à 10 mètres en arrière. La bête n'est pas dangereuse, mais je risque de me faire asperger. Quand cette bête est traquée de trop près, elle se tourne prestement, fait face, vise avec la queue et ne rate jamais le but. Elle peut vous atteindre à plusieurs mètres. Sa seringue, enfermée dans la queue, est précise et à longue portée. Quelle puanteur!

A toute vitesse, je fuis ce lieu d'infection, mais le chien tout empuanti me suit, et je ne puis l'éloigner malgré des menaces. L'odeur est si pénétrante et tenace, que je renifle à tout instant, tantôt ma casquette, tantôt ma veste, m'imaginant avoir reçu de l'infect liquide. Cette odeur de musc est tellement violente qu'elle donne des nausées. Le pauvre chien va à l'écart vomir tripes et boyaux.

Quand je songe que je pouvais recevoir ce cadeau à sa place. Si l'on se fait asperger, malgré tous les lavages, il faut jeter les habits. Quant au chien, je le fais coucher dehors, dans la meule de foin, près de l'écurie. Dès que je sors, le vent m'apporte ces effluves. Plusieurs jours après, les clients, sans le savoir, me disent: "Vous avez tué la bête puante." Si j'avais eu une carabine ou le fusil, je pouvais la tuer, sa fourrure ayant une grande valeur.

Le long hiver canadien

L'hiver approche, car les signes avant-coureurs se précisent: première neiges, froid menaçant, journées moins longues, etc.

Bousquet, un Aveyronnais débarqué ce printemps avec sa femme et ses enfants, se présente. Il a travaillé tout l'été à Battleford et vient passer l'hiver sur sa terre voisine, pour accomplir les trois mois de résidence annuelle exigée. Sa maison, qu'il vient de bâtir cet été, n'est pas terminée, et il gèle à pierre fendre. Heureusement, ils ont une tente. C'est un homme énergique et débrouillard, bien secondé par sa femme. Je serais étonné qu'il ne réussît pas.

Sa femme venant prendre des pommes de terre, je lui cède à un prix très bas, les sachant peu fortunés. Elle m'en fait la remarque et me dit très simplement: "Nous aimons beaucoup les pommes de terre et en faisons une grosse consommation. Nous faisons la soupe très épaisse pour y mettre moins de pain, la farine étant chère."

L'Américain, lui, quitte sa tente pour entrer dans sa nouvelle maison. Cette maison est une vraie merveille pour le pays. Elle est donc divisée en 4 pièces: d'un côté, un *living-room*, avec le fameux piano, divan, chaises berceuses, guéridon supportant une grande lampe et une carpette sur le plancher. Dans la salle à manger: buffet, table ronde, gravures encadrées, guéridon avec potiche. La cuisine et la chambre sont quelconques, sûrement mieux que mon intérieur monacal.

Le piano peut jouer seul ou avec un pianiste. Encore faudrait-il en trouver un! A tour de rôle, on se contente de tourner la manivelle, comme pour un orgue de barbarie. L'instrument a su garder un assez beau son malgré le long voyage et les cahotements de la prairie. Heureusement pour lui, car l'accordeur serait encore plus difficile à dénicher que le pianiste.

Dans la semaine, grande affluence de clients. Nombreux, ils en profitent pour faire un brin de causette. Les travaux ne pressant pas à l'heure actuelle, ces discours peuvent durer des heures. Parfois les achats sont terminés et les palabres continuent. Je les enverrais bien à tous les diables, à l'heure des repas...

Un matin, alors que mon petit déjeuner est sur la table, arrive un client, vrai moulin à paroles. Je laisse mon bol de *porridge* au coin du feu, pensant avoir vite terminé. Il est encore là quand arrive un Américain pour l'achat d'un harnais, puis deux Anglais et deux Peaux-Rouges. A midi, je suis enfin libre et je n'ai encore rien avalé. Je mets *beefsteak* à la poêle, quand arrive encore un Indien, qui me retient jusqu'à deux heures. Je retrouve mon *steak* calciné.

Un campement de Peaux-Rouges s'est en effet installé à deux milles d'ici. J'ai pu en photographier un, qui s'y est prêté de bonne grâce. Deux autres, en voyant l'appareil, ont répondu, d'un ton bourru et catégorique: non!

A présent, il neige, il vente, il fait froid. La neige, balayée par la tempête, cingle le visage. Je vais mettre du bois au poêle du magasin, que j'entretiens allumé toute la nuit.

C'est Noël; je me rends à la messe de minuit par une température clémente: -20 degrés est un temps relativement doux, s'il ne fait pas de vent. Je pars à la tombée de la nuit, en passant chez Roussel. Nous dînons et il est décidé que je pars avec eux, une place étant disponible. J'entre mes chevaux à l'étable.

Nous partons à 10 heures, et sommes sept dans le traîneau, qui file à bonne allure, attelé de bons chevaux rapides. Sur la neige tassée et gelée à souhait, les patins glissent sans bruit comme sur une nappe d'eau. Nous arrivons à 11 heures à la mission de Sainte-Marguerite et allons nous chauffer chez des amis.

A minuit, l'office commence. Je m'installe à la tribune. De ma place, je vois la crèche près de l'autel. Sa pauvreté est bien en rapport avec la misérable étable où naquit l'Enfant Jésus. Il est seul sous le petit toit de paille. En France, on fabrique de beaux petits Jésus, souriants, roses, faits pour des crèches de Noël. Celui-ci est une simple poupée de bazar, avec une petite chemise affreuse et une tignasse en filasse.

La messe terminée, nous allons réveillonner chez des Basques.[1] Nous partons à quatre traîneaux, et les chevaux, excités par une longue attente, nous emportent dans une course folle. Le froid vif, à cause de l'heure matinale, cingle le visage, et lorsque nous arrivons chez les Basques, moustaches et fourrures sont blancs de givre, ainsi que les chevaux. Nous réveillonnons gaiement jusqu'au jour.

On m'a donné un petit chien qui fait ma joie. Dernièrement, il

---

[1] Parmi ces Basques figuraient Jean-Baptiste Larre, Jean Haristory, Pierre Larre et Jean-Baptiste Bidard. Ces trois derniers sont par la suite retournés en France.

était en train de faire une sottise dans la cuisine. Je veux l'attraper pour lui faire renifler sa saleté, mais comprenant sa faute, il veut me mordre quand je le saisis. Furieux, je lui envoie un coup de pied si malencontreux que je lui casse une patte contre le montant de la porte. Me voilà penaud, honteux de ma nervosité, bien que la correction soit méritée. Je fais un pansement avec de petits bouts de bois pour maintenir les os, après les avoir remis en place. Douze jours plus tard, mon chien ne boite plus. Ai-je des aptitudes de rabouteur?

Je laisse passer le 1er janvier sans m'en apercevoir. L'hiver est assez doux, sauf quelques grands froids où le thermomètre descend à -40 degrés. Mon traîneau étant souvent en route pour le transport des marchandises, je me fabrique un traîneau léger pour me rendre au *post office*, ou ailleurs. J'y adapte la flèche d'été, pour y atteler les deux seuls chevaux gardés pour l'hiver.

Galtier, un Français arrivé récemment sur le *Teutonic*, vient me commander une fournaise et des tuyaux. Il a dû décamper de chez lui, où il gèle. Il n'a qu'un petit poêle et, le matin, se réveille avec glaçons dans les moustaches. J'ai connu ce désagrément! La fournaise, que j'ai installée, chauffe très fort et rapidement. Chez nous, Grialou, que j'ai repris pour les mois d'hiver, règle le tirage de nos fournaises. Le soir, nous engloutissons de gros rondins de bois vert, qui brûlent jusqu'au matin. Courage, les jours allongent depuis la Noël.

Corentin Nédélec se marie avec une Bretonne arrivée de France avec ses parents. Naturellement, en tant que bon ami, j'ai été invité à la noce, ainsi que tous les autres Français du coin. Le mariage a été célébré par le P. Mollier, ardéchois. Après le repas commence la danse, dont les Canadiens sont si friands.

Ensuite on passe aux jeux de société: "L'avez-vous, le furet, le furet du roi, mesdames," à ceux, moins innocents, d'attrape-nigaud. Les Canadiens en raffolent. Entr'autres, on fait un canapé de deux chaises, et celui que l'on mystifie est encadré de deux acolytes. Après le discours d'intronisation, le roi et la cour vont s'asseoir sur le trône. Les deux ministres, tout en faisant le geste de s'asseoir, se lèvent au moment voulu, pour laisser tomber le roi à la renverse.... Cette noce de Corentin fut joyeuse et animée.

Un intermède moins agréable eut lieu à la fin de l'hiver. Je suis victime d'un cambriolage au magasin, non en marchandise, mais en argent laissé dans le tiroir-caisse. On n'a pas eu à le fracturer, attendu que je ne le ferme jamais à clé. Le voleur ne devait pas ignorer ce détail. Il s'est emparé de tous les billets de banque, de 1, 5 et 10 dollars, négligeant la menue monnaie et les chèques endossés, trop compromettants pour lui. Ici le paiement par chèque est courant, même pour de petites sommes, si le client n'a pas la menue monnaie.

Par l'intermédiaire de Roussel, j'alerte la police. Un policier de la *Royal Mounted Police* canadienne vient enquêter. Je lui donne pendant

24 heures l'hospitalité. Ses soupçons se portent aussitôt sur mon voisin, Besteland, connaissant bien les lieux et mes habitudes. Après son enquête, il apprend que lors des voyages à Edam où je l'envoie chaque semaine prendre des marchandises, on le voit souvent dans les bars. Mais, laissons faire les policiers, auxquels j'ai conté les détails. Le shérif de Edam vient me visiter. Quelques jours après, l'on vient saisir le fameux piano, acheté aux Etats-Unis, mais jamais payé.

Le grand dégel arrive. Les gopheurs sortent de leur trou et je vais leur faire la chasse sur le labour. Ils attendent sur le bord de leur repaire, plantés sur les pattes de derrière, sans bouger. La cible est idéale pour une carabine de petit calibre. Si l'on approche trop, l'animal rentre dans sa cachette, revient en ne laissant apparaître que le bout du museau, et vous observe. Dès que l'on fait quelques pas, il ressort à l'air libre.

La neige disparue, je commence à préparer machines et champs à semer. Le soleil chauffe. L'herbe sèche, et parfois de façon dangereuse. Voici que le feu prend dans la prairie à quelques milles. On croirait de loin assister à l'incendie d'une ville. Le feu avance sur une largeur de deux milles, mais je ne le crains guère, le vent ne le poussant pas de mon côté. Le labour me protège et, de plus, je suis garanti par le chemin du Fort-Pitt, longeant ma terre, ouvert l'an dernier. A supposer que le feu franchisse le chemin et contourne le labour, j'ai les garde-feux creusés autour des bâtisses. Je puis donc dormir tranquille. Néanmoins, je monte mon réveil sur 2 heures, pour jeter un coup d'oeil. Même si le vent tournait, l'incendie ne serait pas à ma porte avant demain matin. S'il venait du côté de la montagne, je serais plus inquiet, à cause des 30 hectares de bois qui me touchent. Cependant, on n'est jamais assez prudent avec les feux de prairies.

Ces feux, fréquents quand l'herbe est sèche, sont dus à l'imprudence et non à la malveillance. Il suffit d'un fumeur qui éteint mal sa cigarette, d'un campeur qui éteint mal son feu, pour enflammer rapidement la prairie et, dans quelques instants, on n'est plus maître du feu. Il se propage avec rapidité, surtout si le vent souffle en tempête. Il peut alors atteindre l'allure d'un cheval au trot, quand il rencontre du bois sur son passage, et s'il vente. Les responsables sont presque toujours des nouveaux arrivants. Les Canadiens, principalement les Métis, éteignent toujours leur allumette enflammée et étouffent le tison entre leurs doigts.

Le chemin du Fort-Pitt dont j'ai parlé est un des plus anciens de la région. C'était la grande voie de pénétration pour les Indiens, les missionnaires, les "coureurs des bois", de l'époque après les La Vérendrye, entre Saint-Boniface, vers l'Ouest et le Mackenzie, sur le cercle arctique. Ce chemin, très fréquenté, n'est encore qu'une piste, en beaucoup d'endroits.

A nouveau les semailles

Nouveau printemps, nouvel ensemencement. Les champs sont mieux préparés que l'an dernier, mais je dois toujours passer les disques plusieurs fois sur le cassage de l'été précédent, afin d'ameublir la terre, puis la herser.

Fin avril, tout est semé, principalement en blé et quelques arpents en avoine pour les chevaux. En mai, le grain commence à germer et à sortir de terre. Tout a belle apparence. En juin, l'avoine est déjà haute et pourra être coupée assez tôt cette année. La région du nord-ouest canadien, du fait de sa latitude plus au nord, bénéficie chaque jour pendant l'été de plus de soleil, de lumière et de chaleur. Il est jour à 3 heures du matin et le soir, à 2 heures, la nuit n'est pas complète. Pour la maturité des céréales, deux mois suffisent pour l'avoine, trois pour le blé.

La colonisation s'est beaucoup accentuée en ces dernières années. Les terres sont presque toutes occupées, et le *herd law*, défense de laisser les animaux en liberté, vient d'être décrétée dans le district. Non, maintenant, un ranch dans notre région n'est plus possible. Même le colon ayant quelques animaux ne peut plus les laisser courir. A ce sujet, je viens d'apprendre que quelques-uns des miens sont à la fourrière. Je vais les retirer moyennant un dollar par tête et une indemnité par jour pour la nourriture.

Heureusement, ma concession est bien clôturée à 4 rangs de broche mais à l'intérieur de celle-ci il y a ma récolte que je me vois obligé de clôturer pour la protéger de mes propres animaux. Il leur reste cependant, pour pacager, la moitié de mon *homestead*, soit 30 hectares, largement suffisants.

Pour les récoltes, la période du 15 août est toujours redoutée, à cause des gelées précoces possibles. Que le thermomètre descende un peu, la récolte est grillée et réduite à l'état d'aliment pour le bétail.

Un violent orage éclate dans la nuit faisant trembler les vitres. Autre danger à redouter: la grêle. Levé dès le jour, je vais voir s'il y a eu du dégât. Rien de bien grave. Seuls quelques arpents, où le blé trop épais s'est couché. Malgré sa belle apparence, cette récolte pleine de promesses n'est pas encore engrangée. Tous les fermiers, qu'ils soient canadiens, français ou de quelqu'autre nationalité, passent par les mêmes inquiétudes et alternatives.

Peu après, nous voilà en pleine moisson. En trois jours, avec Grialou, nous mettons 33 charretées en meules. Un jour de pluie nous vaut un jour de repos, dont nous avions grand besoin. Au total, cela fait 15 meules de blé et d'avoine. Rentré tard le soir, j'aperçois dans la pénombre du crépuscule, mes 15 gerbiers, se détachant sur le ciel, comme des châteaux-forts avec ses tours.

Encore des garde-feux à établir autour des meules, car le feu peut courir sur le chaume sec. Depuis que cette région se peuple, ces feux de prairie sont moins à craindre. Les parties labourées sur chaque ferme constituent autant de barrières, que le feu doit contourner.

Après 3 ans de séjour imposés et 4 fois plus de terrain labouré qu'exigé par la loi, je vais avoir droit à mes "lettres patentes", c'est-à-dire le titre de propriété et le droit de vendre ma ferme. C'est la raison pour laquelle je n'ai pas entrepris de nouveaux labours cette année, car je n'ai jamais eu l'intention de m'y fixer pour la vie et de rester un "culterreux". J'avoue franchement, que dans le désir de m'expatrier, il y avait certes le goût de l'aventure, mais aussi l'appât du gain. La culture ici fait vivre son homme, largement même, mais n'en fait pas un Crésus. Et je me pose la question: est-ce que je vais rester un an de plus à m'improviser encore *gentleman-farmer*-cuisinier, *store-keeper*, ou est-ce que je n'irai pas, après la récolte et les travaux d'été, chercher une situation dans une ville? Dans une ville, ne ferais-je pas de plus fructueuses affaires, et avec moins de mal, si j'en juge par mon petit magasin de campagne? L'idée mérite réflexion.

On parle beaucoup d'Edmonton, capitale de la province voisine d'Alberta, ville, dit-on, de très grand avenir. Je serais tenté de m'y rendre cet hiver, pour me faire une opinion. Sa situation géographique en fait la plaque tournante de toutes les voies de communication de l'Atlantique au Pacifique et du sud au nord. C'est aussi la porte d'entrée d'une immense et riche contrée, nouvellement ouverte à la colonisation, la Peace-River.

J'organise un vaste pique-nique pour la fin du mois d'août. Ces *parties* sont très goûtées, et les invités ne manquent pas l'occasion. Le bal dure toute la nuit et attire beaucoup de jeunes. J'organiserai des courses de chevaux, de voitures, des parties de baseball, avec des prix en argent et en nature. L'entrée sera gratuite, les réjouissances se dérouleront en plein air. Je ferai servir des rafraîchissements, sandwiches, gâteaux, oranges, bonbons, fruits, cigares, repas froids. Pas de boissons alcooliques, que seuls les hôtels, avec license, peuvent vendre. Sous une grande tente, j'installerai un plancher, pour le bal, quand les jeux seront terminés. J'ai commandé tout ce dont j'aurai besoin. Une voisine doit s'occuper des repas froids et du pain, car il en faudra une très grosse quantité. D'autres voisins se mettent à ma disposition pour le service. Je placarde des affiches à tous les carrefours, et déjà la nouvelle s'est répandue au loin. On m'assure qu'il y aura beaucoup de monde.

Au jour prévu, le pique-nique bat son plein. Le temps, peu sûr, a empêché beaucoup de gens de venir. Néanmoins, une quarantaine de voitures, avec une centaine de personnes, sont venues. Dans l'après-midi, grande course de chevaux montés et attelés, vitesse et demi-fond. Puis, jeux divers: course en sac, en brouette . . . . Sous une grande tente, on sert du thé, du café, des gâteaux, des fruits. L'ambiance est parfaite. Je tiens la caisse, veillant à tout.

Le soir, il faut songer aux repas froids, car tous ces gens vont rester jusqu'au matin pour danser. Des voisins m'aident pour la préparation et la distribution. J'ai pu dénicher deux 'violonneux' canadiens français, pour faire tourner les couples. La nuit se passe en danses, jeux de société, et tout le monde repart content. Pour ma part, je couvre les dépenses, et au delà.

J'ai fait savoir que peut-être je mettrais ma ferme en location, et je vendrais le *store*. J'ai la visite de gens venant de loin à cette intention. L'Américain me tourmente pour que je lui loue la terre, mais je ne veux la lui donner à aucun prix. Encore aujourd'hui, en déballant un sac de sucre, j'ai constaté un manquant de 20 livres. Quand il m'apporta ce sucre, il y a un mois, je comptai les grands sacs de 100 livres. Il y avait le compte. Je n'eus garde de vérifier si, dans chacun, il y avait les cinq sacs de 20 livres. A chaque voyage, je m'aperçois d'une soustraction. Je suis volé comme sur les grands chemins. Cependant, prévenu, j'y veille, mais c'est à croire que le voleur est plus fort que le volé.

Troisième et dernière récolte

Fin octobre, la batteuse arrive chez des voisins. J'apprends qu'il y a sans cesse quelque panne à la machine, un vieil engin préhistorique à bout de souffle, devant dater de l'époque de la découverte de l'Ouest par les "coureurs de bois". La saison est très avancée et la neige peut faire son apparition, pour ne plus disparaître. Dans ce cas, adieu la réalisation de mes projets citadins à Edmonton, jusqu'au printemps prochain.

Les voisins, sachant la batteuse en route pour venir battre chez moi, arrivent avec leur attelage, mais la machine n'arrive toujours pas. Ils rentrent chez eux.

Le lendemain, un jeudi soir (jour à retenir) tout mon personnel revient. La machine en cours de route casse une pièce. On doit aller la faire réparer chez le forgeron, passablement éloigné.

Le vendredi, l'engin est enfin chez moi, en place entre deux meules. Au moment de démarrer, le chauffeur s'aperçoit qu'il n'y a pas assez d'eau dans la machine. Il siffle en vain pour le convoyeur d'eau. En hâte, je me vois obligé d'aller chercher un tonneau d'eau au puits.

Le grain commence à couler dans les sacs, quand une pièce grippe à la machine. Il faut éteindre le foyer pour réparer. Rallumer, faire monter la pression prend une partie de la matinée. A 10 heures, l'engin vétuste est de nouveau en marche, mais à midi encore une anicroche. On reprend à 4 heures de l'après-midi. C'est de bon augure!

Le samedi, tout marche assez bien dans la matinée. Le patron espère terminer dans la soirée. Dieu soit loué! Je n'aurai pas à garder toute l'équipe de dimanche jusqu'au lundi. C'était trop demander; la malchance continue. Dans l'après-midi, de nouveaux ennuis provoquent coûte que coûte, arrêts sur arrêts. Le patron voudrait finir le soir, et au besoin travailler à la lueur d'un feu de paille. Je ne demande pas mieux, mais à 5 heures la batteuse se bloque net.

Pour la débloquer, on doit enlever de ses entrailles, toutes les gerbes et la paille, entassées, dans les divers compartiments et jeter sur le sol le grain mélangé à la paille, environ une vingtaine de boisseaux.

Deux heures sont nécessaires pour tout remettre en ordre de marche. Avant la nuit, on ne peut même pas finir une meule entamée. Elle restera ouverte jusqu'au lundi. Pourvu que la neige ou la pluie ne viennent pas se mettre de la partie.

Heureusement, une voisine est venue aider pour la cuisine. Avec tant de gens, en quatre jours, les provisions en pain, viande, légumes s'épuisent vite. Le magasin y pourvoit avec les boîtes de conserves, le jambon fumé, le bacon, les confitures et les gâteaux. Avec un bon engin moderne, on pouvait facilement dépiquer en un jour et demi. Comme compensation, je constate que j'ai une récolte énorme.

Le lundi matin tout va bien. Je dois cependant aller chercher une charge de bois supplémentaire pour la locomobile qui en a fait une consommation effroyable: 10 charges en tout. A midi, tout est enfin terminé et je pousse un soupir de soulagement. J'aurai besoin d'une journée entière pour remetttre de l'ordre dans tout ce chambardement. Quel gaspillage de foin, de blé, de gerbes d'avoine, pour soigner toute cette cavalerie!

Heureusement, la récolte est excellente. Au total, 1,200 minots de blé, 600 d'avoine, ce qui donnerait en France, convertis en hectolitres, 550 sacs de blé de 80 kg.

Je fais définitivement savoir que je vais liquider le *stock* de marchandise à prix coûtant. Aussitôt, c'est la ruée. En une semaine il est presque tout disparu. Il aurait fallu plusieurs vendeurs à certaines heures. Parfois, je n'ai même pas le temps de déjeuner et dois attendre au soir pour préparer un repas chaud.

J'envoie la première charge de blé à l'élévateur. Il obtient le No. 2. Je vends chevaux, animaux, machines agricoles, voitures, traîneau, en définitive, tout. Je m'occupe aussi de la location ou de la vente de ma terre dont je puis disposer plus tard.

J'ai décidé d'abandonner tout pour aller chercher fortune à Edmonton. Tout de même, ce n'est pas sans un certain regret et un brin de fierté légitime que j'abandonne ces lieux, dont ces nombreuses bâtisses, que j'ai édifiées, formant un petit hameau, témoignent de ma fébrile activité. Comment ne pas être fier de tout ce que j'ai fait sortir de ce sol vierge, comme par enchantement. Ne le regretterai-je pas pour une fortune incertaine dans une ville?

Maintenant je suis libre . . . Le temps d'aller dire un bonjour à mes amis, et je quitte cette région qui me fut, somme toute, très chère. Je suis rentré de chez Nédélec à une heure du matin, par une nuit idéale. Le ciel était plein d'étoiles et illuminé de temps à autre par les lueurs d'une aurore boréale. Le spectacle était féérique. Mon ami voulait me garder, craignant que je ne m'égare, mais je connais bien la contrée. Comme guide, tels les Rois Mages, je prends une étoile dans la direction de ma demeure, et je ne la quitte plus de vue. Dès que le cheval dévie ou que je me vois obligé de contourner une clôture ou un champ labouré, je ramène l'animal dans la direction de mon étoile, et j'arrive sans encombre.

En prenant le train, à Edam, le shérif m'annonce l'arrestation de Besteland, mon voleur. Déjà ses meubles, et le fameux piano, avaient été saisis. Laissons tout cela, et faisons carte neuve!

Edmonton: après la culture, les affaires

J'arrive un dimanche, en début janvier à Edmonton. C'est la province qui touche les Montagnes Rocheuses, et l'avant-dernière avant l'océan Pacifique. A l'hôtel, je rencontre deux Français, qui s'en vont patiner sur un lac de banlieue. Je les accompagne.

Là, grosse affluence de patineurs virtuoses, évoluant sur la glace au rythme de valses entraînantes. En rentrant, ils me conduisent chez un Canadien français, Napoléon Laliberté, qui a une chambre à louer. Sa maison, récente, est très moderne, avec téléphone, chauffage central, salle de bain, glacière, meubles confortables; le tout d'une propreté méticuleuse. Après 4 années de brousse, c'est plus que du luxe. Je retiens cette chambre.

J'apprends que les affaires sont très calmes en ce moment. La propriété foncière subit l'effet de la crise que traverse l'ouest canadien, provoquée par la situation internationale de l'Europe (nous sommes en 1914). Le moment est donc propice pour les achats de terrain et de lots de ville en baisse. Mes ressources sont assez confortables, grâce à la liquidation de mon magasin, de mes animaux et de tout le matériel.

J'achète 8 lots de terrain à bâtir, touchant le dépôt des machines de la ligne de chemin de fer du Grand Trunk Pacific. Le vendeur, qui en a trop acheté, comme cela arrive souvent ici, où le crédit règne en maître, ne peut plus faire face à ses échéances. Il vend quelques lots, même à perte, pour combler en partie ses dettes.

Dès qu'une ville se développe, la municipalité trace au compas une circonférence de un mille de rayon, en prenant le *post office* comme centre. Au fur et à mesure de l'extension, on trace un cercle supplémentaire, donnant une plus value aux terrains qui y sont inclus. On vient de tracer la cinquième circonférence. C'est dans ce périmètre que sont situés mes lots. Ils sont déjà desservis par le tramway et les conduites d'eau et d'électricité sont posées. Edmonton est l'exemple type de la *mushroom city*, ville champignon.

Le banquier MacNamara me dit, les pieds sur le bureau, un cigare au bec, comme tout Américain qui se respecte, qu'en 1880, il y a à peine 30 ans, il était un des rares Blancs à Edmonton. Il n'y avait alors qu'un poste de traite de la Compagnie la Baie d'Hudson, pour la traite de fourrure.

A présent, toujours en 1914, Edmonton compte 67,000 habitants, possède un beau parlement provincial, 3 ponts sur la large rivière Saskatchewan Nord. Trois compagnies de chemin de fer desservent la ville et la région, avec plusieurs trains par jours. Les quelques Indiens qui fréquentaient le poste plus tôt, ont fui dans les environs avec l'arrivée des colons. La ville s'étend toujours plus loin.

Il y a une quinzaine d'années, un Français, nommé René Lemarchand, a eu la vision de ce que réservait l'avenir à Edmonton. Il achetait des terrains jusqu'à la vingt-cinquième rue, vers l'ouest, considéré comme campagne. Les gens le traitaient de fou. Il répondait invariablement qu'Edmonton deviendrait une très grande ville. On le laissait dire en hochant la tête. Les Anglais allaient chez le *Frenchman* pour se moquer de lui. Cependant, il a fait bâtir des immeubles de rapport dans la quinzième rue, qui se trouvent actuellement en plein centre. Il avait vu juste.

Tous les esprits sont tournés vers la région de la Peace River, Rivière-à-la-Paix, contrée très fertile, ouverte depuis peu à la colonisation. Une grande ville va surgir dans cette région, on ne sait où. Chacun fait des pronostics et cite des noms. Il faut attendre que le chemin de fer, d'Edmonton à Peace River, soit plus avancé. Il va s'y produire un *boom* formidable. Le *boom* est la fièvre de spéculation sur les terrains, sur les affaires, poussée à l'extrême limite de l'exaggération. Le thermomètre monte à une allure telle qu'il risque à tout instant d'éclater. Si la fièvre tombe, c'est la crise, avec ses conséquences inévitables.

Laliberté, mon propriétaire, est un homme charmant. Je remarque une grosse pépite d'or à sa chaîne de montre. Il me parle des chercheurs d'or, qu'il a bien fréquentés à Dawson City, dans le Klondike, quand il était agent des terres du Gouvernement, au moment de la fameuse ruée vers l'or au Yukon peu avant 1900. Beaucoup de gens se rendirent dans ce nouvel Eldorado, où les objets de première nécessité atteignaient des prix exorbitants, sans parler de la bouteille de simili champagne qui, elle, valait son pesant d'or.

Parmi les chercheurs d'or, tous n'arrivaient pas à destination. Beaucoup mouraient en cours de route, de faim, de froid, ou dévalisés par de plus misérables. Parmi tous ces aventuriers venus du monde entier, se trouvaient beaucoup de chenapans. Certains, sans foi ni loi, trouvaient plus simple et plus expéditif d'attendre le chercheur d'or revenant avec sa cargaison, pour le dévaliser, le tuer au besoin, évitant ainsi tout témoignage. Le coup fait, ils rebroussaient chemin, vite enrichis, sans avoir jamais vu un *claim* ou une mine d'or.

A Edmonton, on cite, sous le manteau, un homme d'affaires très en vue, avec une grosse situation, que l'on soupçonne d'un fait semblable. Ils étaient partis à deux pour le Klondike. Il est revenu riche, et de l'autre on n'a plus entendu parler. Il ne reviendra probablement jamais témoigner.

Laliberté me raconte encore que les *bartenders*, les *barmen*, se font de belles rentes de la façon suivante. Les chercheurs paient les consommations, ainsi que toutes les denrées, avec de l'or nature, en pépites ou poussière d'or. Sur le comptoir, se trouve une balance trébuchet, posée sur un tapis en épaisse peluche. Le client sort sa poquette, petite bourse en cuir avec lacet, et on pèse la valeur de la consommation. S'il est ivre, et c'est fréquent, il en verse à côté, sur la peluche, où les paillettes se dissimulent facilement. Le plancher est recouvert de sciure que l'on se garde bien de jeter sans l'avoir soigneusement tamisée. Quand le payeur est ivre-mort, ses gestes sont brusques, pour verser sa poudre sur la balance; et les paillettes rejaillissent sur la peluche et sur le plancher.

Je pratique le sport qui fait fureur, le patinage. Tout le monde patine, femmes, hommes et enfants. Pendant mon service militaire, j'avais déjà patiné un peu en France, dans les Vosges, sur le lac de Gérardmer. Retrouver son équilibre sur une fine lame d'acier est difficile, et je prends quelques bûches. Je n'en suis pas encore aux arabesques, et à la valse, malgré l'invitation de l'orchestre. C'est déjà beau de rester debout, en souplesse, car tout le secret est là. Ce sport est captivant, hygiénique et très gracieux, quand on est un as.

J'assiste à Edmonton au plus beau *boom* du pétrole que l'on puisse voir. On a, paraît-il, trouvé du pétrole aux portes de la ville. Question pétrole, dans l'Ouest, il faut toujours se méfier, car on a vu des aigrefins injecter du pétrole dans leur forage et le faire ressortir pour faire des dupes. Cette fois-ci, dit-on, c'est sérieux. MacNamara, le banquier, me dit qu'il a été si souvent échaudé, qu'on ne l'y reprendra plus. Serment d'ivrogne, comme on va voir.

On a donc trouvé du pétrole, vrai ou faux, et le lendemain, comme par enchantement, je vois toutes les devantures de la rue principale, l'Avenue Jasper, inondées d'actions de pétrole à vendre. Les imprimeurs ont dû travailler toute la nuit. C'est inimaginable! En quelques jours on voit naître, non pas une compagnie, mais une multitude de sociétés. Ces actions sont imprimées sur du beau papier parcheminé. Les devantures des banques n'y suffisent pas, on emprunte celle du quincailler, du bureau de tabac, de l'épicier.

Comme cette fièvre est très contagieuse, on ne parle au bout de quelques jours, à Edmonton et dans toute la région, que de pétrole et de sociétés par actions. C'est de la folie communicative! Il faut de sérieux réflexes pour y résister. Je revois MacNamara. Malgré son serment (il n'avait pas sans doute juré sur la Bible), il monte une société pour la prospection et l'exploitation du pétrole. Aura-t-il plus de chance? Je le souhaite. Pour faire comme tout le monde, je prends quatre actions de cinq dollars; il n'y a pas de quoi me ruiner. Et je suis peut-être milliardaire en puissance!

Au printemps, je dois donc retourner sur ma ferme, afin de la louer, vendre ce que je ne puis emporter, et charrier mon grain à l'élévateur.

De passage à Battleford, je vais à l'Office des terres du Gouvernement, pour obtenir le titre de propriété de mon *homestead*. Pour cela, on prête serment sur la Bible, selon la coutume anglaise. La main sur la Bible, j'atteste avoir rempli toutes les obligations requises, c'est-à-dire habité pendant trois mois sur ma terre, chaque année, et défriché la surface imposée. De plus, je jure de rester fidèle à sa Majesté le Roi d'Angleterre, de dévoiler les complots contre lui et de rester au service de Sa Majesté, on His Majesty's Service. Sur ce, on me remet mon acte de naturalisation numéro 3, 180, 929, me faisant citoyen canadien, et les lettres patentes de ma terre. Je puis maintenant en disposer à mon gré.

De retour pour quelques jours à ma ferme, je liquide ce qui me reste, sauf la voiture et deux chevaux, pour me permettre de charroyer mon grain à la station.

Le premier voyage que j'entreprends n'est pas sans histoire et eût pu devenir dramatique. Je pars pour Paynton avec une grosse charge de blé. Sur le parcours, se trouve un grand lac, que l'on traverse sur glace en hiver. La saison est avancée, et j'hésite avant de m'y engager. Pourtant c'est tentant! Je raccourcirais de plusieurs milles, et je suis pressé. Je vais voir un fermier sur les bords du lac, pour l'interviewer sur la solidité de la glace. Sa réponse n'est guère encourageante. C'est l'extrême limite! Un attelage a encore traversé le matin: cela me décide.

Je m'engage sur le lac et à Dieu vat! Au début, sur les bords, cela marche assez bien, mais dès que j'ai fait quelques centaines de mètres, je sens tout à coup la glace fléchir sous la lourde charge: 6,000 kilos de blé, plus le poids de traîneau et des chevaux. Ceux-ci commencent à avoir de l'eau jusqu'au genoux, et la situation devient critique. Retourner est aussi risqué que continuer. Il ne faut plus y songer. Je me demande à tout instant, avec angoisse, si la glace ne va pas se rompre et si je ne vais pas passer à travers. Je me vois déjà englouti avec chevaux, traîneau, charge de blé. Peut-être aurai-je la chance de pouvoir grimper sur la glace et en échapper seul? Les risques sont grands et mes réflexions amères. J'en ai le frisson, mais le vin est tiré, il faut le boire.

Ma dernière heure n'était pas arrivée. Je parviens à la terre ferme et je pousse un soupir de soulagement. Mon imprudence était grande, je le reconnais après coup. Tous les ans se produisent des noyades, à la traversée des lacs et rivières, au dégel. En automne, c'est moins fréquent: la glace de jour en jour s'épaissit; tandis qu'au printemps, c'est l'inverse. Il est difficile de savoir quand on ne peut plus passer, et c'est une question de chance. Je finis de transporter mon grain, par voies normales, je vends chevaux et voiture et repars pour Edmonton.

Dès mon retour, j'ai l'occasion de faire la connaissance d'un docteur français, le Dr. Ch. Valéry, de M. Alex Michelet, Canadien français, directeur du journal français d'Edmonton, le *Courrier de l'Ouest*, et de M. Lefort, directeur de banque.

Nous fondons la "Société Immobilière Franco-Canadienne" au capital de 150,000 dollars, répartis en 1,500 actions de 100 dollars. l'Honorable Wilfrid Gariépy, ministre au gouvernement provincial, accepte la présidence de la société. Le but est le placement avantageux des capitaux français et belges dans l'ouest canadien, l'achat de terrains, le placement de prêts en première hypothèque. Le titre de notre société était Franco-Canadienne Realty Cy, avec siège social à Edmonton. Les sociétés de ce genre sont florissantes dans l'Ouest canadien. Tout le pays a prospéré.

Au début du siècle, Sir Wilfrid Laurier, premier ministre du Canada, disait: "Le 19e siècle a été le siècle des Etats-Unis, le 20e sera celui du Canada."

Quelques chiffres illustrent le bien-fondé de cette prophétie. Le Canada est 18 fois plus grand que la France, autant que l'Europe entière, avec une population recensée en 1910 de 7 millions d'habitants.

L'immigration est passée de 22,000 en 1896 à 375,000 en 1913. La production des céréales de 93 millions de boisseaux en 1901 à 688 millions; les voies ferrées de 4,590 kilomètres à 67,243; la population d'Edmonton de 3,167 en 1901 à plus de 67,000 en 1914; les permis de construction de 3 millions de francs en 1905 à 74 millions. Tous ces chiffres se passent de commentaire, et sont forcément incomplets.

L'appel . . .

Mais voici août 1914. Des événements imprévus vont arrêter l'essor de la jeune société, comme celui de plusieurs autres.

Nous nous attendions depuis quelques jours à apprendre la nouvelle de la déclaration de guerre; les sombres dépêches, venant d'Europe, laissaient entrevoir une situation toujours de plus en plus tendue. Dès qu'elle est affichée, devant le hall des journaux, à 4 heures de l'après-midi, le 4 août, tous les Français présents chantent une vibrante "Marseillaise". Et nous disons tous, sans hésiter: il faut partir. Il n'est pas encore question de l'entrée en guerre de l'Angleterre.

Nous demandons des instructions à l'agent consulaire d'Edmonton. Affolé, il est parti pour Montréal en chercher. Nous téléphonons au consul de Calgary, qui répond que tous les Français mobilisables doivent rejoindre la France.

Le sort en est jeté. Nous bouclons notre valise, et en route pour Montréal et la France. Pendant le trajet en chemin de fer, nous sommes choyés. Au wagon-restaurant, en particulier, on nous gave et nous avons les meilleures couchettes sur le Pullman.

A Montréal, nous trouvons un millier de Français attendant l'arrivée d'un navire. Nous embarquons le 18 août sur le *Venezia*, de la Compagnie Fabre, de Marseille, venant de New York, et réquisitionné par le gouvernement français.

Nous ignorons notre destination et le lieu de débarquement. Le capitaine du navire ne le sait pas lui-même. On lui a remis au consulat un pli cacheté, qu'il ne doit ouvrir qu'à deux jours des côtes de France. C'est que l'on signale dans l'Atlantique deux corsaires allemands, l'*Emden* et le *Gneisenau*, à l'affût de proies aussi tentantes que notre vaisseau. Nous recevons des sans-fil, mais ne devons en émettre sous aucun prétexte, pour ne pas signaler notre présence. Nous marchons la nuit tous feux éteints, au risque d'entrer en collision avec un autre navire.

Dans la journée, dès que nous apercevons une fumée à l'horizon, dans le lointain, nous montons tous sur le pont, nous demandons avec appréhension si c'est un navire ami ou ennemi. Quelques beaux bateaux de guerre anglais patrouillent sur notre route. Dès qu'ils nous aperçoivent, ils nous demandent par radio qui nous sommes. Comme nous ne répondons pas, ils s'approchent. Aussitôt identifiés, ils nous indiquent la route la plus sûre à suivre.

Nous apprenons, à un jour des rives de France, que nous débarquerons à Saint-Nazaire. Dans la nuit, nous arrive une aventure tragique. Nous sommes réveillés en sursaut par un choc d'une violence inouïe, à nous jeter en bas de nos couchettes. Tout le monde croit au torpillage et se précipite sur le pont. J'ai une fièvre de cheval, qui me tient abattu. Je suis un des derniers à rejoindre les camarades. Je me dis d'ailleurs: "Si je dois y passer, que ce soit dessus ou dessous le pont, cela ne change rien à l'affaire." Chacun emporte, retiré des bagages, ce qu'il a de plus précieux, et j'en aperçois un qui s'encombre de son violon! Veut-il jouer son oraison funèbre?

Aussitôt sur le pont, nous apercevons un gros navire illuminé, à 50 mètres de nous. Tous nos feux sont éteints. Nos chaloupes de sauvetage sont déjà à la mer. Après le premier affolement, les officiers du bord nous font savoir qu'il n'y a aucun danger immédiat et de garder tout notre sang-froid. Le navire anglais, a, lui aussi, descendu ses chaloupes et offre de nous porter secours. Le commandant lui répond que nous pouvons continuer notre route par nos propres moyens, bien que l'avant du navire soit complètement éventré. Il a eu soin de faire fermer de suite les cloisons étanches.

Le navire anglais, l'*El Kantara*, allait de Londres à Gibraltar. Comment expliquer cette collision? Nous étions tous feux éteints, c'est entendu, mais lui avait tous ses feux allumés! C'est inconcevable que, dans l'immensité de l'océan, en pleine mer, deux bateaux, à la même minute, à la même seconde, puissent se rencontrer au même point! Et pourtant . . .

En débarquant en France, fin août, nous ignorions tout de la situation militaire. Nous étions restés une douzaine de jours en mer, pendant lesquels nous avions bien reçu des nouvelles par sans-fil, mais elles étaient tronquées ou camouflées pour nous cacher la vérité. Nous étions partis du Canada "gonflés à bloc", en nous donnant rendez-vous à Berlin, pour la Noël, comme en France. Nous ignorions la défaite de Charleroi . . . A la gare, nous sommes atterrés en voyant les nombreux trains de blessés en stationnement. Certains de ces grands blessés gisaient sur le plancher des wagons à bestiaux, dans un état lamentable, sans soins avec d'horribles plaies.

Après un interminable voyage de 48 heures, j'arrive chez moi. Les effusions sont de courte durée, et 24 heures après, je me rends au bureau de recrutement. Tous ces trains de blessés, rencontrés un peu partout, me hantent. Il me semble que je vais arriver trop tard.

Comme il est puissant, cet appel de la patrie en danger, qui ramène jusqu'à elle ses fils les plus lointains, même ceux qui sont perdus par delà les océans, dans les solitudes du Grand Nord ou l'immensité de la Prairie.

IV

MON VOYAGE
AU CANADA EN 1957

Avant la guerre de 1914, j'avais vécu quelques années de fiévreuse jeunesse dans le lointain *Far-West* canadien du temps des *Old Timers*, les défricheurs de terre de la prairie.

Je rentrais en août 1914, pour accomplir mon devoir de Français, mettant un point final à cette vie aventureuse.

Tout cela date d'un demi-siècle, ce qui paraît énorme, et cependant . . . dans ma prime jeunesse, entre 1880 et 1890, j'ai connu des nonagénaires qui avaient connu les temps de Napoléon 1er. Deux générations, c'est peu en somme.

J'avais toujours rêvé de revoir ce pays, qui m'avait laissé de si bons souvenirs malgré ses rudes épreuves. Une fois la grande guerre terminée, marié, père de famille, avec une affaire industrielle sur les bras, il m'était impossible de réaliser ce rêve. Quand je fus retiré des affaires, les enfants hors du nid, il devenait réalisable, malgré mes 70 ans passés.

J'embarque au Havre le 30 avril 1957 sur le paquebot *Neptunia*, venant de Bremhaven. Je prends à Montréal le Transcontinental qui me conduira vers l'ouest.

A Saskatoon, je fais halte un jour. Là j'ai quitté la ligne directe du Transcontinental Montréal-Vancouver, pour couvrir la dernière étape de mon voyage en chemin de fer. J'envoie un télégramme à Thomas Nédélec, mon compagnon de pêche sous la glace en 1910, pour lui annoncer mon arrivée. J'ai hâte à présent d'arriver au but. Courir les villes, changer sans cesse de train en trimbalant mes lourds bagages devient éreintant.

De Saskatoon à North Battleford, mon terminus, il n'y a que quelques heures de trajet. Je demande au contrôleur du train un renseignement, mais mon vocabulaire anglais ne fait que commencer à me revenir en mémoire par bribes. Celui-ci ayant deviné ma nationalité, me questionne en français et me demande où je vais. Quand je lui parle de St-Walburg et des familles Larre et Puech, nous sommes immédiatement en pays de connaissance, car lui-même avait habité cette dernière ville.

Arrivé en gare de North Battleford, il m'offre aimablement de descendre mes bagages sur le quai. Nédélec a-t-il reçu mon télégramme? Je n'en suis pas très sûr à cause du dimanche.

Accueil 43 ans plus tard

Sur le quai de la gare, deux hommes de mon âge s'avancent vers moi, ainsi qu'un grand garçon de 27 ans. Quoique notre dernière entrevue remonte à près de 45 ans, aucune hésitation de leur part ni de la mienne. Nédélec était accompagné de son 4e fils et de son beau-frère, Sévère Blaquière dont je connaissais la famille originaire de l'Aveyron.

Nous avions tant de choses à nous dire, que nous ne savions par quel bout commencer. Une belle et spacieuse voiture américaine nous attendait. J'étais enfin tout heureux de ne plus avoir à traîner mes bagages. Coïncidence étrange, j'arrive par le même train et à la même heure, que lors de ma première arrivée en 1910. Je reconnais en face de la gare, l'ancien hôtel Métropole où j'étais descendu. Autrefois la rue principale partant de la gare n'avait pas plus de quelques centaines de mètres. A présent elle est constellée d'enseignes lumineuses à perte de vue.

Quel accueil! Je vais de surprise en surprise, d'étonnement en émerveillement. Je me demande parfois si je rêve et si je ne suis pas en train de vivre un conte des milles et une nuits. Nous allons dîner au restaurant et nous partons dans la nuit pour Vawn, chez Nédélec, distant de 50 kilomètres.

Je regrette de faire ce trajet de nuit, car je l'avais fait en voiture à chevaux, pour aller me ravitailler à Battleford, sur l'ancienne piste sinueuse, le trail du Fort-Pitt qui passait au coin de ma terre. Maintenant c'est une belle et large route droite et goudronnée. A Meota, le conducteur fait un crochet pour me montrer le Lac Jack-Fish, où j'avais fait la pêche avec les deux frères Nédélec.

Pendant tout le trajet nous évoquons quelques vieux souvenirs. Tous ces Bretons, Basques et Aveyronnais se sont mariés et sont presque tous parents par alliance. Leurs descendants occupent d'immenses fermes de plusieurs centaines d'hectares, parfois mille et plus, depuis le Jack-Fish jusqu'à St-Walburg à 125 kilomètres au nord. Si le blé pousse à merveille dans ce pays, les familles poussent encore mieux. Tous ces amis qui n'étaient pas mariés, lors de mon départ pour la France en 1914, ont maintenant plusieurs enfants et d'innombrables petits-enfants.

Arrivé chez Nédélec, je trouve une maison pleine de monde: des fils, des filles, des gendres, des beaux-frères, des belles-soeurs, pour me recevoir. C'est à croire que le Messie ne fut pas plus attendu! Une fois les présentations terminées, il me faut un bon moment pour assimiler les filiations et parentés. L'identification leur est facile quant à ma personne, mais pour moi, c'est autrement épineux.

Ce fut jusqu'à minuit un chassé-croisé de questions et de réponses. Sur les 8 enfants Nédélec, trois grands garçons restent à la maison, avec une des filles qui vient d'être diplômée par la *High School*.

J'ai sorti la bouteille d'Armagnac que je trimbale religieusement depuis la France, pour fêter nos retrouvailles. Cette bouteille plate, en forme de dame-jeanne, les a fortement impressionné, plus que le breuvage, à eux inconnu. Pas une bouteille semblable dans la région. Ils ignorent ce qu'est un litre. Je parle des enfants ou de ceux nés au Canada. Je me doutais bien que le premier contact serait sensationnel, mais le mot n'est pas assez fort. Je suis fêté, accueilli avec chaleur et empressement.

Le lendemain, on me fait faire le tour du propriétaire. Les machines agricoles compliquées foisonnent: deux moissonneuses-batteuses, deux gros tracteurs, des charrues à plusieurs socs, des disques, des herses monumentales, des *station wagons*, des quantités de machines de toute sorte, certaines abandonnées, rouillés, datant de notre époque de pionniers. De plus, de nombreuses graineries, pleines de grain, parce qu'il ne se vend pas, par suite de plusieurs récoltes abondantes, un vaste poulailler de 120 poules, une grande écurie avec deux taureaux de pure race et de nombreuses vaches à lait. Je crois rêver, quand je songe que dans les premiers temps, nous étions tous pauvres comme Job et que je constate une telle abondance. Il est vrai qu'en Amérique le crédit règne en maître et y a largement contribué, s'il n'a pas été néfaste pour certains.

Avec sa Plymouth dernier modèle, Thomas me fait parcourir l'ensemble de ses terres, traversant des champs semés sur des roues et des ornières, a 40 milles à l'heure. Des prairies de plusieurs centaines d'hectares contiennent 150 bêtes à cornes et des chevaux. Dans l'après-midi nous allons voir Henri Esquirol, Aveyronnais, le frère de mon regretté curé de Jack-Fish, qui m'avait accueilli en 1910. Le voilà marié avec de multiples petits-enfants. Je vais voir, si non prévenu, il va me reconnaître. Nédélec me presente comme agent d'assurance en tournée. Pas de réaction. Je lui dis en patois: Regarde-moi bien, tu ne me reconnais pas? Sa stupéfaction de se voir interpellé en patois langue-docien est visible et comique. Devinant plutôt que me reconnaissant, il s'écrie: Ne serais-tu pas G. G.? On rentre, on absorbe de nombreuses rasades et finalement il nous faut rester à dîner. Il a acheté la terre de Chaland et sa maison, où j'avais logé pendant trois mois pour semer sa terre de moitié.[1]

A 20 heures chez Nédélec, les grands garçons rentrent des champs, noirs comme des mineurs. Encore une surprise. Les travaux se font à une telle allure, que ces immenses machines soulèvent un nuage de fine poussière noire. Les fermiers ne sont pas aussi matinaux

---

[1] Il semble plus vraisemblable que les conditions de cette entente étaient celles spécifiées par Giscard au sein du Chapitre II (voir plus haut p. 33): "Je fournirai tout et je prendrai les deux tiers de la récolte."

qu'autrefois. Avec la motorisation, il n'y a plus de chevaux à soigner de bonne heure, à faire la litière, à étriller, à harnacher, à atteler. On presse sur le bouton du démarreur et le tracteur est prêt à se mettre en route. On ne part au champ qu'à 7 heures après le breakfast. A la veillée je leur raconte mes ascensions pyrénéennes et mes descentes dans les gouffres avec Norbert Casteret.[1] L'auditoire est intéressé par ces sports dont ils ignorent tout.

Le lendemain, 22 mai, il neige! Le soir, beau soleil, temps doux. Je manifeste à Thomas mon désir de revoir le lac du Jack-Fish et l'ancien presbytère où je me suis logé le premier hiver, pour pêcher sous la glace. Il m'offre de m'y accompagner. Arrivé à l'endroit présumé de l'église, plus rien du tout. Elle a été transportée 5 milles plus loin, et plus de trace de l'ancien presbytère. Nous cherchons un moment quelques vestiges des anciens bâtiments: rien. Grâce à un petit chemin embroussaillé conduisant au lac, nous situons à quelques mètres près l'emplacement de la vieille église. Nous trouvons, à 100 mètres plus loin, sur le bord du lac, les anciennes bâtisses abandonnées, encore en assez bon état, du magasin général du vieux John Ness, où j'allais chercher le ravitaillement et le courrier.

Au retour, nous passons chez un Aveyronnais. La mère me dit avoir lu la brochure "Dans la prairie canadienne" envoyée à Esquirol. Si tous ces vieux Aveyronnais ont dit définitivement adieu à la mère patrie, ils en ont bien conservé l'accent du terroir. Quant aux enfants et surtout petits-enfants, ils parlent plus l'anglais, que la langue paternelle. Constatation navrante!

Je téléphone à Vicario, l'ancien trappeur retiré à Edam. Il m'attend et se met à ma disposition pour me véhiculer et me conduire à St-Walburg ensuite. Quelle chance d'avoir chauffeurs à ma disposition, lui et un Parisien de Menilmontant, arrivée au Canada en 1905, et sa femme, Bretonne, récemment arrivée. Elle est navrée de ne pas être là, le lendemain, pour le déjeuner. Sa fonction d'institutrice à Edam l'oblige à partir le matin à 8h et rentrer à 16 heures. En m'exprimant tous ses regrets, elle me dit être sans inquiétude pour la préparation du repas par son mari. Je n'en doute pas ayant assez connu sa débrouillardise.

En effet, Vicario nous propose d'abord l'apéritif: whisky, gin, Dubonnet. Thomas Nédélec m'a amené chez lui. Excellent déjeuner: poulet en conserve de son élevage avec la gelée, pommes de terre à la paysanne, lait glacé ou café avec pot de crème. Comme dessert un volumineux gâteau appétissant et des liqueurs pour terminer. Ils nous fait le récit de ses débuts, quand, tout jeune, il trappait dans le Grand Nord. Sa jeunesse ne l'avait guère préparé à cette vie aussi dure. Il avait été

---

[1] Voir Préface, p. x.

typographe à Paris. Mais Vicario a été toujours un dur à cuire. Il raconte avec beaucoup d'entrain et de verve quelques unes de ses aventures. Son regard malicieux en souligne les phrases les plus cocasses. Je regrettais de ne pas avoir une bande magnétique pour enregistrer tout ce qu'il disait. Un journaliste en aurait fait un reportage sensationnel.

Vicario, arrivé au Canada en 1902, s'est engagé comme garçon de ferme au Manitoba. Pendant la saison d'été, il faisait 36 métiers. Pendant l'hiver, il partait avec des entreprises de pêche de la baie d'Hudson. Deux ou trois ans après, il se rend en Saskatchewan, où il pratique la pêche sous la glace avec les Nédélec.

A 70 ans passés, il est encore costaud et très bien portant, malgré un accident à la hanche, qui l'oblige à se déplacer avec des béquilles, ce qui ne l'empêche pas de conduire sa voiture et même de jardiner. Toute sa vie il a été un bourreau de travail, ne prenant pas suffisamment le temps de manger et de dormir. Fait unique dans les annales agricoles canadiennes, il attelait 18 boeufs de front sur la charrue. On venait de loin voir ce curieux attelage et le photographier. Une grande reproduction photographique trône en bonne place pour authentifier cet exploit. Il a mis un fermier sur ses terres, ne pouvant plus les travailler lui-même, sans enfant. Il habite un joli chalet à Edam, tête de ligne à mon époque, où j'allais me ravitailler, à mi-chemin de Battleford et porter mon grain à l'élévateur. Il n'y avait qu'un magasin général, une banque pour encaisser le prix du blé, un marchand de bois, un forgeron.

Le soir à dîner, je fais la connaissance de Mme Vicario, Bretonne, intelligente, aimable et distinguée. Son intérieur est très moderne avec tout le confort désirable: cuisinière mixte à l'électricité et au mazout, chauffage central, chauffage électrique, réfrigérateur et *freezer* pour conserver les légumes pendant les mois où il n'y en a pas.

Vicario doit venir me prendre demain en voiture chez Nédélec, pour aller voir les anciennes connaissances. Il me conduira ensuite à St-Walburg, région de mon ancienne résidence de *gentleman-farmer*. Mon voyage enchanteur se poursuit agréablement grace à ces chauffeurs bénévoles.

Nous allons voir Malhomme, un Français de la Chaise-Dieu (Hte Loire) que j'avais bien connu chez Bourret, le *rancher*. C'est à présent un homme *up-to-date*. Belle maison, intérieur cossu, grandes écuries, le tout fraîchement repeint, avec tout autour plusieurs graineries et un important matériel agricole.

On apporte une bouteille de bière pour chacun et on me présente un verre par politesse. A l'exemple des autres, je bois au goulot à la mode canadienne, pour bien leur montrer que je n'ai pas tout à fait perdu les habitudes du pays.

De là nous allons chez Sévère Blaquière, Aveyronnais, sur les bords de la grande rivière Saskatchewan Nord. Il me paraît avoir fort bien réussi, car il est propriétaire de plusieurs milliers d'hectares, avec de nombreux troupeaux de pure race, ainsi qu'un matériel agricole perfectionné. De vastes champs sont labourés et semés. De grandes étendues de prairie et de bois sont clôturées sur le bord de la rivière, où de grands troupeaux de bêtes à cornes de race paîssent paisiblement.

Je m'explique à présent l'agrandissement si rapide des propriétaires. Au début de la colonisation, certains fermiers peu prévoyants et criblés de dettes, par suite de la facilité du crédit, ne purent, ou ne voulurent pas payer leurs taxes aux municipalités. Ces dernières saisirent leur terre et les revendirent pour le montant des taxes impayées, souvent dérisoires. C'est ainsi qu'un bon nombre de fermiers achetaient des terres voisines pour quelques centaines de dollars, soit le dixième de leur valeur. Ce qui fit le malheur des uns fit le bonheur des autres.

Vicario devant me conduire le lendemain à St-Walburg, je dis adieu à tous ces amis, provisoirement, puisque je dois les revoir au retour en partant pour les Etats-Unis, après un long séjour chez les Larre et Sergent, mes anciens voisins.

Ignorant si Mme Larre habite sur la ferme ou au village, nous allons tout de suite en ville, où je sais que deux de ses fils tiennent un grand magasin. Au *general store*, Larre Brothers, je rencontre Henri Bonnet, retiré des affaires, ayant laissé ses terres à ses enfants. Il nous invite à déjeuner chez lui. Madame Bonnet, qui n'était pas mariée à l'époque, se souvient bien de moi. Quant à Henri, il se rappelait notre campement sur la neige, qui flamba dans la nuit.

Aussitôt après déjeuner, Vicario me conduit sur la ferme de Mme Larre, près de laquelle nous étions passés le matin. J'étais attendu d'un jour à l'autre, car je les avais prévenus par téléphone. Là aussi réception chaleureuse, d'autant que je leur apportais des nouvelles du beau-frère, qui vécut au Canada pendant 10 ans avec son frère, le regretté Petit-Baptiste. Bernard s'est retiré à Hasparren, près de Bayonne, et je le vois deux fois l'an, quand je vais sur la côte basque.

Avec Mme Larre plusieurs fils s'occupent de la propriété, les uns à la culture, les autres à l'élevage de 6 à 700 bêtes à cornes. Elle a eu 13 enfants, dont 12 vivants, et 40 petits-enfants. Son mari, Petit-Baptiste, n'était pas marié avant mon départ en 1914 et mourut en 1932. De ces Larre, il y en a tant que je m'y perds. Il me faudrait une caméra dans le cerveau pour les fixer une bonne fois et ne plus les confondre.

J'y retrouve, retiré chez les Larre, mon vieil ami Grialou, âgé de 87 ans. Il touche une retraite du gouvernement de 75 dollars par mois (35,000 A.F.). Au Canada, tous les vieux touchent une pension à partir de 75 ans. Comme autrefois, il parle peu, mais ne me quitte pas des yeux. L'hiver, il venait se retirer chez moi, n'ayant pas de *shack* primitif. Un bien brave garçon.

La motorisation a fait disparaître les chevaux et il n'en reste que quelques spécimens, réservés pour les *rodeos*, toujours fort appréciés. Néanmoins, j'ai pu admirer quelques cowboys authentiques, au large chapeau cabossé et vêtement de peau grangée, avec botillons brodés à talons hauts, munis d'éperons à mollettes d'argent.

Un des fils me fait faire le tour de la propriété avec le camion à travers les champs semés. Nous traversons de vastes parcs clôturés, où broutent tranquillement de nombreux animaux. Puis il a sellé un beau pur-sang arabe de 3 ans, bien dressé, fléchissant à la demande de la bandine, l'une ou l'autre patte de devant, se dandinant comme un vrai cheval de cirque, ou se couchant sur le flanc, cou et tête allongés sur le sol.

J'ai laissé dans la salle à manger le manuscrit de mes souvenirs du Canada, illustrés de photographies. Quand vient un visiteur, on lui montre ces documents, où certains vieux se reconnaissent quand ils étaient plus jeunes. En ces temps-là, j'étais presque seul à posséder un appareil.

Je dois aussi leur montrer mon attirail de pêche, montrer ma boîte à mouches artificielles, mes leurres, mes moulinets. Quant à la pêche à la mouche, ils en ignorent l'existence. Je dois leur faire une démonstration, sur un terre-plein. Ils sont sidérés qu'une mouche artificielle puisse s'envoler à 15-20 mètres, sans le secours d'un plomb.

Contrairement aux temps anciens, où il n'y avait pas de pêcheurs, du moins à la ligne, à présent ils sont plus nombreux. Mais il y a ici beaucoup plus de poissons que de pêcheurs, car la pêche est sévèrement réglementée et gardée. Les règlements sont très strictes sur la taille, le nombre, le poids des poissons à conserver. A moins de posséder un permis spécial de professionnel, il est interdit de vendre le poisson capturé. Personne ne s'avise d'enfreindre les règlements ou de pêcher sans permis. Pour toutes choses, les Canadiens se soumettent strictement aux lois, aux règles de la circulation, sans critiquer, ni murmurer, comme chez nous en France. Dans l'Ouest, le maintien de l'ordre est assuré par la *Royal Mounted Police*, imposant par son allure, son uniforme rouge vif. Elle ne plaisante pas si on ne marche pas droit!

Hélas, mes bâtisses . . .

Henri Bonnet me conduit sur mon ancienne terre avec Mme Larre qui habitait avec ses parents, sur le *homestead* voisin du mien. J'avais hâte de revoir ces lieux. Nous mettons un moment pour les retrouver, à travers de nouvelles routes gravillonnées, plus larges que nos routes nationales. Bonnet prétendait que ma maison était au milieu de la butte Paradis. Je réponds très catégoriquement "Non, en bas." Il n'avait pas quitté le pays, c'est entendu, mais moi j'avais habité les lieux pendant 3 ans. Nous cherchons un certain temps sans succès.

Il propose de m'amener sur la terre de mon ancien voisin Besteland. D'accord. De là, je ne puis manquer de situer l'emplacement, puisque de chez moi, je voyais parfaitement sa maison. A un demi mille, nous trouvons les vestiges de ce qui avait été la maison du voisin. J'aperçois au pied de la butte, des bâtiments en ruine. Je m'écrie: "C'est là, j'en suis sûr." On rebrousse chemin. Le bois avait envahi un angle de ma terre, à proximité de la route, où nous étions passés tout à l'heure sans rien voir. A travers la broussaille envahissante, je retrouve mon ancien passage. Mme Larre s'étonne de ma mémoire. C'est que mon ancien flair de Peau-Rouge réapparaissait.

J'examine ces vieilles constructions, entrevues de loin. Les rondins en sont équarris à la hache et les coins montés en queue d'aronde, alors que je n'ai jamais équarri ni monté les miens de cette façon. Je suis perplexe, je l'avoue. Ma maison en planches à dû être déplacée et transportée ailleurs. Dans ce pays les maisons voyagent comme les gens, parfois très loin. Mes compagnons me disent, qu'il y a une vingtaine d'années, un grand feu de prairie avait dévasté cette région. Mes bâtisses ont dû être la proie des flammes. J'étais un peu déçu de ne trouver aucun vestige de tous mes bâtiments, assez importants cependant.

En faisant les cent pas, tout-à-coup, je découvre un trou dissimulé dans les broussailles, avec les planches effondrées à l'intérieur. Je reconnais aussitôt l'emplacement de mon puits. A côté, je retrouve une fosse en partie comblée, correspondant à la cave de la maison. Plus de doute. Alors sans hésitation, je situe, à un mètre près, l'emplacement de toutes les bâtisses: la maison, le magasin, la graINerie, l'écurie et même le carré du jardin envahi par le bois et par les ronces.

J'étais ému en revoyant ce coin où j'avais tant peiné pendant trois années de ma jeunesse. Un champ de 30 à 40 hectares d'un seul tenant, que j'avais labouré, était toujours en culture et en chaume. Si j'avais été seul, je serais resté des heures à rêver et à contempler. J'aurais aimé retrouver ce pays moins changé, tel que je l'avais laissé. Hélas, c'était trop demander!

Giscard sur la herse à disques tranchants.
Giscard on the disker

Le semoir
Seeder

La moisson
Harvest

Mon premier *shack*
My first shack

La construction de la maison
House building

A l'intérieur
Inside the house

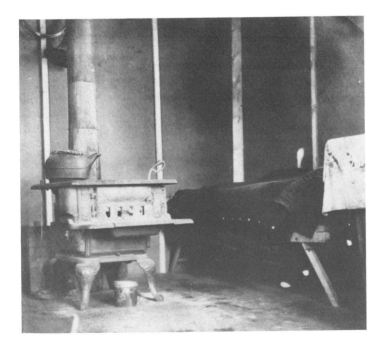

Dans le magasin de Giscard
Inside Giscard's store
Groupe d'amis et de voisins en 1913
Friends and neighbours, 1913

M. et Mme Roussel et des Basques
Mr. and Mrs. Roussel with some Basques
La couverture du livre de Giscard publié en France en 1952. Notez que ce dessin a été créé pour attirer l'attention des jeunes lecteurs européens. Il ne s'agit pas d'un panorama des prairies.
Cover of Giscard's book published in France in 1952. Note that the picture is designed to appeal to young European readers and is not a prairie scene.

Retour au Canada, 1957
Back in Canada, 1957

ON THE
CANADIAN PRAIRIE

ON THE CANADIAN PRAIRIE

BY GASTON GISCARD

translated by **LLOYD PERSON**
introduction by **ANDRE LALONDE**
editor, **GEORGE E. DUROCHER**

CANADIAN PLAINS STUDIES ■ 11
L.G. CROSSMAN, GENERAL EDITOR OF OCCASIONAL PUBLICATIONS

CANADIAN PLAINS RESEARCH CENTER
UNIVERSITY OF REGINA
1982

Canadian Cataloguing in Publication Data

    Giscard, Gaston, 1886-1969.
      Dans la prairie canadienne

      (Canadian plains studies, ISSN 0317-6290; 11)
      Textes en français et en anglais.
      Titre de la p. de t. additionnelle: On the Canadian prairie.
      ISBN 0-88977-024-7

      1. Giscard, Gaston, 1886-1969. 2. Canadiens français — Saskatchewan — Biographies. 3. Défricheurs et pionniers, Vie des — Saskatchewan. I. Durocher, George E. II. University of Regina. Canadian Plains Research Center. III. Titre. IV. Titre: On the Canadian prairie. V. Collection.
      FC3522.1.G58A3 1982   971.24'202'0924
      F1072.G58A3 1982   C82-091017-1F

    Giscard, Gaston, 1886-1969.
      On the Canadian prairie

      (Canadian plains studies, ISSN 0317-6290; 11)
      Text in French and English.
      Title on added t.p.: Dans la prairie canadienne.
      ISBN 0-88977-024-7

      1. Giscard, Gaston, 1886-1969. 2. Canadians, French-speaking — Saskatchewan — Biography.* 3. Frontier and pioneer life — Saskatchewan. I. Durocher, George E. II. University of Regina. Canadian Plains Research Center. III. Title. IV. Title: Dans la prairie canadienne. V. Series.
      FC3522.1.G58A3   971.24'202'0924
      F1072.G58A3 1982   C82-091017-1E

Canadian Plains Research Center
University of Regina
Regina, Saskatchewan
S4S 0A2

TABLE OF CONTENTS

PREFACE

Gaston Giscard was born at Cransac (Aveyron), France, on May 2, 1886. After his regular schooling and a brief term of military training, he left France for Canada in March 1910.

From St. John, New Brunswick, his point of disembarkation, Giscard took the Transcontinental to North Battleford, Saskatchewan. From there Father Paul Esquirol, whom he had known back in France and who was expecting him, took him to Jack Fish, put him up at the rectory there, and helped him to find work. A little later in the spring of 1910 Father Esquirol also helped him to select a homestead north of Jack Fish.

Before he could begin work on a homestead of his own, Giscard had to earn money to buy equipment, and — equally important — he had to gain at least a rudimentary knowledge of pioneer farming methods. During the spring and summer of 1910 he worked at a variety of jobs — ploughing, disking, harrowing, and seeding for an immigrant farmer from Lyons; driving a tractor for another farmer; operating a horse-drawn scraper on a government road gang; and clearing the land for yet another farmer, making fence posts of the trees he cut down.

When, in the late summer of 1910, Giscard began breaking on his own quarter-section, he found that his ten-dollar homestead had too many rocks on it. Disappointed, but in no way discouraged, he decided to forfeit his ten dollars and try to find a better homestead somewhere else.

With no prospect of a crop on land of his own in 1911, he rented Leon Chaland's farm at Jack Fish, meanwhile selecting a new homestead in the Emmaville district near the English River. The summer of 1911 found him doing the work of at least two men — operating his rented farm while he undertook to ensure that his own homestead would be habitable (and perhaps even profitable) in a year's time.

Giscard's share of the good harvest on Chaland's farm in 1911 enabled him to return to France in November of that year. By March of 1912 he was back in Saskatchewan, looking forward to the summer's work on his own homestead. Early in the year he built a new house, a wooden one this time, to replace the sod shack hurriedly constructed the previous year.

In the course of that summer, his third in Saskatchewan, he

undertook to supplement his farm income by opening a general store. With characteristic energy he put up another building a few steps from his new house, and by August 1912 he was selling groceries, hardware, and other supplies to his neighbours.

In the fall of 1913 Giscard harvested his third and last crop. Having made a modest success of both farming and store-keeping, he decided to sell out and move to Edmonton. There, early in 1914, along with a doctor, a newspaperman, a banker, and a provincial cabinet minister, he founded the Société Immobilière Franco-Canadienne. ("We call ourselves in English the Franco-Canadian Realty Company," he wrote.)

But the outbreak of war ended Giscard's venture with the newly-formed company. Although he had by now received his Canadian citizenship papers, he returned to fight for the country of his birth.

When the war ended, Gaston Giscard, now a married man in his early thirties, went to Toulouse, where he opened a shoe factory. He remained as director of this enterprise until his retirement in 1952. During his long and successful business career, Giscard's leisure activities were well suited to the man whose keen intelligence and boundless energy are evident throughout these pages. He became a mountain-climber of considerable skill, an amateur speleologist,[1] and a fisherman who knew his craft well and delighted to write about it.[2]

During his homesteading days Giscard had written a letter every fortnight or so to his mother, as well as keeping up a fairly regular correspondence with other relatives. These all-but-forgotten letters were preserved by one of Giscard's sisters, who, along with his wife, urged him to compose from them an account of his experiences in Canada. When he reread them he was eager to put them into a book, but his days were filled with other concerns. It was not until the early months of his retirement that he found time to rework the material of these old letters into an authentic account of his years on the prairies. Before the end of 1952, the year of his retirement, a Lyons publisher brought out Giscard's small book of memoirs entitled *Dans la prairie canadienne*.

Interesting as the book was, it did not do justice to the manuscript which Giscard had prepared. He had allowed himself to be persuaded to publish a book calculated to appeal to school children, and he had therefore been forced to omit much of what he had hoped to record concerning his Canadian experiences.

---

[1] Giscard was proud of having studied and explored caves with the noted speleologist, Norbert Casteret. See p. 78.

[2] When Giscard returned to Saskatchewan in 1957 he went on several fishing trips with old friends and new, and he wrote a detailed and interesting account of these trips. However, the account has been omitted from this volume (with some regret) because it is only remotely concerned with Giscard the homesteader and pioneer businessman.

For many years — before 1952 as well as after — Giscard had dreamed of returning to Saskatchewan to renew old acquaintances and to see what changes time had brought to his small farm and to the surrounding country. He was seventy-one years of age when he finally made that long-anticipated trip to Saskatchewan in 1957. He was delighted with the warm reception accorded him by people who had been his friends and neighbours forty years earlier, and he was astounded to see the black-topped roads, the impressive farm buildings, and the huge and complicated farm machines so different from the old four-horse disk and the sulky plough. After a stay of some three months in Canada and the United States, he returned home keen to update his manuscript with a detailed account of this dream come true.

When the present writer got in touch with Gaston Giscard in 1969, suggesting that his recollections of his pioneer experiences might be published in this country, he responded enthusiastically, pointing out that his account of the 1957 visit ought to be added to the original manuscript — a suggestion with which I agreed wholeheartedly. Several letters passed between us concerning the proposed book. Unfortunately, Gaston Giscard was the victim of a car accident in Toulouse in September 1969. He died of his injuries in November of that year.

I have attempted to arrange in an orderly fashion the material of both the book published in 1952 and the various Giscard manuscripts relating to his experiences in Canada. Occasionally, a footnote seemed appropriate to identify a person or a place, but such explanations have been kept to a minimum.

I wish to thank M. Giscard's daughters for allowing the publication of this edited and somewhat abridged version of their father's memoirs. Special thanks must be extended to Madame F. Cabannes (née Giscard), whose correspondence was especially helpful to me in the task of arranging her father's recollections in a form suitable for publication.

It is impossible to name all the people who have in some way contributed to the task of getting this material into print, but a word of thanks must go to the following: to the Canadian Plains Research Center, University of Regina, for publishing these memoirs in both French and English; to Professor Lloyd Person, Department of Extension, University of Regina, for translating the French text into English; to Professor Brian Rainey, Department of French, University of Regina, for useful suggestions about both the French and the English text; to L.G. Crossman, Professor Emeritus, University of Regina, for his assistance with a variety of editorial problems; to Barbara Jones, Co-ordinator of Publications, Canadian Plains Research Center, for her conscientious attention to both the format and the text of this volume; and to Professor André Lalonde, Department of History, University of Regina, for many helpful suggestions concerning the text of the Giscard memoirs, and for his scholarly introduction which sets these memoirs in the context of French immigration to Saskatchewan.

GEORGE E. DUROCHER, O.M.I.,
Editor

INTRODUCTION: FRENCH IMMIGRATION TO WESTERN CANADA, 1896-1914

The Canadian West was experiencing a decade of unprecedented growth when Gaston Giscard left his native France to settle in Saskatchewan in 1910. Thousands of Americans, Britons, Scandinavians, Germans and Ukrainians were invading "The Last Best West." However, few of Giscard's compatriots either preceded him or followed in his footsteps. The French were among the first Europeans to explore and exploit the West, but the region was developed for the most part by others.

The French first penetrated into the Canadian West during the 1730s. In their quest for furs and in an attempt to offset competition from the British Hudson's Bay Company, the voyageurs of New France built a series of trading posts along the major waterways stretching across the prairies. The reorganization of the fur trade following the British conquest of the colony of New France and the loss of the Ohio Valley following the American Revolution heightened the importance of the West as a source of furs. The rival companies, the Hudson's Bay Company and the Montreal-based North West Company, increased the size of their labour forces. To reduce its costs of operation and undermine its rival, the Hudson's Bay Company created a local source of agricultural supplies, the Red River colony. The high costs of operation and a declining market for furs compelled the North West Company to amalgamate with its former rival in 1821.

Towards the end of the eighteenth century, when competition in the fur trade was at its peak, the North West Company maintained a staff of approximately 2,000 employees, most of them French. These young men isolated on the frontier for a prolonged period of time naturally sought female companionship. The progeny of these marriages — ad hoc or otherwise — between the French fur traders and female Amerindians constituted the nucleus of the Métis nation.

With the reduction of staff which followed the amalgamation of the two trading companies, several of the former employees whose contracts were terminated chose to settle in the Red River colony with their families. They were encouraged to maintain their roots in the West by a handful of French Catholic priests who had ventured to the

Red River area to Christianize the Métis and the Indians. As the French and Métis community grew in size, there was an even greater increase in the number of Catholic clerics. Priests were recruited in eastern Canada and France to man the missions created throughout the prairies. By 1870, the French element constituted half the population of European extraction in the only major settlement of the West, and the Roman Catholic Church had already become a powerful institution across the prairies.

When Canada purchased Rupert's Land from the Hudson's Bay Company, the Métis and their church leaders feared that the massive influx of Anglo-Saxon Protestant settlers from Ontario and the British Isles would imperil the French Language, the Catholic religion, and Métis culture. Although the Métis managed through a rebellion to extract from the Canadian government certain constitutional guarantees to protect their cherished institutions, the local hierarchy of the Catholic church recognized that unless the French succeeded in maintaining numerical parity in the West, constitutional guarantees alone would not suffice. Accordingly, western Catholic members of the clergy assisted by prominent laymen from Manitoba sought to recruit settlers in Quebec and also to repatriate exiled French Canadians from the New England States.

Father Lacombe, aided by several of his *confrères*, repeatedly toured the parishes of Quebec to generate greater interest in western settlement. Colonization missionaries were appointed by the federal government to repatriate exiled French-speaking Canadians. Colonization societies were created to co-ordinate activities in this sector and assist the incoming settlers to adapt to their new environment.

The western clergymen secured little or no support from their counterparts of "la belle province." The Quebec clergy were reluctant to recommend to the members of their flocks that they consider settling in the Canadian West where, it was felt, they would be submerged in a sea of non-French, non-Catholic settlers. Quebec had its own virgin territory to develop. The majority of Quebec's clerics and politicians strongly recommended to their people that they remain in "la patrie."

Not all Quebecers heeded their leaders' advice. In an attempt to improve their economic status, many of them chose to migrate to the New England states where they could secure employment in the textile factories. Very few Quebecers ventured to the Northwest. Previous efforts by western missionaries to collect funds in Quebec to subsidize the creation of missions or assist the impoverished Métis had left a lasting impression in the minds of Quebecers that prairie soil was of no agricultural value and that the West was a land of misery.

Individuals who previously rejected appeals from western clergymen to venture west were not much more receptive to the efforts of western colonization missionaries who were touring the New England states to laud the virtues of the Northwest.

While Quebecers viewed the West as a "solitude désertique," "un gouffre à englantir nos taxes," Ontarians looked upon the Northwest as a part of their natural heritage, an extension of their native province. These conflicting views resulted in a substantial change in the make-up of Manitoba's population. Owing to the dearth of incoming French settlers and the exodus of many Métis who were venturing further west, the Francophones of Manitoba had steadily lost ground in their bid to maintain numerical parity. To reverse this trend, the Bishop of Manitoba was advised by the eastern clerical hierarchy to look towards Europe as a potential source of French-speaking settlers.

Father Labelle's tour of France in 1885 worked as a catalyst; it reawakened within clerical and royalist groups an interest in the former French colony. Immigration societies were created to disseminate information on Canada among prospective settlers. French priests ventured to the Canadian West pledging to build a multitude of French Catholic communities across the prairies.

New hamlets populated by French-speaking Europeans dotted the prairie landscape by the late 1890s. Notre-Dame de Lourdes in Manitoba was founded by Abbé Dom Benoit of Le Jura. Abbé Gaire of Alsace-Lorraine toured France and Belgium to recruit immigrants willing to settle in the district of Assiniboia (what is today the southeast corner of Saskatchewan). His efforts came to fruition in the establishment of such settlements as Bellegarde, Cantal, and Wauchope. Hector Fabre, the Canadian Consul in Paris, his secretary, Pierre Foursin, and a few wealthy Parisian businessmen planned and subsidized the establishment of Montmartre. However, neither the creation of these and other hamlets nor the strengthening of existing communities with the arrival of French and Belgian immigrants was to alter significantly the make-up of the prairie population.

From 1870 to 1895 immigration to the Canadian West had amounted to a mere trickle owing to a worldwide depression and the pulling power of the United States upon prospective immigrants. Yet during these two and one-half decades of slow population growth throughout the prairies, the French had steadily lost ground in their efforts to maintain numerical parity. By 1896, Francophones constituted less than ten percent of the population in both Manitoba and the North-West Territories.

When the federal government's efforts to place a settler on every quarter section of land throughout the prairies showed signs of bearing fruit near the turn of the century, the western Francophones feared they would be completely submerged. The will to survive prompted the French intelligentsia of western Canada to intensify their activities in the field of colonization and to pressure the Ottawa government to devote supplementary funds to the recruitment of French-speaking settlers from Quebec, the United States, and Europe.

The federal government responded to the lobbying by appointing additional immigration agents in France, by disseminating a larger amount of promotional material throughout the French-speaking countries of Europe, and by providing extra funds for the colonization missionaries actively involved in the work of repatriation and resettlement.

Supplementary money and personnel failed to generate the desired influx of French-speaking settlers to western Canada. The majority of Quebec's clerics and politicians outrightly opposed all actions which contributed to the depopulation of "la patrie." The western colonization missionaries were expected to restrict their activities to the area of repatriation. The Quebec clergy, however, were not prepared to leave the entire field of repatriation to their western counterparts. A multitude of repatriation agents from Quebec, Ontario, and the prairies bombarded the exiled French-Canadians with glossy literature, depicting Canada as the promised land; but having once been forced by economic deprivations to leave their country, these people were not easily persuaded to return.

On the European front, the government of France responded to the Canadian agents' aggressive activities by threatening to enforce more rigorously its laws which severely restricted all forms of open and zealous promotion of emigration. The authorities in Paris feared that the foreign emigration agents' action would aggravate the alarming problem of rural depopulation. Furthermore, prominent French politicians were visibly upset by a series of statements made by French priests who, while touring their country of origin to recruit settlers for Canada, had vociferously accused the government of being anticlerical.

With or without government restrictions and opposition, the immigration of French farmers to western Canada would not have increased significantly. An average of 15,000 French citizens emigrated yearly. Subscribing to the myth that Canada consisted of "un amas de glaçons," the majority of these emigrants headed for countries with a more hospitable climate, such as the United States, Argentina, Chile, etc.

The influx into western Canada of repatriated French-Canadians, Quebecers, and French and Belgian immigrants failed to reach envisioned levels. Their numbers sufficed merely to maintain the pre-1900 ratio of French to non-French settlers during a period of frenzied growth across the prairies.

One of the French settlers who arrived on the prairies during the peak years of immigration was Gaston Giscard. In the prime of life at the age of 24, the native of Cransac (Aveyron) longed for adventure. The presence of a close friend in this country was the determining factor which prompted Giscard to immigrate to western Canada. This was not unusual. Many of his fellow countrymen came to this land because they had friends, relatives, or acquaintances they could turn to for assistance upon their arrival. Like Giscard, they would rely upon an established resident to secure employment for a few years, while familiarizing themselves with their new environment and at the same time amassing sufficient funds to strike out on their own.

On the whole, Giscard's experiences as related in his memoirs were typical rather than unique. The trials, tribulations and successes he suffered or enjoyed were experienced by many pioneers, particularly those originating from France. A multitude of incoming settlers were misled, as Giscard was, by the growth of luscious grass, and they selected as their homesteads, plots of land encumbered with stones. After much gruelling work, they recognized the futility of persevering and started afresh elsewhere. Many a settler was forced, like Giscard, to take refuge under the kitchen table during a rainstorm because his half-finished sod roof leaked profusely. Thus, by relating his personal experiences, Giscard provides us with a social history not simply of a brief portion of his life but of the pioneering era.

Giscard's stay on the Canadian prairies came to an abrupt end in 1914. He answered the appeal of the French Consul to defend his native country during World War I. Unlike many of his confrères who returned to their adopted country after the war, Giscard chose to remain in France, settling in the area of Toulouse where he pursued a career in business. Following his retirement, Giscard was able to realize an ambition he had harboured for a number of years — a return visit to Canada. Amazement and disbelief permeate his description of the West he had not seen for forty-three years. He is stunned by the changes which have taken place on the prairies, particularly in farming, between 1914 and 1957. Giscard's astonishment makes the reader more cognizant of the rapid rate of growth which characterized the development of the Canadian West during the first half of this century.

A.N. LALONDE
Department of History
University of Regina

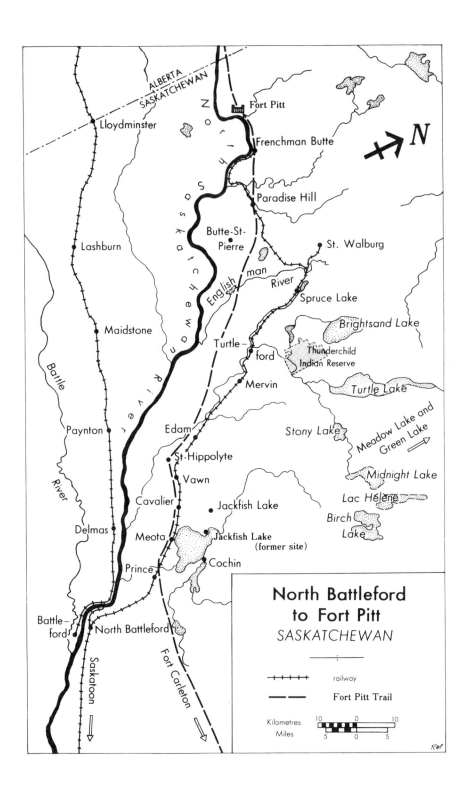

ALBERTA
SASKATCHEWAN

Fort Pitt

Lloydminster

Frenchman Butte

Paradise Hill

Butte-St-Pierre

St. Walburg

Lashburn

English   man   River

Spruce Lake

Brightsand Lake

Maidstone

Turtle—ford

Thunderchild
Indian Reserve

Turtle Lake

Mervin

Stony Lake

Meadow Lake and
Green Lake

Edam

St-Hippolyte

Midnight Lake

Paynton

Vawn

Lac Hélène

Cavalier

Jackfish Lake

Birch
Lake

Delmas

Meota

Jackfish Lake
(former site)

Prince

Cochin

Battle—ford

North Battleford

Battle   River

Saskatchewan   River

North
Saskatchewan

Saskatoon

Fort Carleton

N

North Battleford
to Fort Pitt
SASKATCHEWAN

┼┼┼┼┼ railway

— — — Fort Pitt Trail

Kilometres   10   0   10
Miles   5   0   5

RM

ON THE CANADIAN PRAIRIE

I   THE BIG TRIP

Nothing had prepared me for a life of adventure. At college I wasn't exactly a brilliant student since I admit, to my great shame, that I failed the oral of the baccalaureate three times.

What I remember best from my classical studies are two lines from Euripides from having written them out one thousand times. But the bit of Greek and Latin I learned was altogether sufficient for my new life. The only prize I ever carried off (for gymnastics) was more useful to me.

After my military service I felt I had to think more seriously about the future. My uncle, a parish priest, had had as curate a young priest whom I knew very well and who had left to settle in Canada. This was Father Paul Esquirol. I had read his letters — they excited my young mind which had already been influenced by Mayne-Reid and Fenimore Cooper. I needed the wide open spaces, and my mother understood this. I accepted from her just enough funds for the crossing and a bit of pocket money. That way I would have to work as soon as I arrived.

And so — I'm on my way. It is the spring of 1910.

In Paris, after taking my baggage to the transatlantic station Saint-Lazare, I go to the Allan Line Co. where I receive a ticket from Paris to Le Havre, and another from Saint John, New Brunswick (port of disembarkation in Canada) to North Battleford, province of Saskatchewan, in the heart of the prairies — four days and four nights of travel by rail.

Another wicket: employees with broad welcoming smiles, and I now have my ticket for the crossing and big labels to stick on my baggage. Already that suggests the sea, the wide ocean. I exchange 500 French francs for a cheque payable in Montreal in the amount of 94 dollars, the dollar being worth 5 francs, 15 centimes.

I am next given a thorough questioning for the Canadian government. Questions like these: "What are you going to do in Canada? What is your religion? Are you single or married? Will you be going to friends? Have you relatives in Canada? At what address? Are you bigamous, polygamous, etc., etc...."

I sign my declaration.

I leave from Paris that evening at eight o'clock and arrive in Le Havre at midnight.

The next day I go down to the wharf for a look at the *Corinthian*, the boat I'll be embarking upon. It isn't in yet. It is coming from London and won't enter the port until noon at high tide. While waiting, I study the ocean which I'll be crossing for the first time.

The *Corinthian*, a nice-looking steamer, comes in to port at eleven o'clock and will wait for high tide to leave again tomorrow. I look around the port. Le Havre is a rather dirty city. In the evening I go aboard the *Corinthian*.

There is no first-class accommodation on this boat. The second-class cabins are considered firsts and they are comfortable. It is a boat that has been downgraded — it can no longer keep up with the more modern boats which can make the Atlantic crossing in five days. For persons who aren't in a hurry, these reclassified boats offer the advantage of first-class comfort for the price of a second-class ticket.

This evening, I saw the yachts belonging to Rothschild, Dufayel, and Meunier. This last one hasn't budged in five years. It shines like new, has twenty-four men and officers permanently on board. When it is in use, there are sixty.

We leave Le Havre. The *Corinthian* slowly leaves the wharf and reaches the open sea. Little by little the French coast recedes, blurs, and disappears. It is a bit heart-rending to leave one's country, "la doulce France." I think of those last moments of parting, the good-byes to the family and to the village. It is a hard test, but when you're young, with lots of courage, you quickly get hold of yourself and off you go.

On every crossing, an evening is arranged for the benefit of the "victims" of the sea. The performers are recruited from among the passengers. I go down into the hold to look for my flute in one of my trunks. This is no easy task — it's hot down there, and I'm bathed in sweat trying to find my trunks among so many others in the dark and suffocating heat.

We start right off with a rehearsal. The pieces to be played aren't hard. I can handle them easily with the piano accompanying me. The English are delighted at discovering a pianist and a flute-player. In the salon they are having fun telling fortunes. I find out in an Hachette almanac, which happens to be on the table, how to tell the future using playing cards. What a discovery! My interpreter is a Frenchman who has been in Canada for 30 years and who speaks English very well. The English are very superstitious. When I tell them that I can read the future, I have to be as good as my word.

Of course I do a lot of inventing. The translator, over whom I have no control, no doubt does the same. I marry off young girls to nice young men who are rich and distinguished, and everyone is delighted.

Toasts are offered in English and French. The ship's doctor (thirtieth year on board) also talks, but a bit too much — thanks to the whiskey. They tell me he puts his foot in it when they get on the subject of English politics, because he's Irish.

We impatiently await the moment when we'll disembark in Saint John. For two days the sea has been very calm and we've been moving along at a good clip. Every day we are in communication with three or four vessels by radio.

On board, three meals a day, at 8, 1, and 6 o'clock. The cooking, exclusively English, is far from equalling ours. The English and the Americans admit this, and that is why the boats of the French Line, the General Transatlantic Company, are so renowned for their good food.

Morning breakfast, the so-called "English" breakfast, is a full meal like the others with porridge (oatmeal with milk), ham and eggs, cold meats, preserves, fruit, buttered toast. As for beverage, at all the meals it's tea for the English and coffee for the French. At 10, 4, and 9 o'clock, "tea" — that is, tea with milk and cookies and buttered toast.

The first days we found the cooking terrible, and sea-sickness made it even worse. I particularly remember a mint sauce, and chicken with jam!

On awaking we see the shores of America. The weather is splendid, with a beautiful sun — it almost makes me think I'm in our own South of France, but the air is quite keen. It whips me in the face, but it has a tonic effect.

On deck the crew are getting ready for landing. All of us begin to pack our baggage and we write feverishly so that we can mail our letters as soon as we arrive. Leaning against the railing, like Christopher Columbus, I contemplate the shores of the New World.

We land: medical inspection, customs, formalities. One of the Frenchmen slips an employee two dollars, which results in our baggage going through like a letter at the post office.

We leave Saint John at 6 p.m. and here we are on the "transcontinental." I haven't left my fellow companions of the *Corinthian*. On the train, we slip another dollar to the conductor, and spend the night first-class in the pullman.

Wide compartments above our seats open up to make a bed. During the day they are out of sight, hidden by the walls. They make up into berths. Below, the seats are connected by two extensions, combining to form two more beds.

In the long, modern coaches there are smokers where you can read, toilets with hot and cold water, and a stack of towels. After using them, even just for drying your hands, you throw them into the basket. In each coach there is a fountain with ice water, a stove always going — to warm up food for those who do their own cooking. For some, these trips last almost a week: from the Atlantic to the Pacific (from Saint John to Vancouver) it takes five days and five nights.

All day long one of the train personnel goes back and forth through the coaches sweeping, polishing, scrubbing the wash basins, emptying ash trays, cleaning the spittoons. Oh, those spittoons! They are a national institution. You find them everywhere in profusion. On one occasion, in the smoker, I see this chap turn my way and send a stream of juice between my legs. I hadn't noticed that I had one of those contraptions at my feet. The Americans chew tobacco in a big way, so they need an outlet for their excess saliva. They are very good at shooting a stream of it two metres or more into the flared opening of a spittoon without missing it.

At the end of the train, out in the open, there is often an observation coach with a platform behind, and from this you can watch the countryside. The dining-car is always available for the traveller who doesn't want to make his own meals.

We pass by farms with their painted wooden buildings. They look cheerful, and could be taken for cottages. We stop at Montreal and we make a tour of the city. It's quite mild and the icy streets are thawing. "The snow is rotting" is their picturesque way of expressing that here. Kids fifteen years old drive heavy conveyances or pass by with light vehicles on the crowded streets. Cinemas are everywhere. The Salvation Army, with musicians and singers, are asking for donations in the street.

It's Sunday; all businesses are closed except hotels and drugstores (a kind of pharmacy that sells just about everything). The city seems dead, and you can't buy a thing — everything is closed down. Even the letters are held over. You can't hunt or fish. The really strict Englishman goes even further: a receipt signed on that day isn't valid, so you sign it the day before. All the bars are closed; but this is no obstacle for some people — they just get drunk in their rooms.

For thirty-six hours I've been rolling along in the train from Montreal to Winnipeg. In spite of two nights on the train I feel wide awake. It is hot in the coaches. Many passengers display their ticket on the front of their hat, between the band and the hat itself, where all can see. They put it in the luggage rack if they want to sleep. The conductor glances at the ticket and doesn't disturb the passenger unless he's to get off at a nearby station. That is more polite than rapping with their ticket-punch on the windowpane the way our conductors do.

You can eat very well for a dollar in the diner. At meal time a newsy passes by every fifteen minutes with preserves of all kinds, fruit, sandwiches, drinks. Afterwards, he comes with tobacco, cigarettes, candy, books, magazines, postcards, souvenirs and, finally, newspapers. The railway companies are especially interested in their passengers' comfort. There are three English companies vying for the transcontinental trade, the Canadian Pacific (CPR), the Canadian Northern Railway (CNR) and the Grand Trunk Pacific (GTP).

If you want something hot to eat, there is a stove at each end of the coach with a fire going in it you can use. It's mostly the English who use them for beverages — you can always see them with a teapot in their hand.

From Montreal the countryside is covered with snow. For a long time we've travelled along the Great Lakes, veritable inland seas, with huge forests and rocks on their shores.

I stop twenty-four hours in Winnipeg, capital of Manitoba. This is the first of the provinces of the Canadian West. Next come Saskatchewan and Alberta. That's where the huge herds of buffalo used to roam, that whole area being covered with buffalo grass.

Winnipeg is a large city, very modern in pace, and very American because it is so new. I remember seeing a good-sized house there moving down the street. I didn't notice anything unusual when I went to bed at the hotel. The next day when I woke up I couldn't have been more amazed when I saw in the middle of the street, directly in front of my window, a one-storey house. I ask myself, am I really awake, or have I forgotten where I am and opened the window on the other side? Nothing of the kind — that house has sprung up like a mushroom during the night and is now moving along at its own sweet pace. Of course this all happens very slowly on rollers or skids, the house jangling along to the new site the owner has dreamed up for it.

English is the dominant language in Winnipeg, and you hardly hear French spoken. I'm still with my friends from the *Corinthian*, but I'll be leaving them here.

There'll be another day's travel from Winnipeg to North Battleford, through fields under cultivation as far as the eye can see, alternating with clumps of trees and countless lakes. And that will be the end of my journey.

II ON THE BROAD PRAIRIES

I was happily surprised to run into Father Esquirol in the railway station in North Battleford. I had gone to the Metropole Hotel opposite the station to get a room. I ask the owner if it would be possible for me to get a vehicle the next day to go to Jack Fish Lake, 50 kilometres away. He tells me that the priest from Jack Fish, Father Esquirol, has just left for the station, to take the train for Delmas, the neighbouring town. It's the very train I just got off.

I quickly race to the station and spend quite some time looking through the train for him. I finally spot him and hurry up to him. He gives up his trip and we come back to the hotel. Imagine how many things we have to tell each other!

He had come to Battleford to see about homesteads (free concessions given to the new settlers) for his brother Henry and for me, for I was expected shortly. What are these homesteads? For ten dollars (fifty French francs) the Canadian government grants the settlers 160 acres of land (64 hectares), on condition that they live on it six months a year for three years, and that they clear, or have cleared, 45 acres (18 hectares). Once these conditions are fulfilled, the settler obtains clear title to it and can sell it if he wants.

This time, however, a misunderstanding at the Land Office has compelled Father Esquirol to wait two days to have these new claims registered. And so it was to kill time that he decided to go on to Delmas, the next station, and see a colleague who has charge of the Indian school there.

We chat. He tells me about his parish: it is still only a budding village. The streets are laid out near the lake, the sidewalks put down where the future railway will pass — unless they have it go elsewhere more to the west. It's a strange country where sidewalks are put down before they even start building!

The next day we look around North Battleford, a town built very recently, and we traverse whole streets with sidewalks where we sometimes find only three or four scattered houses. All the talk you hear in this country has to do with land speculation. Everyone speculates, even the priest. He has 100 hectares, half of which he has paid for. (Everyone here buys on time). He owns a horse and buggy, a colt, heifers, and a few head of cattle. In short, he's a bit of a businessman.

The whole of the West is seized with this fever for building, and the determination to be ahead of everyone else. The cities which develop rapidly are called "mushroom cities."

In this country there is absolute freedom. No one bothers about your political ideas or your religious beliefs, and no one cares what his neighbour does. There is neither prejudice nor class distinction. At the bar, the labourer amicably clinks glasses with the magistrate, even if he doesn't know him. And if this magistrate wants to plough his land or paint his house himself, people find that quite natural.

Two days later, at 9 o'clock, we are at the Land Office to register the two quarters in Section 30, Township 49, Range 17, west of the 3rd meridian. Then we leave with some Métis from Jack Fish who have come to the city, and whom we offer five dollars if they'll take us and our baggage back with them. Mine is rather bulky.

These Métis are a race, a cross of Indians and Whites. They are called English- or French-Canadian Métis, depending on whether the cross took place with English or French. The latter are more numerous since the French were the original "coureurs de bois." In spite of their modern dress, they are easily recognized by their reddish complexion and by the line of the nose and lips. They are very intelligent, but often very lazy, and addicted to drink. The hotels are prohibited by law from selling alcoholic beverages to the Indians, under pain of losing their bar licences, and that is one of the big money-makers for the hotel keeper; but they don't always keep that in mind. The Indians often exchange their furs for adulterated liquor; that explains, in part, why this race is disappearing. It is quite clear that control by the Mounted Police in the desert-like solitude of the Grand North can't always be carried out effectively, even though the Royal Mounted Police is the best in the world.

The priest tells me all that. He explains to me, too, that the region where we are is the "old Far West": immense cultivated fields extend as far as the eye can see, with big farms glowing with prosperity. It is the open prairie, the old domain of the buffalo. Enormous herds of wild bison used to graze there, sometimes so many of them that it took them days to ford rivers, Indian file, in the course of their migrations. It is estimated that there were 100 million of them in the seventeenth century. In 1860 there were still about 9 million. Now there are only a few thousand left.

The Indian found in them an abundant and healthy food. The buffalo sufficed for all his needs, supplied him in addition with long-wearing clothing and his tent. Although this animal weighed over a ton, the Indian took only the best pieces of meat, the tongue and the hump on his back. In spite of this waste, the Indians would never have been able to exterminate the buffalo, which they thought to be inexhaustible. But the Whites hunted them to such an extent — first of all for sport, and secondly to starve the Indians and defeat them more easily — that the race of bisons practically disappeared. The Canadian government gathered together the last survivors and placed them in the National Park at Wainwright, Alberta, where they are reproducing normally and rapidly.

Let's get back to our trip. We left at three o'clock in the afternoon for Jack Fish, and we arrived at ten. The Métis are remarkable drivers. I made the trip perched up on the back, on the baggage, comfortably seated on the mattress of a folding bed I had bought that morning. In America, these buggies, light carriages on high wheels, appear so fragile that one would hesitate to get into them, and yet they are very sturdy. They can go anywhere on the prairies, where there are plenty of ruts, as well as badger and gopher holes.

Roads are practically non-existent in the West as yet. The wheels end up making many tracks, and these are always changing at spots where the going gets rough. At certain sandy passages, ten or twelve tracks might run along side by side. These tracks are called "trails." In the old days they were the Indians' warpaths.

If the Métis are such good drivers, it's because of the Indian blood in their veins. They go over these trails at a good clip. And even in spots they aren't too familiar with — places where several roads meet — they don't hesitate a moment. Yet they never get lost, not even when it's pitch dark. The Indian and Métis have a keen sense of direction. If you are ever caught with them in the worst possible storm in winter, they will always get you through. I recall how a driver of mine once glanced at the moon and said, "It's half-past nine." I looked at my watch and I saw that he was right.

There is an Indian reservation not far from Jack Fish. The government gives the Indians a certain amount of land, depending on the size of the band. As the settlers spread out, and when the Indians are surrounded by nothing but Whites, the government opens another reservation for them further north in order to make the land they were occupying available for homesteads. Thus the poor Indians are dispossessed and pushed further and further back.

After the war which the Americans, English, and French waged against them, certain bands didn't accept the treaty imposed on them, feeling that even if the Whites gave their word they wouldn't keep it (the Indians don't know how to write). What's left of those dissident tribes lead a nomadic existence here, there and everywhere, on the lake shores and in the forests. They haven't the right to an "Indian Reservation" nor to the pension of a few dollars a year which the government grants to others.

On the way we see really curious northern lights. Bands of many-coloured light move about continually in the sky to the north. The Métis call them marionettes.

When we reach the priest's place, we open a bottle of wine from

France, one of the few bottles which he has been saving so religiously. There's something that's worth more than all the beer, tea, and American whiskey. The next day, Sunday, I become acquainted with my new village and most of the parishioners. About a hundred people attend the Sunday service, all coming by buggy, sometimes from a long way off. The majority have their buggy pulled by two nicely-harnessed horses; the less fortunate, though there aren't many of them, arrive with their wagon. All are very proud of their teams and, on Sunday, they put their nicest harness on their fastest horses. And on the way they are proud if they can pull out and pass a neighbour. All these buggies are lined up around the church, making a colourful picture. The modest chapel is far from being a basilica, but in the middle of such a setting it is very pretty in its simplicity.

Father Esquirol puts me up at the rectory until I get settled on my own place. I've a good place to stay while I look around for a job.

The same week I finally receive the news from France that I've been impatiently waiting for. There's a post office at Jack Fish, but quite different from ours in France. The post office is run by just anybody, often a farmer, who goes to Battleford twice a week to take in and bring back the mail. At times it's the general store — a shop that sells a bit of everything — that has the post office. The service is good if the person in charge is wide awake.

Our postmaster, John Ness, an Irishman, is quite conscientious. He's a fine old chap who's been living here for a long time and who knew the buffalo in their heyday. He is very sorry that the epoch when they numbered in the thousand on the prairies is no more.

The homes here aren't luxurious; they are primitive houses built of logs and are called shacks. However, inside it is often very comfortable and above all warm (in this country the thermometer can go down to 50° below Fahrenheit). If the dwellings are cosy, so is the clothing. Some get-ups are even laughable — enormous gloves, heavy coats which make one look like a bear, fur headpieces from which only the eyes, nose and mouth can be seen, and double footwear.

Hard Apprenticeship

The snow hasn't all melted; so it's too soon to get around and inspect where I would like to. I dream about going to see the homestead which the priest got for me about ten kilometres from here. If you want a good piece of ground, you have to go a long way off to look for it, because all the best places around here have been taken.

One fine afternoon there's a knock at the door. It's a Frenchman from Lyons. He's been here for some years now, about ten miles from Jack Fish. Knowing that I'm looking for a place to work, he has come to see me. When it comes to settling the terms, I immediately admit that

I can't estimate what I can earn since I'm completely ignorant about everything concerning field work. We could try it out for a week. It isn't that I'm not willing to try. Agreement concluded. A week later I take a chance on asking: Everything all right? An affirmative response; very well — and he offers twenty dollars a month. That's the normal salary but I don't attach much importance to that — I want to learn.

It is very hard for me at the beginning, for I'm totally lacking in training. Out of bed at five o'clock. The boss takes me to the stables and shows me the work to be done: give hay to six horses, curry them, take out the manure. That done, we return to the house for breakfast. Back to the barn again to water the horses and give them their ration of oats.

Up to that point, no complications. When, later on, I have to harness the four horses, matters take a turn for the worse. American harness is very different from that used in France. To harness four horses abreast, I find myself in an interminable forest of reins, to be crossed Italian style, two-piece collars, traces, straps, where I have a hard time sorting things out. Yet, in France, I managed quite well as far as harness was concerned. Several days are spent putting things in order around the buildings, and getting the machinery in shape. Spring has come.

Today I get my apprenticeship in ploughing. The four horses are hitched abreast to a two-furrow plough with a seat (it's called a "sulky"). The boss is with me, and we set out for the field to be ploughed. I get up on the seat and the boss goes along for one or two rounds to show me how to operate the levers. Then he leaves me, telling me to go on doing the same for the rest of the day.

I pay exaggerated attention to this work, which is entirely new to me. I want a perfect furrow, straight as an I, and a ploughed strip that's perfectly symmetrical, no wider on the right than on the left. In short, every moment I'm adjusting the levers and giving myself a bad time of it. After a few hours, however, I see that the task is becoming much more simple and easy, and that once the levers are in place, properly set, the job gets done by itself. When I'm at the end of the furrow, I step on the clutch pedal and the ploughshares come up so that I can turn without ploughing. When I start a new furrow, I press on the pedal, and the shares engage and dig into the soil to the same depth.

I have to hold the four horses with a firm hand, but one of them has a really strong jaw and he'd like to do all the pulling himself. I have to keep holding him back. The first days when I got out of bed I had trouble opening my sore bruised fingers.

Depending on the weather I disk, harrow, or, later, I sow. I get up on the seat of the machine with seventeen cutting disks. The seed-drill is automatic, with a platform for the driver to stand on. He drives the four horses and regulates the flow of grain to the desired depth. Only the harrow hasn't got a seat on it, which makes that a tiring job. It wears you out because you're walking all day, swallowing the dust thrown up by the horses.

I've bought a colt so as to be able to get around, and every Sunday I go to Jack Fish. My friend invites me to dinner. I also take advantage of this trip to pick up my mail and to post my weekly letters at the post office.

One evening I'm eating supper alone. This happens rather often because my boss has a girl friend. When he's around, he does the cooking. There's a knock at the door. A man asks me to come and give him a hand with his wagon stuck in the mud about a mile away, and it's getting dark. On the way we talk. At first he can't find his horses but finally we see them. He tells me that he's a butcher and that he's hauling a beef that he has slaughtered and cut up at a settler's place. He's French. After we tell each other our names, I realize exactly who he is — a legendary person in the district. He's an authentic marquis, le Marquis de la Salle!

We unload all this meat, and I find out that a quarter of beef is a mighty heavy load to carry on your shoulder. We get the wagon out of the ruts, mired in quicksand, and we load up again. The quarters are now twice as heavy. A crack of the whip and it's good-bye, Mr. Marquis.

After apprenticing for a few weeks I tell my boss that I intend to leave him. He's sorry that I'm going. He's surprised, too; he asks if I'm not satisfied, and offers me a raise. I hasten to tell him that that's not my reason for leaving. I just insist on changing bosses to compare the different methods used by each farmer. We part good friends.

Shortly after, I am hired by a French Canadian who is running a ploughing company that uses tractors. So, after the "horse motor" I'm about to get acquainted with the gas motor — after horse manure, internal combustion. Many new settlers with little money haven't the means to buy horses and agricultural machinery with which to clear the acreage required each year by the government. They get a job on a gang working for the government, or in the lumber camps where good wages are paid. With the money earned, they have the necessary acres broken for them. To keep their tractors busy, owners of threshing outfits go into the business of breaking for others. These tractors, depending on their horse-power, can pull up to a ten-bottom plough.

I start my new job; and in the days that follow, the spring season looks promising. It can snow a bit but the intermittent rain melts it. The condition of the soil gives me forced leisure, the more so since the tractor I drive is laid up while we wait for a spare part from Winnipeg.

I make use of this time to go to Jack Fish post office seven miles away. There's news from France. I write to my dear mother who is worried about me. Of course I don't hide anything from her, but then just try to make a mother listen to reason.

Finally I'm going with the priest to have a look at my homestead about twelve miles to the north. First of all we have to find the iron stakes which mark out the four corners of each section — that is, every mile from north to south, and from east to west. As soon as an area is open to settlers, government surveyors are in charge of staking it out. At each mile, a square iron peg is implanted deeply, bearing the number of the section and township, as well as the range and the meridian — the longitude and latitude, that is. On the millions of acres thus surveyed, all a person needs to find is one of these stakes to know, with the help of a map, exactly where he is. In the woods and forests, lumberjacks with their axes cut wide swaths. If you're ever in one of these great paths, there's no risk of losing your bearings.

The part for the tractor finally comes and I can get back to work. We plough on the full half mile, three tractors following one another at 50-metre intervals. Each strip of earth, several metres wide, is turned over in a broad ribbon of good black-earth humus so characteristic of the Canadian West. This virgin soil has never known the ploughshare before.

New apprenticeship and new experience. After driving a tractor I come back to driving horses to work on the government roads with two horses hitched to a scraper. This scraper, a kind of mobile shovel which holds the equivalent of a big wheelbarrow, does a tremendous job. When you lift up the two handles to a sloping position, as with a wheelbarrow, the scraper part takes a nose-dive. Because of the traction from the team, it fills up instantly. You let go of the handles, and the scraper, curved like a basin, slides on the ground. To empty it at the desired spot, you lift up the handles vertically; it turns over and empties completely right where you want it. There are about ten teams of horses, making the rounds ten hours a day. We live in a tent. Everyone else in the outfit is English. That bothers me a little because I'm still not very familiar with the language of Shakespeare.

Breaking a Horse

I bought a horse to get around with, and it almost threw me. And yet I had taken care to have him broken by a young Canadian, an excellent rider, for there is nothing of the cowboy about me except perhaps my caribou skin jacket with a fringe that I bought from a Métis. This horse, by the way it snorted and by the way it lowered its ears when I approached, made me think that it possessed — for better or for worse — both the merits and the defects of the Indian cayuse. My apprentice cowboy was thrown from my "broncho" the first time he tried to break him.

What does the word broncho mean? It is a horse that bucks. These words can't be translated into French because "bucking" is unknown to our European breeds and is peculiar to the American Indian breed from which the broncho comes. The horse leaps to the right, to the left, the front legs crossing with the back ones, its head bent down between the front legs. If the rider is unfamiliar with this unruly movement (and perhaps even if he is familiar with it) he's soon shot into the air like a bullet.

The Americans and Canadians just love this spectacle which is called "rodeo," a sport which is not without danger. Cowboys are extraordinary riders. When they leave on their morning round-up to gather the animals scattered on the prairie, sometimes a good distance away, if their mount doesn't fart and buck a few times, tail in the air, they get another. For them a horse that won't buck isn't a good horse.

Not long ago, at Bourret's (the rancher) I witnessed the most beautiful session of breaking-in a horse you could see. In 1900 in France in Barnum's circus I had admired the most famous riders in the world. Among them was the legendary Colonel Cody, nicknamed Buffalo Bill because of the impressive number of buffalo he had killed when he was young; but nothing there equalled the superb performance I saw at Bourret's place.

Sam Arnaud, a Métis, a rugged cowboy, came and asked Bourret for the loan of a horse to take him to Midnight Lake, 60 miles to the north. He wanted to bring back some utensils he'd left in his cabin after spending the winter there.

"*Calvinus*," Bourret said to him, "I've got a broncho that no one has ever been able to ride. If you think you can ride him, take him."

"Fair enough."

A horse never lives by itself on the range. So they have to go and find the band that this one is running with. Two horses on each side bring the band back to the corral by channelling the horses towards the corral gate. Sam Arnaud follows them into the enclosure. One rider, having dismounted, stands near the gate, which he closes with sliding poles as soon as the horses are inside. Sam begins separating the horses, eliminating one by one the quietest animals, which he directs towards the exit and which the man on guard lets through. As soon as the band is thinned out, he watches for the right moment to throw his lasso on the horse in question.

Good cowboys can throw a lasso with incomparable skill. Whenever they want to they can lasso a horse or cow by the neck, by the front legs or back, even when riding at top speed. Their rope rarely misses its mark.

You often see kids out on horseback on the range. They gallop as fast as their horse can go. They are born riders. At five or six they already know how to hitch up and drive; they often set off alone — sometimes on quite a long journey — and this ends up by making excellent riders or cowboys out of them.

And so our Sam Arnaud throws his lasso around the broncho's neck, and the horse pulls on the slipknot until it's out of breath. Sam comes up, shortening the rope, metre by metre, gets him up against the railing and quickly jumps on his back. Immediately the horse, having got its breath back, begins to buck here and there in the reduced enclosure of the corral. Then with a tremendous leap, the broncho clears the railing — which is really quite high. And in a few seconds horse and rider are disappearing into the distance and out of sight.

"*Calvinus*," Bourret says, "he's going to kill himself!"

But he says it without much conviction because he knows his man. We wait for him to come back — if he ever does come back.

And after a half an hour, back he comes. You see a rider appearing on the horizon: it's him, grinning from ear to ear. The horse responds perfectly to the movements Sam makes to the right or to the left of its ears with his hat. He's found his master; he's been broken.

But now he's got to be harnessed for this long trip. To get the bridle on him they wait until he's almost choking and out of breath from pulling so hard on the slipknot of the lasso which they've put around his neck. Just touching the horse's muzzle with one's hand makes him tremble and snort, and of course it's that much worse with the bit of the bridle which they have to get into his mouth. Getting the saddle on him is another story, worse even. Now they not only have to put the saddle on his ticklish back but, more important, they have to tighten the saddle girth. The horse rears, kicks, twists, goes down on its knees, stiffens. Anyone who hasn't witnessed this spectacle hasn't seen anything!

Our Sam leaves for Midnight Lake and comes back a few days later with a small kitchen stove lashed to the saddle, along with pans, pots, dishes, etc. What a noise to have accompanying one on a sixty-mile horseback ride!

Sam arrives at Bourret's place.

"There's your nag, well broken and well trained — he's all right now, by gosh!"

And indeed he was trained, and would not have been out of place in a circus parade.

On the prairie, if you have a horse that you no longer need, you just remove its halter and set it free. Off it'll go, grazing on the way as it looks for a band it can join. When it meets other horses, it is not accepted right away. Instead, it grazes around the troop, keeping a respectful distance away. If it comes too near, one or two old hands leave the group, charge at it and, kicking and biting, make short work of driving it away. By repeating this manoeuvre, the lone horse gets closer and closer and after a few days it becomes part of the band.

Horses are left free by the hundreds or thousands, but they never go more than ten or twenty miles away from their ranch. There are many bands and they can be scattered in all directions, sometimes very far from one another. At times it takes several days to relocate the band you're looking for. It's the cowboy's job to get them together and sort them out. In the same way that the shepherd knows all his sheep, even if they're all of the same colour, size and weight, the cowboy knows all the animals from his ranch.

All animals are turned loose to run wild on the prairie. From time to time the owner leaves on horseback to gather them together, and sometimes he spends several days looking for them and sorting them out. These animals rarely see a man and so they become wild. When the cowboy tries to catch them, he follows on his horse at a gallop and throws his rope while riding at top speed. As I mentioned earlier, he rarely misses the animal he's after, lassoing it either by the neck or the feet — front, back, or all four. They are real virtuosos, and these exercises aren't without danger, but the cowboys are so used to the horse that it's fun for them.

But let's get back to our story. By necessity we'll be coming back to certain subjects.

Before settling on my 64-hectare homestead, I try the woodsman's trade. My new boss proposes a rather hard bit of piece-work which consists of taking an axe and cutting several clumps of trees to clear a corner of prairie. Using branches or young trunks, I'm to make some 300 fence posts, sawn to the proper length and pointed; then I'm to burn all the brush, cleaning up the place so the plough can go through.

When I took this job, I asked myself if I could handle such work, for it was absolutely new to me with my limited training. The amount of money I was to get was agreed upon in advance, the normal wage, no doubt, for an experienced woodcutter. Well! Canadians are rugged lumberjacks, reputed to be the best in the world. I was far from figuring in this category. Nevertheless I accepted the amount offered, to see how I'd stand up to this new kind of work.

Five days later the trees are cut, the brush trimmed away, the posts finished, the trees burned. But what a job! Swinging a heavy axe for whole days on end is terribly hard work. Finally, however, I earn four dollars a day, a satisfactory result for a beginner. I was afraid I'd feel the effects of tiredness accompanied by stiffness in the joints, as happens to beginners — that would have been normal. But there was nothing of the kind.

On My Land

Six months have passed. I've earned a rather nice bit of cash working for others. To that I can add some funds I've received from France; now I can finally think about working for myself.

And so here I am, settled on my homestead, and in the most complete solitude imaginable. I've even lost the notion of time; for a week I've only seen one person going to look over the homesteads. I offered him my meagre hospitality for a night. I bought two big draft horses, a wagon, a plough, tools, kitchen utensils, a folding bed, food — and I set out for my homestead twelve miles north of Jack Fish.

My closest neighbour, Bourret, lives six kilometres away. He's a French Canadian, a rancher, married to a French woman, an army major's widow whose brother, Father Louis Cochin, has his parish on the other side of the lake. Mr. Bourret already owns 400 head of cattle and about a hundred horses. I ask him to help me build my house and barn, for at Jack Fish I was unable to find anyone to give me a hand. He agrees to give me three days on the understanding that I'll pay him back.

We cut and haul the wood, set up the framework of the barn, and put on a sod roof. Now my colt as well as the draft horses will be sheltered from sun and rain. All that remains to do is to "mud up" the whole thing with mortar made from earth and chopped-up hay.

While the neighbour is here helping me, a storm breaks. We barely have time to get the box off the wagon (it just lifts off) and turn it upside down. We quickly take refuge under it with the blankets and the bag of flour. Everything else gets soaking wet.

I've been unable to get myself a tent, so, for the time being, I sleep in the open air, under cover of the overturned wagon-box, night after night. Of course, it's not very high for a ceiling, and I have to go in on all fours like into a den, but once inside I'm nice and warm. Obviously, I can't set up my folding bed inside, so I'm leading a fairly primitive life — à la Robinson Crusoe.

I find I have to do my cooking in the open. My stove is set up near the wagon, alongside the boxes in which I brought out my supplies. They serve as table, chair and pantry. Sometimes the wind topples over my stovepipe for me.

My supplies consist of salt pork, potatoes, eggs, flour, canned goods, coffee, sugar. The first day, I make a hole in the ground and I put my meat in that to keep it cool. During the night it rains and the hole gets filled with water. And so I make a brine from salt and water and put the pork in that to keep it from spoiling.

As for fresh meat, I have more than enough to choose from. A little lake on the edge of my homestead is always teeming with ducks, teals, and water hens. And the prairie is alive with prairie chickens and rabbits. My gun is always within reach. I grab it and just fire into the flock. I don't shoot that many, however, because it takes time to get these birds ready. What I need is something I can cook in a hurry. I never bother to pluck them — just chop off the head, the wings, and the feet. And I skin them, as you would a rabbit, tearing off the feathers at the same time. A rabbit I killed a few yards from my camp had six little rabbits in its belly. What a pity!

As soon as I've finished using my horses, I hobble them and turn them loose out on the prairie to graze. I'm careful to put a bell around the neck of one of them. When I hear a sound off in the distance, I go out looking for them before they get too far away.

I finally begin clearing and working the land with my new plough. A disagreeable surprise awaits me on my very first attempt at getting it in the ground. The moment the plough is in the earth, the very first furrow, I run into rock after rock hidden in the soil. Yet at first sight there was nothing to indicate their presence: only a few pebbles here and there. The first day I pull out great quantities of them. The plough hits big ones weighing 30 to 40 kilograms which I have to pry out with a crowbar. I spend all my time digging up the stones or carrying them away. And during this time the horses are resting, watching me work. The roles are reversed!

Anyhow I persevere for several days. I wonder if I haven't been unlucky enough to begin farming in a bad spot. I go on, hoping that the situation will get better. Unfortunately it doesn't turn out that way and it's discouraging. At this rate, I'll have enough rocks to build a house with.

For the first time I feel down in the dumps, but not for long. What should I do? There is but one solution, a simple one — turn this homestead back to the Land Office, as I have the right to do, and choose another. A loss of ten dollars isn't the end of the world. I will have worked three weeks for nothing, a dead loss. But that's not serious.

There's a lot of talk about beautiful land along the English River, more to the northwest, where there are still supposed to be excellent homesteads for the taking. As soon as I have the chance, I'll go up there and look around. I might add, by the way, that at times the rain gives me a moment's respite. I've hooked up to plough three times now, and three times I've had to unhitch, leaving the harnessed horses to browse on the prairie while I wait for it to clear up.

I make use of the time to write my mother her weekly letter. Is today Friday? Saturday? I can't make up my mind. Yet I must go to Jack Fish to get more supplies. I'd prefer going on Sunday, but the sun, which is enough to tell me the approximate hour, can't tell me what day it is.

20

I have a chance to be a cowboy. About fifty cattle are feeding around my camp, attracted, no doubt, by the hay I brought. I drive them off a few hundred metres, but as soon as my back is turned they are right back again. Fed up with that, I unharness one of my horses, get on him bareback and I charge headlong into the herd, which I chase at full tilt for three or four miles. In the herd I notice a bull so thin that his bones seem to stick through the hide.

Three bad storms in ten days. Poor me! I ran into the first on Jack Fish road. The homes are so far apart here that when you're caught by a storm on the prairie you have to accept it philosophically. Because of this rain I'm away behind with my ploughing. I was caught by another storm when I was getting my meal ready. I had to get into my box in a hurry. And, of course, the rain put out the fire in my stove.

As for shaving, I sometimes go a fortnight without bothering and wait for Sunday when I'll be going to the mission. I look like a cave man. I have little chance to admire myself, however, for all I have is a piece of a broken pocket mirror.

My ploughing finished, I rent my horses to an Englishman who wants to go to Green Lake, 140 miles away (450 kilometres round trip). Afterwards I rent them to him for a trip to Meadow Lake, 350 kilometres. It ordinarily takes about a week to make the journey. He does it in five and a half days, and they come back worn out.

I build a rudimentary cabin and set myself up as best I can.

Like most of the settlers, I make my own bread. I knead it by hand in a big deep bowl, and I bake every two or three days. I begin by dissolving little cakes of yeast, like a 100-sou piece, called "Yeast-Cake," for they never keep leaven here from the previous batch. When the yeast is dissolved, I make a light mixture with flour which I let ferment for half a day and I have my leaven. Then I knead in the flour, and when it has become dough with a certain consistency I let it rise under a blanket. I knead it again, let it rise a second time, and sometimes it goes over the edge of the container. Then I cut the dough up in pans and put it in the oven of the stove, which is specially designed for baking bread. The bread comes out, well-risen, with a golden crust — as long as you don't let it burn. Flour here is first quality, making a very white bread, very light and very easy to digest.

If I wish to speed things up when guests happen to come at meal time and my supply of bread is running out, I take another kind of yeast (in powder form — "Baking Powder") and I mix this with flour so as to make a sponge out of it, which I cut up into little pieces the size of my fist. I put them in the oven right away, and a few minutes are enough to make appetizing little crackly loaves. You can also cook this sponge in the frying pan, with lard, the way we do big pancakes back in France. Indians call this bread "bannock," and I'm quite satisfied with it when I'm in a hurry.

Fishing Through the Ice

Am I going to spend the winter on my farm, alone in my temporary shack? My ploughing has been finished for quite a while now. I haven't much to do here until spring.

The priest has built himself a new rectory. He suggests letting me have his old house for the bad weather and I joyfully accept. It's a big two-room building alongside the church. To get through the winter I see that I'll have to do the inside again. The chinking between the logs, done Indian style with mortar made from mud and hay, has fallen out in many spots. It is most urgent that I get at that job, for the cold weather will be here without delay. In this building with the wind blowing through, I wake up some mornings with icicles in my beard and eyelashes.

Afterwards, I fix up the inside with a few shelves, a pantry, a table, two benches, and a stove where I can do my cooking. I paper the walls with maps which I requested from the Department of the Interior in Ottawa.

I have bought two more horses, which gives me six all told. In the stable adjoining the old rectory I keep two horses for my winter outings and for hauling fish, because as soon as Jack Fish Lake is frozen over (which won't be long) I intend to try fishing through the ice there with my friends the Nédélecs, two Breton brothers.

I let my other horses loose on the range. Horses winter very well when you turn them loose for the whole winter, in spite of the terrible cold, snow, and the storms. With their front feet they paw the snow away and uncover the grass under it. It's not the same for the cattle — they don't dig. Yet they are left out, too, near the buildings, and their ration of hay is thrown out to them on the snow every day, and a water hole is kept open for them in the river or on the lake. Horses don't need water. The grass they find has moisture enough in it. During the big snow storms the animals take refuge in the nearby clumps of trees and wait for the blizzard to die down.

I buy several loads of hay from a rancher to winter my two horses in the barn. I put it in a stack and fence it in with barbed wire so that any hungry animals wandering around in the vicinity won't make short work of it. The priest helps me to unload this hay and to haul several loads of driftwood which is blown by the wind up on to the shores of Jack Fish Lake. This will be for the long winter months. I ploughed his garden to pay him back, and I did his two days' service for him on the government roads.

He thunders at the animals which continue to get into his fenced-in garden, destroying everything, but above all at the calves which can get in between the strands of barbed wire. And so we fix the fence.

From time to time the priest allows me a gallon of red wine which he brings in from France. I drink it parsimoniously, adding lots of water. "Putting water in one's wine" takes on its full meaning here, but I scarcely approve of the wisdom of it! Life in this backwoods makes certain compromises necessary. Since you can hardly allow yourself to travel 50 kilometres merely for the sake of a haircut, I cut the priest's hair, and he does the same for me. Like it or not, everyone in this area becomes Figaro.

At the beginning of September a friend and I officially open the hunting season. We can hunt the year round for food, but we celebrate the opening anyway.

The two of us leave in a buggy. What follows isn't a tall story. The first evening we bring down 47 ducks, three water hens, two prairie chickens, two snipes — in all, 54 birds. The back of the buggy is full. At a little river we knock down 30 ducks without even moving. We never aim at just one bird, but wait until several are in the line of fire. The battle ends when we run out of shells.

Still aching from the long ride the day before, I get up a bit late, and I prepare a prairie chicken which I'm about to roast for my noon meal. I'm relishing in advance the thought of savouring this bird, after supervising the cooking of it for an hour. At noon I am in the act of cutting up this little bird. One of its wings has just hit my plate when Father Esquirol suddenly enters. He has just dropped in for a chat. He glances at my plate and exclaims, "You're joking: today's Friday!"

What a blow! My dream flies away. The announcement of a financial crash couldn't have struck a banker at table more cruelly. I may have lost all notion of time, but the good Father hadn't. What was I to do? Put away my chicken and be satisfied with a meatless meal. I said under my breath to myself. "The deuce! Why didn't he come a half an hour later, after my involuntary crime was consummated?"

I take my revenge in the evening, letting a thick soup of vegetables simmer. With that I fill the nooks and crannies my meatless dinner has left in my stomach. I celebrate with a good glass of wine to which I add water so I can enjoy it longer. But I still miss that cold chicken of mine lying in the depths of the pantry. What can I do, however, but watch and contemplate the calm of the lake five hundred metres from my place.

It looks like a beautiful autumn although cold weather doesn't seem far away. Beautiful days are in store for us for hunting or fishing expeditions. For the first time, I've killed two rather rare Hungarian partridges. They have more delicate meat than the prairie chicken. I've also killed a fawn-coloured rabbit that didn't have its white winter fur yet.

I went inspecting the nets on the lake with a friend. While I was rowing, I had a long line attached to the calf of my leg and at the end of it was a waving spoon. As soon as a fish bit I'd feel a jerk at the calf and I'd stop, pull in my line and bring in a pike or a perch. Jack Fish Lake is just teeming with fish. Pike are especially abundant — as the name of the lake implies, since "jack" means pike. Many are huge — a metre long, and weighing up to thirty pounds. In a few hours we got fifty pounds of fish.

I go along with the priest to Midnight Lake and to Stony Lake, about 50 kilometres to the north, where there are some Métis parishioners he visits two or three times a year. We leave early and have lunch on the lake shore while the horses graze on the prairie. We take a big wagon so that we can carry all the equipment: portable chapel, hunting ammunition, oats for the horses, blankets. We even take a bottle of wine, not for use at Mass, but for the table — and that is a luxury.

The next day the priest says Mass for the inhabitants of Midnight Lake. Word has been sent to people living nearby, about a dozen altogether. They are all French-Canadian Métis.

Afterwards we leave for Stony Lake, and the next day there is the same ceremony as the day before. The inhabitants want us to stay and hunt; and the priest, always a passionate hunter, says "yes." On our return we bring back a quantity of game, fresh beef, cabbages and butter which these people have given us. Back at Jack Fish, I gather up another five loads of driftwood on the lake shore to keep me warm during the long, severe winter. I'll need a few loads of green wood, too, to hold the fire during the night in a special stove. Everywhere there is a stove for the night and one for the day.

The really cold weather begins to be felt with temperatures of -20°C. The lakes and rivers have been frozen over for a week now and won't thaw out again until spring. Jack Fish Lake is very large and is only completely frozen around the shores. It's the beginning of November. In a few days the lake will be just one vast skating rink, and we will be able to cross it with wagons and horses. Later on it will be populated with little cabins for winter fishing — through the ice.

Yes, winter has really come. It's as cold as the Arctic, but it's a healthy, dry cold. Winter evenings of dancing will soon be beginning. They are well attended. Rare are those who, in spite of temperatures of forty below, don't turn up for these evening parties. They dance the whole night through. Winter doesn't impose a heavy work day, so you have all the time you want to make up for any lost sleep.

I am invited to two parties. I attend the first one in spite of heavy falling snow which whips me in the face because of a head-on wind. Snow here isn't fluffy as it is in France, it's fine and pulverized, and it pricks the face like needles.

I leave around seven o'clock in the evening and it's already dark. I let the horse take me — he won't go astray. I say to myself that I'm crazy to go out dancing in such weather, and I imagine that there won't be many there. I don't hurry my horse. I'm passed by a full load of people singing Canadian songs, then by another just as noisy, and then by some on horseback. All these outfits go at a good clip as if they were afraid of arriving late.

In spite of the bad weather, about forty of us turn up. At midnight lunch is served, and I head back at two o'clock in the morning, leaving my companions to dance until daybreak. Home again, it's no longer snowing. I'm nicely covered up and snugly muffled under the blankets. I miss my bed, however.

I am more interested in fishing and now is the best season to get at it. I team up with the two Bretons, the brothers Thomas and Corentin Nédélec. They arrive around the middle of November, and I put them up so that we can go fishing together. We buy a quarter of beef to see us through the winter. I cut it up when it's still warm and freeze the pieces immediately on a board. That way I don't have to use the axe or saw later on. I make thin pieces for frying, and larger ones for roasting and boiling. As soon as it's frozen, I put it away in a box which will be left outside. Every Sunday the Nédélecs go back home to St. Hippolyte. These friends have practised this lucrative sport for seven years now and they really know the ropes.

We put up a little canvas shelter, made from a small movable tent on runners, with a tiny stove inside fastened to two cross pieces. We can move it from one fishing hole to the other.

With the stove roaring all day long in the shelter, inspecting the nets isn't an onerous job, even with a strong wind blowing. Nevertheless your fingers soon get stiff from contact with the icy water, and you have to quickly warm them by the red hot stove to loosen them up again. Once the shelter is in place at one of the inspection holes, you only go out to pull up the line which lets you recover the net from under the ice.

To put the nets down under ice the first time, you make a square central hole with the axe, about a metre on each side, and this will be the hole for the daily inspection. When the ice gets thicker, you make four deep cuts down to the water with the axe so that you can loosen a big cake of ice. Since it would be too heavy to pull that out, you press it down with a stick and make it slide away under the layer of ice.

Then you take a pole as long as possible with a line tied to one end. You put this pole through the hole in the direction that you want to put your net. The pole floats on the water under the ice, and because the ice is transparent you can make out a black line which tells you where it is. By making a little triangular hole where the end of the pole is, you can move it along its own length under the surface, and you keep on repeating this operation for the length of the net you're going to put down. At that spot you make a hole 50-centimetres square which will permit you to fasten the net to a long pole which you've sunk into the mud of the lake bottom.

You come back to the big central hole, and you fasten the net you want to put down to the line which was tied to the pole. While one of us feeds the net into the central hole, another pulls the line at the other end, to the 50 by 50 cm hole. When the net is in place, you take two poles 3 or 4 metres long, depending on the depth, and to these you attach the two ends of the net. In order to make the best use of the central inspection hole, you set out four nets from this hole in the four opposite directions. You have to fasten the nets to poles slightly below the level of the ice; otherwise they get caught on the surface and are lost.

Next day when we inspect our nets we use an axe and shovel to remove the ice that has formed during the night. We take the pole out of the hole opposite the inspection hole and we untie the net; then we attach to it the line which served to put it down, and which will follow the net. Then we pull the net through the central hole, taking off the fish we've caught as fast as they appear. Through the half-open door of the shelter, we throw them on to the ice. When this job is done, one of us goes to the 50 by 50 hole and pulls on the line which has followed the net during our inspection. In this way the net is put back in position again.

The fishermen ordinarily eat two meals a day, one in the morning before starting out, and another in the evening when they come back. We have our noon meal in the shelter. When it's time to eat, we just grab the first fish that comes into the net. One of us scales it, guts it, and rinses it in the inspection hole, and before you know it it's in the frying pan and on the fire. The other two are pulling the net in and taking off the fish. Every morning we take along bread, tea, sugar, and a dessert. From time to time when we're tired of fish, we take along a few chunks of frozen beef steak.

When we've finished inspecting the four nets at one hole, we slide our shelter to the next one. Each fishing permit gives you the right to four 100-yard nets — and so we have a dozen nets out. We are equipped in the best possible way. Some have to do their fishing in makeshift fashion, with quite rudimentary means.

Others not far from us are fishing right out in the open. Their nets freeze as soon as they get them out of the water, and they have real trouble getting them back into the water again. Fish often get tangled in the loops in the net and they have to take their mitts off and get their hands wet. That's not a pleasant operation when it's so cold. The way we operate, we can inspect twice as many nets per day.

However, my moustache is turning out to be a serious nuisance with its mass of icicles. I understand why Americans are clean shaven! While fishing, I must admit, we hardly use a handkerchief. Here's how you blow you nose in winter over here — I mean when it's really cold and you're outside. Your hands are nice and warm in your mitts. How can you get a handkerchief out of your pocket, muffled up as you are, and wearing gloves inside your mitts? Well, it's very simple: you put your thumb on one nostril and whoosh — what's there comes out like a shot, freezing solid before hitting the ground if it's very cold. You make a double barrel rifle of the other nostril and there you are rid of it. Naturally it is only when it's 30 below or colder that you use this handy method.

Right from the very first day the fishing looks as if it will be good. In three days we get 300 fish, averaging three to four pounds for whitefish. It's worth 20 cents a pound, and perch 15. Pike aren't worth anything. We give them to the neighbours who'll thaw them out in the spring for their chickens to start them laying.

After a week our catch has risen to 1400, a very satisfactory result. On Monday, because the nets have remained two days without being inspected, we take off 400 fish, including a number of twenty and twenty-five pound pike.

Some spots are better than others. If a net doesn't produce, we change spots and have to begin the long operation of setting it all over again. And it becomes more and more difficult because the ice gets thicker and thicker with every passing day. While two of us inspect the nets, the other is making new holes for the nets to be changed. When we find a spot that gives a good yield, we stay there until there are no fish left. After January you can hardly change your location because the ice has become 1½ to 2 metres thick.

We bring a load of driftwood out on to the lake to feed the little stove in the shelter. We're out on the lake at daybreak, about seven-thirty, and we leave again at five in the evening. Each day we bring our catch to the old rectory where all three of us are staying. If we left it out on the ice, it's possible the wolves would eat it. We stack it up like cordwood against the wall of the house. It already makes a pile a metre high, three metres wide, and three metres long. To do a good job of stacking it, we make sure that the fish freeze nice and flat when we get them out of the water. A few minutes after it's caught a fish begins to freeze, and it sometimes happens that it freezes all curled up from a last flick of its tail. We flatten it out right away, for once it's frozen it would break like glass if you tried to straighten it out.

The thermometer often goes down to 30 below. We find 20 below without wind quite tolerable. It's true that when we go fishing we're wearing rubber boots over our wool-lined moccasins.

We catch a thirty-pound pike, a monster with a set of teeth that would make you shudder. That's when you have to watch your fingers! The bite of a pike is poisonous, and when he reaches that size he can take off a finger. When a fish like that comes to our inspection hole, we're not long knowing about it. The net comes in all tangled and we suspect that it's "another Jack." As long as he's in the water, he doesn't move too much. We gently get his head out of the water and using a buffalo tibia, with a bulge at both ends, we hit him a hard crack on the head between the eyes. He's alive one second and dead the next.

We make sure to untangle straight away the knots caused by the fish twisting the lines. If we don't, the net freezes stiff in a matter of seconds and it is impossible to get the knots out without breaking the line. When that happens, we put the tangled part back in the water for a moment or two and start once more to get it straightened out. The Nédélecs are experts at this kind of work — it is painstaking and requires some considerable skill.

By December 20th we have three thousand fish. Every day we make our forecasts and bet on the anticipated number. Up till now the winter has been quite mild and fishing has been fun, even at 25 below. When it is too cold, we run out on the ice, energetically beating our arms against our bodies. Or two of us stand facing each other and move our feet, keeping time, varying our rhythm. We soon become experts in this kind of jig.

Our tactics in changing holes are successful for us. Some of the fishermen, above all the Métis, choose a spot and never move from it once they've begun. Christmas Eve we reach the figure 3,314, which is more than we anticipated.

We go to Midnight Mass. The church is packed. We wouldn't miss this solemn occasion for a whole empire. Back home, we have the traditional midnight supper at my friends' place, the Nédélecs. On that occasion Corentin tells us about coming home from Midnight Mass the previous year. There was a big storm, what they call a blizzard over here. Thinking he has lost his way, he leaves the reins to the horses, knowing that they have more sense of direction than a man, and that they always come back to a place they know. However, since they fail to reach the house, he decides to stop at the edge of a woods to take refuge and wait for daybreak. All the passengers take shelter in the thick woods where the wind isn't blowing quite so hard. He tries to make a fire. One match after another goes out, extinguished by the violent wind. Finally, with the second-last one, he succeeds in lighting a few twigs, and around a good fire the waiting becomes tolerable. At daybreak, he sees that he's only a hundred yards from home!

Right after Christmas the thermometer goes down to forty below. Once more we have icy winds, whirling the fine snow into a blizzard. This north wind blows hard enough to cut your face. It presses your temples as if they were in a vise. If you get lost, you run the risk of being found again in the Indians' happy hunting grounds. It would seem — evidently some have been there and back — that when you're exhausted and lying in the soft snow, you quietly fall asleep, and death comes, without suffering, accompanied by pleasant dreams. As far as I'm concerned, I prefer to wait and taste these joys in the future. In spite of this temperature which hangs on, we're going to inspect our nets for the last time. Fishing is out of the question now because the ice is too thick. Only madmen and Indians would go out in such weather.

Our fishing neighbour on the lake, the Métis Napoleon Lafleur, does the same. Remember that he has Indian blood in his veins. As he passes by our tent on the lake he says, "Holy Mary, it's cold enough now, ain't it? It's awful."

"Sure is, Dad Lafleur. A good shot of whiskey would be a lot better for us than this, eh?"

"Now you're talking! I think we'll have to get home, by God!"

It gets so we can't take it any longer. One of us freezes the end of his nose, the other has a white spot on his cheek, an unmistakable sign of frostbite. Watch it — take some snow and keep on rubbing it.

And so the fishing is over. All we have to do now is haul away this frozen fish, all 15,000 pounds of it: whitefish, pike and perch. We bring it to the railway station in Meota where the storekeepers buy it and send it to the large cities in Canada and the States. We have to make several trips with two horses. It isn't because the weight is so tremendous — eight tons. The horses could draw that easily in two trips; but fish, even when it's neatly piled, takes up a lot of room.

A Trip Up North
I had dreamed of going further north to hunt muskrats. Not so long ago an Indian caught three hundred of them in three days. A skin is worth two or three francs. I've just bought a beautiful wolf skin for ten francs.

What tempts me is that one of my friends, Henri Vicario, left to go trapping a bit before Christmas with his toboggan and dogs. Fishing with my friends the Nédélecs kept me back so I couldn't go with Vicario.

He had to take along a heavy load of supplies on his sled. Once he's gone 150 to 200 miles north, he won't find any homesteads. He'll have no one but himself to count on. It's a very hard occupation, full of difficulties and obstacles. It requires uncommon physical stamina and, above all, a determined spirit. But Vicario is a tough one.

He told me that on the way up he had to make a cache at each stop and unload the necessary food for a corresponding halt on the way back. Most important, he had to think of the dogs, which have really hard work to do. One's welfare often depends on them, and at times their master is forced to sacrifice some of them and eat them to survive when there is no game. These caches aren't hidden, as the name would imply; on the contrary, they are put out where they can be easily seen, two metres above ground, on a tree, to keep them out of reach of wolves, foxes or other wild animals. They are in plain sight, and the law of the North says that no one but the owner will touch them, even in case of dire need. He counts on them for his return trip, and his very life may depend on them. A man who doesn't observe this harsh though unwritten law could pay for the trespass with his life.

Our ambition is to go North, but with not quite so rudimentary means. We leave with our faithful friends the Nédélecs and Henri Bonnet to find wood we can cut for building purposes. We take supplies — axes, saws, blankets, oats and hay for the horses, enough to last us for a fortnight.

We go a long way, that first day, before we stop. We have dinner with an English rancher by the name of Bulmer who lives with a French Canadian woman. We talk without suspecting that his wife understands French. My friends speak English very well, but I don't — I can stumble out just enough words to keep from dying of hunger. During the meal I say to Nédélec in French, "Ask her for sugar for the tea." "Ask for it yourself," he says. The husband isn't there. I turn around to the woman who is listening in the corner by the window, and I say (in English), "Give me sugar, please." She begins to smile and I'm amazed to hear her answer me in French.

In the evening we have dinner with the Roussels. He's a big rancher who came out from France 20 years ago. They say he's worth a half a million. He owns several hundred horses and cattle. He tells us which road to take.

The next day we reach another Frenchman's place, M. Leon Sergent. He and his wife, a charming and cultivated Parisienne, live like hermits, surrounded by Germans and Russians. They own about forty head of stock and haven't left their farm for two months.

At their place we hear some bad news. A few miles to the north we were hoping to find a woods full of long straight spruce logs. We learn that the newcomers the past years have cut down all that could be used. We go further north without any precise goal, taking with us enough hay to do us for several days. We are so heavily laden that our high, big-bellied sleigh is pretty tippy.

Several miles from there we meet a German. In a rather curious brand of French, he tells us about the road to take through the woods. He advises us to follow the trail in the snow left that morning by two sleds out looking for four moose that the Indians had killed in the autumn. From that point on, there's no dwelling to be seen. We easily follow the fresh tracks and after a five-hour march we make tea and have dinner. Every bit of food we have with us is frozen — chicken, fish, pork, beef — and we thaw it out before our meal.

In the afternoon we get into a big forest of aspens, birch and willows, but it doesn't have any of the fir trees we're looking for. In this thick wood we have an awful time making our way, the narrow road being a very winding one. Often, at the turns, we have to knock down trees to get through. In the evening we decide to camp near a lake. The horses are worn out.

We make a hole in the ice on the lake to get the water we need for cooking and for the horses. We light a big fire. One of us looks after the meal, another the horses. The others cut up dead wood for the night. We tie the animals to the sleigh, give them hay, and cover them with blankets.

We eat, and after a merry meal we smoke our pipes and watch the flames of a huge fire — a real inferno of a blaze. We cook our faces while our backs freeze; when one side is nice and warm, we turn the other. And add to all this the fun, the jokes, and the laughter. At ten we go to bed in the snow. Isn't it great to be young!

First of all we put down a layer of hay on the snow and spread all the blankets over it so we can all sleep, the four of us, one against the other. We put two big trees back of our feet to separate us from the fire so the hay won't burn. Then we slip into the blankets and put our fur coats over our heads.

Towards midnight, I'm sleeping like a log when I seem to hear a noise. I'm so buried under my coat that I don't realize immediately what's going on. But as soon as I stick my nose out, I smell something singed, or burning. My pals are busy gathering up handfuls of snow and throwing it on the blankets at their feet. Our camp is on fire! I join in, and soon we are masters of the conflagration. The two dry trees that we put at our feet have caught fire in the intense heat from the flames, and have set the hay and blankets ablaze. I pull off one of mine that is no longer any good. That was a close call!

We go back to bed, taking precautions to see that the like of that doesn't happen again. If it does, we'll have to sleep without blankets, under the stars. In the morning when we get up, what a surprise! We have an extra cover, this time a cover of snow.

We explore the area around us and are disappointed. We scarcely find any pines at all, and the few we do find are scattered about here and there. We would have to clear too much of a roadway in the woods to bring them out with the horses. So we decide to turn back.

We make it back home in four days, after being on the move ten days without stopping. And all for nothing — except the adventure, of course.

Canadian Spring and a New Homestead

Winter will soon have finished its long season. Already signs indicate the coming of spring, although it is still a long way off. The heavy fall of snow during the winter blocks roads and fields. Yet I must think about finding myself a new homestead as soon as that's possible. I'll look around in the English River area where the Nédélecs have taken a script (i.e., two homesteads of 60 hectares). The railroad, the extension of the one from Battleford to Edam, near Jack Fish, is to come into that area before long. Many settlers moved into this area last year. This English River is 80 kilometres from Jack Fish, towards the northwest. You can get up there in one day with a buggy. I'm going to follow my friends the Nédélecs, who are leaving tomorrow.

The ground is still too covered with snow to choose a place, but I'll get a general idea of the region. Anyway, I like it. It will only be later, after the thaw, that I'll be able to judge the quality of the soil. For some months now there's been scarcely any land available. I visit my friends briefly, and after consulting Roussel, who points out certain pieces of land in the region of Paradise Butte, I'm in a position to make a definitive choice on my next visit.

Back at my hospitable winter quarters in Jack Fish, I find that a Frenchman, Leon Chaland, has decided to go ploughing with tractors, and he's looking for someone who will sow his land for him. He has fifty hectares under cultivation. Once I've picked out my new homestead, I won't be able to start ploughing there until May or June, the only favourable time to break this virgin land. The first sowing on newly broken ground is never done before the following spring, which means that at my place there won't be any harvest for a year, whereas I can get a crop off the rented land, 35 hectares of wheat and a few bushels of oats for the horses.

According to my friend Esquirol, the terms I'm offered are good. Normally, the proprietor supplies half the seed, pays part of the threshing expenses, and the crop is shared fifty-fifty. In my case, though, I'll furnish everything and will take two-thirds of the crop. Besides this, while I'm working there, I'll have the use of his well-stocked house, his barn, granary, and all the agricultural implements. The heavy winter snowfall is a sure sign of a good crop. And so I accept Chaland's offer. I'll soon move into his house, which I'll have all to myself in a month — when he leaves.

Today is Sunday. A Box Social for the parish is organized and will be held at Moise L'Heureux's place. He's a rancher. Each girl prepares a box and decorates it as artistically as possible. In the box is a cold lunch which she has prepared, with desserts and sweets. The girl's name is written on a piece of paper, inside the box, and whoever gets it enjoys its contents with her when the auction is over. Generally speaking, you buy a box without knowing who made it up. However, if the young lady has a boy friend, she'll try to describe to him the box she has decorated. But if the other young men know what's happening, he'll have to pay dearly for it. It's a mad auction, without risk, because everyone knows very well that the suitor won't let his lady love's box go, and have his lunch with another.

Last year Cécile Bourret's box went up to eighteen dollars. But she didn't show the slightest interest in her suitor, and that sure made people talk. This year there are forty boxes. Miss Bourret's goes up to 32 dollars. It is carved out of wood, but it certainly isn't that feature which puts the price up. And the parish will only be the richer for all that.

I've been at Chaland's place since March 18th. We get along very well because he's from an excellent family, educated, and very easy to get along with. I begin by cleaning the seed grain because spring will be upon us very soon. The snow disappears day by day. Little gophers, terrible crop rodents, begin coming out of their holes, and that's a sure sign that spring has come.

I buy a big draft horse from Chaland to take the place of a mare which is soon going to foal; and along with this a few cows which I leave to run free on the range. The government has given me a mark for branding the animals — horses and cattle. This is indispensable for telling them apart and for separating them when all are in a herd. An animal that has been branded has little chance of being stolen, for the thief runs a great risk of getting caught and severely punished with a long jail sentence. The Canadian Mounted Police aren't soft-hearted where this kind of crime is concerned. They'd be quite happy to string the guy up!

When you apply for your own brand, you submit six imprint models to the government in case one has already been taken. Two brands can't resemble each other, or there'd be confusion. That mark or brand becomes your property once and for all. Mine is made up of two big capital G's back to front, to be imprinted on the left shoulder of each animal. The operation, which consist of marking the animals with a red hot iron, is a spectacle to see and hear. With the help of a few neighbours, you round up the animals and catch them with the lasso in the corral. Then the animal you want is thrown on its side, and its legs are tied. When the red hot iron is applied, the flesh crackles and you hear bellowing loud enough to deafen you.

Once machines are ready for work, I begin ploughing 30 hectares. It's rather easy work on this stubble, the earth being soft and loose. With my four horses and a two-furrow plough with a seat, the plough-ing is quick — thanks, too, to my apprenticeship of the previous year. Then I go over the field with the disk, the harrows, and, finally, the seeder. This work is not very complicated, but it's hard enough for one man by himself. Along with that, the barn has to be cleaned out every day, the machinery checked and greased, and the housework taken care of. After attending to the animals, I have to think about the inner man and restore his strength, too.

One of my horses has given me a real shock. It is epileptic, certainly a very rare case — at least so I suppose, since I've never heard people speak about it. When I bought this horse, I noticed a dry scab over the left eye, but didn't attach much importance to it. This scar never healed; sometimes it was even bloody. Some mornings I found the horse in the stable with its halter broken. That really puzzled me because this horse is very well behaved, gentle and extremely quiet. It was only when I saw it take a fit that I twigged to the problem.

The first fit took place on the seed-drill, when the horse was hitched up with three others. Suddenly it rears up and falls over backwards, struggling and twisting about. The second time was a few days later, on the plough. Fortunately, each time I was able to hold the other horses and calm them down. If they had panicked and bolted, it could have finished in a catastrophe. The fit doesn't last long, not more than a few minutes, but all that time the animal acts as if he's crazy. Then he gets up, remains dispirited for a moment, and then gets back to work again as if nothing had happened. From now on I'll tie him up with a light rope in the stable, one he can easily break if he has another attack.

I trade two mares for two heavier horses that can do any kind of farm work. They call that a "bargain." The people here like to deal. Right on the spot they'll start trading, out on the bald prairie — a hat, shoes, a saddle, an article of clothing, a horse. One word is enough: "You've got a nice hat there, or a pretty horse . . ." "You like it?" "Yes." "All right, then — let's trade, if you want." If the articles aren't of the same value, they discuss what should be given "to boot"; the deal is then concluded, and each goes on his way.

Towards the middle of April I come back to Emmaville on English River where the Roussels live. This is also near the Nédélecs. Seven other Bretons have taken up homesteads near these people. I make a long and tiring trip with the wagon, doing 50 to 60 kilometres a day without stopping. The last days I have my fill of it, and have a back-ache from going over gopher and badger holes.

I leave on Saturday, the eve of Palm Sunday, to spend the night at Mervin. On Sunday I go and have dinner with Roussel, the rancher. He tells me about some possible good sites. On Monday I go and spend the whole day with Nédélec looking over the land. On Tuesday I come back alone to make my final choice, which turns out to be a section where there is a French Canadian and a fellow countryman from Aveyron by the name of Grialou. All remaining homesteads have been taken up this spring because of the projected railway line which is to cross this area. My land isn't far from the survey they've already made.

Wednesday I go down to Jack Fish, making the whole trip (70 kilometres) in one day. Maundy Thursday I continue on to Battleford, another 50 kilometres, to register the land I've picked. The next day I want to fill out the necessary forms. I'll be hanged if all the administrative offices aren't closed Good Friday and the following Saturday, and will stay closed until Tuesday. I certainly can't hang around in the city for four days doing nothing, so I immediately go back home and return the following week.

I've used the same horse for the whole trip. The last day he was as fresh as when we started out and hadn't lost a pound. These horses, crossed with cayuses, small wild Indian horses, can stand up to anything and are remarkably quiet.

Back to the grind on my own place, I spend the whole day harrowing, a painful and back-breaking job, because all the time I'm working, I have to walk on the ploughed land in a cloud of dust kicked up by the horses.

Chaland left me this evening, so now I'm here alone.

As a safeguard against prairie fires, I make fireguards around the buildings by ploughing four or five furrows a certain distance away from them. It's the wise thing to do. Obviously these fires are more common later in the season when the grass is dryer, but it's best to take precautions.

By the middle of May the seeding is done. I haven't lost any time. I worked from very early in the morning until 10 o'clock at night. What's in store for me on my homestead next month will probably be worse. I won't have the comfortable house I've got here. Ah well, a bit of will power and a lot of guts will see things through.

Today I'm really and truly happy: one of my mares has foaled and have given me a superb little filly, fat and a fine specimen. I was somewhat worried about the mother. She had never really got over that lightning trip up north when I rented her to that Englishman. A little while back I turned her loose in the pasture. Every day I went to see how she was coming along, and then yesterday I found this beautiful filly lying beside her in the grass. I patted her gently. The mare ran off at a slow trot, the colt behind her at a gallop. It was only a few hours old, but since it wasn't cold out, I left the two of them to spend the night in the open.

When I got up at 5 o'clock this morning, I went out to take a ration of oats to the mare. It was starting to drizzle; an hour later it was raining. Right away then I go after mare and colt and bring them into the barn. It rains the whole day, and each time I go out to see what the weather is like, I say to myself, "Those are dollars falling from heaven." It is Holy Water! This beneficial rain has come just in time to make the seed germinate.

I take advantage of the wet weather to give the house and barn a good cleaning. Also to prepare a good meal, which is simmering on the stove. I'm really going to give myself a treat. For the last while I've been having pretty skimpy fare.

Now comes the problem of rolling the acres I've seeded. "Roll" isn't the exact word. I've made a long float from thick planks, placed one on top of the other like stair-steps and fastened together with big spikes. I've loaded them with big rocks on both ends, and in the middle I've put the seat of the mower for me to sit on — for extra weight. This contraption serves to level out and to pack the earth. It makes a beautiful job, and my fields look like a garden. Chaland, who comes over to see the result, is amazed. Since the machine is five metres wide, I am not long getting the job done.

I Build My Shack

I've finished seeding on Chaland's place at Jack Fish, and I leave for my homestead at Emmaville. I'm anxious to get an early start, but I always find something to add to the load. Finally, at one o'clock in the afternoon I'm ready. I hitch the three big horses to the wagon, the three others I tie on behind. The load is really heavy — I haven't an inkling *how* heavy. I don't suspect a thing.

As we start off, the whipple-tree snaps. The wagon hasn't gone an inch. I put the horses back in the barn and before nightfall I take off part of the load: 12 bags of oats, a hand plough, a trunk, a folding bed, two big boxes of personal effects and assorted odds and ends that I can do without.

The next day at six o'clock I start out. I've hardly gone two miles when the horses are bathed in sweat. I've still got too big a load on, and I can see where I'm going to have all kinds of trouble. From time to time the horses — the ones tied behind — rear up and break their ropes. After Saint Hippolyte the road goes over quicksand, and twice I have to ask for a hand from the people nearby. They come with a team of horses and get me out of the ruts. In the evening I reach De Monternal's place, where I spend the night. They make me feel right at home.

The next day I unload a thousand feet of lumber and the "hayrack" (a big wagon for loading up hay and hauling it). I reload for the third time, lighter this time, with 17 bags of oats, the two-furrow plough with the seat, the kitchen stove, a trunk, household utensils, tools, camp equipment, blankets — the bare essentials for a few days.

I leave at 8 o'clock and right away I feel that the trip is going to be better. At noon, with 15 miles behind me, I stop at the edge of a stream to look after the team and let them rest. I also use the stop to have a meal and make tea. I set off again at one o'clock.

Towards three o'clock I run into a terrible storm. The horses begin to panic when the hail smacks down on their backs, and I just have time to unhitch them — but there I am, soaked to the skin before I can take shelter under the wagon. I start out again as soon as the storm is over, and at seven o'clock I arrive at Nédélec's place. He can't put me up because he isn't settled yet himself. I go on to Roussel's, the rancher, a few miles from there, where I find good lodgings.

After a good night, we go with Nédélec to my nearest neighbour, a Russian, to see if he can board me for the few days I'll be building my shack. But he hasn't much room and is short of food. We go on to another, three miles farther away, but the man's wife is sick. That's enough running around, I say. I'll do as I did last year on my first homestead, and I'll manage alone.

Etienne Roussel suggests a French-Canadian Métis by the name of St. Germain to help me build my Canadian shack. You've already guessed that that's the first building put up by all the settlers, a kind of cabin thrown up economically and quickly, since the wood is found on the spot. One only has to cut down the trees on the unoccupied land. The Métis are very skilled in this kind of construction. It seems to me that St. Germain is being difficult; he asks me what I'm paying him by the day. I see then that it's just a matter of dollars that will make up his mind for him. I royally offer him two dollars a day and his grub. He accepts and I have no reason to regret it.

In the evening I go out on my land and make the first furrows with the plough. That will serve as the beginning for the building. And, anyway, I intend to plough while I am building. My Métis arrives a moment later and brings along a tent that he has managed to get hold of. We'll be able to put ourselves under cover while building the shack. He knows the area inside and out, and he takes me to the edge of a little stream nearby that I didn't even suspect was there. We set up the tent on the bank so we'll have water. That way we won't have to dig a well right away.

We decide on the most favourable spot to build, and immediately we cut down the wood we'll need, about sixty logs. In the evening I bring up this wood and we start to build. The first day we finish the skeleton and the framework for the roof. Then we put poles on the framework which will hold the sod. Afterwards we plough a furrow and with our axes we cut up this strip of sod into squares. We fasten them, like a checkerboard, on to the roof.

A building like this is very warm in winter. It will shelter me until fall while I do my ploughing, haying, and cutting of firewood for the winter. If necessary I can even stay till spring, when I'll be able to build a real house out of lumber.

When my building is completed, my Métis departs, and I'm left alone. I make use of the time today, Sunday, to make an inspection tour of my homestead, and I come back delighted. On Monday I cut down seventy trees, all nice and straight, and big enough to build my barn with later on. I handle the axe quite well and without getting tired. When I have the time, I intend to cut down another 150 to 200 trees. I can cut down all the wood I want, except for resale. But who'd want to buy it anyway? It's so easy to find! Having done this, I won't have to go too far afield to find more later on.

I dig a well beside the house. I find water three metres down, in pure sand, but I can't go any deeper myself — it's impossible for me to throw the dirt out over the edge. I wait for help so I can dig down another two metres. For the moment I have enough water for cooking, but not enough for the horses, which I have to take down to the river three times a day. I keep on digging until I can't shovel the dirt out alone over the top. Luckily, water comes in abundance.

I make a table from a box from which I've removed some of the boards. You can learn how to handle planes or saws quite quickly if you're left to yourself and have a bit of ingenuity. With these boards I also make shelves for the inside of my cabin. I still can't fill the cracks in the walls with mortar (made of mud and hay) because I haven't enough water in the well for that, and I haven't got a barrel to get water from the stream. And I'm sheltered from the rain but not from the wind. I still have to put in the door and windows. I've got to have the planks I dumped off on the way up here. Naturally my house isn't luxurious with only one shelf, a table and no chair! And all my things lying in a sorry mess on the ground.

All the same, my location on the hill is admirable. The view over my land and over the whole region is splendid. I see, on the plain, four lakes and, in the distance, 20 kilometres away, Ste. Marguerite's Church, the only one in the whole district. I chose this site in preference to others so that I would be sheltered from the northwest winds, the coldest in winter, and to have the benefit of a wood, two or three hectares of which belong to me. But this little shack is just a temporary dwelling and will be used as a granary later on. The site where I wish to build my house is even better situated, a few metres higher up, where the view will be even more beautiful.

My closest neighbour for the moment is the Russian. I can see his house from my place. French Canadians live on the butte at the foot of which I happen to be, and they tell me that farther up there is a post office called Paradise Hill.[1] Gosh! Is Paradise really no higher up than that?

---

[1] Some of the French Canadians who lived on or near the butte were Pierre Chaput, Athanase Gingras, Arthur Gingras, Alphonse Béliveau, and Ernest Béliveau. It is said that Ernest Béliveau, returning from the Klondike, was so impressed with Butte St. Pierre that he exclaimed, "But this is Paradise!" and that it was from this exclamation that the region got its name — Paradise Hill.

I immediately begin ploughing. I learned my lesson in my first attempts last year. Stones are quite rare in this region, and I'm impatient to find out if I will have better luck this time. From the very first furrows I am quickly and entirely satisfied. Not a pebble — beautiful black earth which is slightly sandy. I think I can clear 20 hectares before haying time. In short order, a wide black band becomes visible on my homestead. It gets wider and wider from day to day for the length of a half a mile. (That is almost a kilometre. The mile is equivalent to about 1800 metres.) I take a liking to this work and congratulate myself for having bought a plough with a seat on it. Thanks to it, I don't have to spend the whole day walking and tiring myself out. Except for the time when I'll have to cut hay, I intend to put in most of the summer ploughing while I wait to go to Chaland's in August for the harvest.

As long as I haven't built a barn, looking after my horses creates serious problems when I'm not working them. This evening, a half an hour after unhitching, a bad-looking storm broke — the fourth in a month. Because of the overwhelming heat, my animals were all bathed in sweat. Before turning them loose, I hobbled them and put a bell on one of them so as to be able to find them more easily, because in the night they sometimes go a long way, even when they're hobbled.

One of these horses is a real devil, a stallion I bought from Chaland. Even with the handicap of his two front legs hobbled and a plank hanging around his neck, he still tries with nature's help to mount the mares. He pesters them and prevents them from grazing. I end up keeping this stallion near the house, tied to a stake, and I give him his hay and oats there. If we plough, and if I put him in the furrow to lead, he wants to get out. He leaves the furrow and gets up on the sod. I often have to use the whip on him to get him back in his proper place. Generally speaking, the lead horse never leaves the furrow. I've never seen an animal as stupid and stubborn. Licking him doesn't seem to smarten him up. Even the nearby forest won't be able to provide me with enough sticks to break over his back.

I've got work for another man if I could find one, but hired help is hard to come by. I'll never be able to finish what remains to be done by autumn. After the next haying season, we'll have to go and do the harvesting at Jack Fish, on Chaland's place. There we'll have to cut the grain, stook it, then put it in stacks, thresh it, get the grain to the station, and there's no telling what else.

I have a visit from Bourret, the rancher, and a French-Canadian, Alphonse Béliveau. I offer them my hospitality. They can no longer find enough prairie to graze their herds further south and are looking for free land to the north. Then I spend a whole week without seeing another living soul. I take time off to shave away three weeks of bushy beard.

I go to Roussel's for supplies: I need salt pork, eggs, butter, potatoes. When I get to his place, I find the house empty. It's Sunday, and they've gone to Mass at Sainte Marguerite's. I wait all afternoon for them to come back, but in vain. They've stopped off at friends and don't come home until ten o'clock. Naturally they won't let me leave, and it's ten o'clock next morning before I'm back home.

I live mostly on canned goods. Here they can everything — meat, fruit, vegetables, even milk. There is a great variety of marvellous fruit, particularly strawberries and raspberries. Tomatoes are preserved in their natural state, with a slightly acid juice which I find refreshing. I couldn't take much pork with me from Roussel's. I have nothing to keep it in — neither a cellar nor a brine tub.

I finally hire Grialou, from Aveyron. He's my neighbour but he still hasn't got his own place. I think he'll stay until harvest, which would just suit me fine. I'll give him thirty-five dollars a month and feed him. He's not particularly resourceful, but he's serious and a hard worker. I'm impatient for him to come over soon and live with me.

The following day I plough sixteen rounds on the half mile. If I put these furrows end to end that would make 13 kilometres. The large mosquitoes are beginning to be bad for both driver and horses. For the latter I make up fringed muzzles out of my old underwear to protect their very sensitive noses. Thanks to the rainy summer there are mosquitoes by the hundreds. I myself have to work with a veil and with gloves on. Every evening around the buildings I make smudges with manure and dry cow dung. The animals come and take shelter in this smoke screen. I walk about in the house with a bucket full of the same stuff, but this thick and acrid smoke finally gets as hard to stand as the mosquitoes. Fortunately, "A year with mosquitoes means a year with a harvest!"

To stop the mosquitoes from getting into the house, I'd need the lumber for the door, the windows, and the floor, which I had to drop off on the way up. Inside the house disorder reigns supreme. When I go after the mower, rake, disk and harrows, I'll use the same trip to bring up the lumber. I also want to buy a few chickens for their eggs, and a cow and calf for the milk. (I'm not dreaming like Perrette in LaFontaine's fable.) I can't wait for Grialou to get here.

I go back to ploughing except when the storms stop me. Sometimes when I've just taken the time to hitch up, a downpour makes us quit. Those poor horses, they have their share of hardships! In this country, and above all at my place where I haven't got a barn, they stand up unbelievably well. Yesterday, for example, I had just time to unhitch as quickly as I could, tie up the beasts, and I'm soaked to the skin. I go in and change clothes. A real deluge! I think I'll be nice and dry in my shack. Alas — the roof with its single layer of sods lets the water leak in. I've not been able to put on the second layer by myself.

Once the sod is saturated with water, it rains as abundantly inside as out. Then I consider taking shelter under the table, but I find myself forced to leave that place, too; the water from here, there and everywhere trickles through the badly fitted boards of my box-table. The very moment I arrived there, I spread my fur coat out on the bed to protect it. Now that I can't see any other place to take cover, and since I can't stay under the table any longer, I say to myself that the best thing to do is to go to bed, since it's now dark. The flashes of lightning through the open door and gaping windows — and also through the cracks in the walls — light up the inside of the house as in broad daylight. In no time at all I've buried myself under the blankets. But horrors! My bed is full of water, coming in, no doubt, from the gutters along the wall. I can't even spend the night in my house. I take my coat, the only thing I've got that's more or less dry, and away I go to ask my nearest neighbour, the Russian, to take me in.

Walking in the rain, I look for his house. I have only gone to his place once, but I know what direction to take. After going through pools of water, ruts and potholes, I finally make it out in the flashes of lightning.

Once I get there, I put together all the English words I know and try to make myself understood. With a great deal of difficulty I succeed, and it is agreed that I'll spend the night at his place. I've had no supper because the rain interrupted me when I was getting it ready. But I can see right away, from the poverty of the inside of the house, that I'm in the home of very poor people, and I don't dare ask them to give me anything to eat. I go to bed on an empty stomach. But missing one meal isn't that important.

These people are really hard up. They haven't a blanket to give me. I get by with an old overcoat. My own coat spread out on the floor is my mattress and, in spite of my wet shirt, I don't feel the cold very much.

The next day I'm up at five o'clock and come back to my own place. During the morning I dry out a few things in the sun. Grialou, who is supposed to be coming, will help me put down the second layer of sod, the lack of which resulted in such a dirty trick being played on me.

Grialou finally comes. With him I deepen the well and we find an abundance of water. We fix up the roof, filling in between the two layers of sod and the joints with earth. We plaster the walls, and, for the time being, I cover the main door and window with blankets. It can rain now if it wants, I won't be turned out of my house.

July: Haying is coming on. I go to Edam and buy a mower and a rake. We cut a few loads of hay on my land and also on the unoccupied prairie adjoining it. We knock down about a hundred aspen logs to build the barn and a granary. Then we get ready to leave to do the harvesting at Chaland's.

My First Harvest

Grialou and I move into Chaland's house. With four horses pulling the binder we begin harvesting the ripest wheat. In very little time half the wheat is cut and stooked. The rest can wait. Anyway, the wheat is so heavy that Grialou by himself can't keep up to the machine and pick up the sheaves. They drop at such a rate that he can't get them all stooked up. I have to stop and help him.

Although the cloudy weather isn't ripening the grain very much, I continue harvesting, my neighbours doing likewise for fear of frost. The nights are cool and the season is moving right along. Often around the 15th of August it freezes enough to destroy a crop. Even if the grain is only slightly frozen, or not quite ripe, it wrinkles or shrivels, thus losing in market value. It's only after it has been delivered to the elevator, where it is graded No. 1 to No. 5, that you find what quality it is. This year there will at least be quantity.

If my crop is good, I'll consider going to France and spending the winter with my family, which I so often think about. I'm beginning to be a little homesick, but let's not go building castles in Spain. A neighbour who owns a separator is beginning to thresh. The first wheat threshed fetches a pretty high price. That bodes well. Will it stay that way? That is very important as far as my projected trip is concerned.

Now all my wheat is cut and stacked, and we have to wait for the threshing machine. What can I busy myself with here? And yet I have so much to do on my own place before winter. It's almost a month now since we left Paradise Hill. And so I leave; they're supposed to let me know when the threshing machine reaches this neighbourhood.

I'm quite happy to see once again my little house — which is certainly modest compared with the one I've just left. I could have built a much more comfortable wooden house in the first place, but at that time the ploughing was even more pressing. I only had two good months for that, May and June, if I wanted to have a crop on my land in a year's time.

Two weeks later, I'm informed that the threshing machine is near Chaland's place, and I leave again.

The wheat and the oats are threshed. Each day I bring my wheat in to the elevator at Edam railway station. I have an excellent crop, better than I counted on, both in quantity and in quality. My wheat was graded No. 2 at the elevator. It's only in Manitoba that they get No. 1 for their hard wheat — very seldom in Saskatchewan. I spend the whole day making these trips, a very hard and fatiguing job for a man working alone.

I've left Grialou at Paradise Hill to look after the animals. I return from my first trip around two o'clock. While the horses feed, I get a second load ready — 30 sacks weighing 80 kilograms each. These sacks are heavy for one man alone to hoist up into the wagon. In the evening after supper I get things ready and load up for another trip the next morning. I'll have to make a dozen trips in all. My visit to France now seems definite. Now I can't get finished fast enough!

The elevators are full to bursting, thanks to the abundant harvest. Transporting the grain is thus all the more laborious, because when I reach the station I have to unload directly into the boxcars, which I can't back right up to, and that explains why I've had to put all my grain in those sacks. Normally you go right into the elevator with horses and wagon and stop on a scale halfway through. When the load is in position, the mechanism tips up the scale. The wagon, firmly wedged, is tipped up at the same angle. Then they let the grain pour out of the bags — or out of the wagon box, if the grain is in bulk — into the pit.

This grain disappears into the depths of the elevator from where a system of buckets on endless belts carries it up to the very top into a bin corresponding to its quality. Once they've weighed the empty wagon, they make you out a cheque which you can cash immediately at the nearby bank. Near every station there is an elevator — or several, depending on the size of the area.

On the whole my agreement with Chaland has been an excellent one. A good harvest and a pleasant experience while waiting to be able to do the same thing on my own place next year.

I am about to leave for Paradise Hill when I receive a visit from Henri Esquirol, the priest's brother. He has come to tell me that the priest has received a letter from my uncle saying that one of my brothers-in-law is very sick. I press him with questions but he can't or won't say more. Reflecting about it, I expect that I will hear bad news. He says that the priest came to Chaland's place to see me, and that since he didn't find me there, he'll be back. No doubt I was off to the station, delivering my grain. He must really have bad news for me if he's going to make that seven-mile trip twice. Whenever I hear a rig rolling by in the vicinity I run out to see if it's him. In the evening, unable to stand it any longer, I hitch up and leave for the mission, even at the risk of missing him. He tells me of a terrible misfortune: my brother-in-law, a young doctor whom I loved like a brother, died suddenly from an embolism at the age of 34, leaving three young children.

From then on there's no more hesitation. As soon as the fall work on my place is completed, I'll leave for France. I've got a good bank account and I can afford it.

On the way back to Paradise Hill I stop at Roussel's to pick up supplies. We discuss hay. I tell him that I left two haystacks on the prairie which I had put up before going to Jack Fish and which I left without fencing in. He says to me, "You'll do well to fence them with barbed wire before cold weather sets in. If you don't you run a pretty fair risk of losing it all." And it's a fact that a herd of animals, sometimes with hundreds in a bunch, can destroy a stack in one night. On my way back home, I go past my stacks, and sure enough there are some cattle there having a feed. With the dog following me, I chase them away. There isn't an awful lot of damage, maybe one load of hay wasted in all. The next day at daybreak I go out and fence in these stacks.

Because of my trip to France, which will be for five months, there are certain matters I have to attend to. Grialou, my neighbour, hasn't built his house yet, so I offer him mine. He'll look after the horses for me; and with the firewood I've gathered, he'll have enough to keep him warm all winter. I leave him enough supplies — a frozen quarter of beef, lots of groceries, flour, etc. I leave my cattle to winter on a ranch at so much a head. As for the horses, except the two I leave for Grialou, they'll run loose on the range and fend for themselves.

I tell my close neighbours and my friends about my trip and make my plans for it. I consult the three railway companies to find out what the return trip Battleford-Paris is going to cost. You can run into really big differences in price, depending on the speed and comfort of the boat. If you tell one of the companies that another has made you a better offer, they are only too eager to work out a different itinerary for you. One even suggested that I travel through the United States, via Chicago and New York at no extra cost. That trip would have included first class on the train, and second class on the boat. The companies really compete to make these trips both comfortable and pleasant. Finally, one of them, the Canadian Pacific, makes out my ticket for Montreal, England (landing at Liverpool), London, Dieppe, and Paris.

In the middle of November I embark on the White Star Line's *Laurentic*. We have to break through ice, which is already thick, to get out of the port of Montreal. Our boat will be the last one of the year to go down the St. Lawrence, which will be ice-bound now until April.

III   RETURN TO CANADA
AFTER A TRIP TO FRANCE

I return to Canada in the spring of 1912, in the month of March. I make my way to Liverpool, where I embark on the White Star Line's 35,000 ton liner *Teutonic*.

When we leave, some of the passengers are missing, but they are to be ferried out to us in launches because of the dockers' strike. (If the strike had continued, we would have been taking the next boat, the *Titanic*, the greatest liner in the world at the time, which was to make its first and last crossing. It was destined to sink off the coast of Newfoundland after striking a huge iceberg. There were more than 1500 victims among the 2340 passengers. Fortunately for us the *Teutonic* was able to raise anchor in time. See what can influence one's destiny!)

During the winter I went to see one of my brothers-in-law, a doctor at Requista, in the Aveyron. One of his patients in that area intended to go to Canada with his large family. But where to exactly? When he learned that the doctor's brother-in-law would be returning to Canada, he looked me up. I gave him all the information he wanted, as well as my departure date. We agreed that, in the event that they should keep to their plans, we'd meet in Paris at the company office the day before I was to leave for England.

At the date and place agreed upon, I meet two entire families again in the capital, a total of fourteen people, plus a young man of eighteen, Hubert Bonnet.[1] I had previously advanced him his travel money to Canada to work as my hired man.

As they travelled through Paris an incident took place worthy of Courteline. I was told about it the next day. It occurred in a Metro station. These peasants had never travelled very much; some had never gone any further than the major town of their canton, some not even that.

When they were leaving the Metro, they took their time, and the old mother saw the door slam shut in her face. As everyone knows, the Metro doesn't wait for slowpokes. Through the glass door she could see the whole family, now in a panic, pass by, their arms in the air!

---

[1]   The two large families mentioned here are those of Jules Bousquet and a certain Galtier. Both returned to France within five or six years. Hubert Bonnet worked for Giscard for only a short time, but he remained in Canada for the rest of his life.

What would become of her all alone? Where would they ever find one another again in this great unknown Paris? The whole tribe was left on the platform, not knowing which way to turn. Would they ever see her again? This ocean-going voyage was off to a bad start. Some kind souls made them understand that a train coming from the other direction would soon bring her back to the opposite platform. Anyhow, the whole thing gave them quite a shock.

On the English ship, their naive observations sometimes amused me. There were fourteen of them, and they took up a whole table. Since I was sitting at a table some distance away I couldn't enlighten them, until after the meal was over, about the choice on the menu which, of course, was written in English. If only the menu had been presented in their patois from Languedoc — then they'd have known what to order! The dialect from Rouergue was amply in evidence at that table. I agree that the English cooking was hardly suitable for those robust rustic stomachs.

On English liners, as on the French, there is a profusion in the place settings: spoons, forks, knives for meat, for dessert, and for pie. This drew from one of them the comment that he had never eaten with so many dishes. This honest peasant from Roquefort hasn't travelled the world nearly as much as that famous cheese. Undoubtedly he was more accustomed to wooden ladles and spoons than to the silver ones.

A Rough Homecoming

We disembark at Halifax in the maritime province of Nova Scotia. The boats can't navigate the St. Lawrence, which is still ice-bound. There are still 4500 kilometres to cover by rail before we reach North Battleford. I travel the distance non-stop — that's how impatient I am to see my farm again and all I left behind.

Winter has gone by in the cheerless solitude of snow. Spring will soon be back again, and with it new dreams and new plans. I'm going to build my new house at Paradise Hill. My new hired man, Hubert, who has just come from France will surely be able to help me.

The day after my arrival home I go back with a sleigh to Edam station, now the head of the line and closer to Paradise Hill, to pick up my trunks and baggage. I use the same trip to go to the lumberyard and buy all the lumber necessary to build my new house. I drop in at Chaland's, where I've left seed wheat for my own farm, and I pick up a horse that I bought in the fall.

On the way home I run into a beautiful snowstorm. What a sudden change after the mild climate in France! The horse I have tied behind the sleigh rears up and breaks his rope. I don't notice until I've gone a few miles. Horses and cattle taken away from their home place always go back to it. I retrace my steps and find him quietly browsing away. As soon as I come up to him, he's off at a gallop. This farce is repeated several times, and I haven't any oats with me to lure him back. I make about ten miles before I finally catch him.

It starts to thaw on the way, too. In many spots you can see the bare ground. I make detours looking for stretches of snow. The sleigh runners won't slide any more, and I'm forced to take off the excess load. I put the lumber right down on the ground, using it to protect the sacks of seed wheat I've picked up at Chaland's. I only keep my baggage and shall come back with a wagon I'll borrow from Roussel.

Spring seems early. What with the good weather and the work on the house, we'll soon be back to the feverish and active life of the last two years — busy with our harrowing, disking, and above all, seeding. I can't help making a comparison with the winter I just spent in complete tranquility in the midst of pleasures with my family.

In a few days we set up the framework of the wooden house, my future dwelling. The only thing left to be done is to put cedar shingles on the roof. The walls are made up of three layers of shiplap. One is nailed to studs inside, and the other two on the outside, with strong waterproof tarpaper between layers. Such houses are very warm, light, comfortable, and often quite charming.

After being a carpenter, I have to think about fitting the house up inside. I'll now have to be a joiner and cabinet maker. In these new countries, a man left alone to his own devices has to learn to do everything. With lumber salvaged from packing crates, I make furniture — table, shelves, work desk. In short, with rudimentary improvised means I succeed in making the inside of my house smart and pleasant. In the barn I also make a henhouse on skids where the chickens will be warm and dry in winter.

My young hired man goes down to Battleford to register a homestead which he has picked alongside of mine. He brings back from St. Hippolyte four oxen which I acquired, as well as a Durham milk cow with her calf. We'll keep the calf in the barn and will turn the cow loose. She'll come back morning and evening looking for her offspring when her surplus of milk starts to bother her. We'll milk off a few litres, and the calf will see to it that there's nothing left.

Perrette's dream is beginning to take form. From two settings of eggs, I have 21 chicks. As for the cow, she gives lots of creamy milk. We only keep half a pail each day and we put it in the cellar to keep it cool. The only thing missing is the pig — in that respect I haven't kept up with Perrette and her dreams.

I attend Mass for the first time at Ste. Marguerite, my new parish, situated twenty miles to the north. I become acquainted with the new priest, Father Mollier,[1] who comes from Ardèche. He'll be coming the following Sunday to say Mass in our vicinity and to pick out the site of a new church. Each one would like it on his property, or near by.

I have left some cattle with Nédélec until I have my own pasture fenced in. I go up to his place to get them. Halfway home a cow breaks her rope and gets away. My hired man continues on his way on foot with the others tied together while I follow behind with the wagon pursuing the cow. She's running as fast as she can with her calf, heading for her old home. The cursed cow! I've got to go back almost to our starting point to catch her. I hoist the calf into the wagon and I tie the cow behind. She might get loose, but she'll still follow her calf.

Opening a Store

I have decided to open a store, one of these "general stores" where one sells just about everything. There isn't one around for twenty kilometres. Why not open one on my homestead? I can operate farm and store at the same time. This business will bring me in as much or even more than farming, with all its hazards — heat, cold, rain, drought, frost.

I've made up my mind. I put up a sign in the post office where all the settlers go, and at the crossroads advertising the opening for the month of August. I also count on word-of-mouth communication, which operates here as in the African desert.

And so I go after lumber to build this store. With the granary (my old shack), the house, the barn, the henhouse, the machine shed, my farm looks like a small village.

I finish covering the store with rubberized roofing which one can put on much quicker than shingles. The floor inside is finished, and counters and shelves will soon be ready.

I go to Battleford and make my purchases at a branch of the MacDonald Company, one of the largest Winnipeg wholesalers. My knowledge of English is just sufficient so I won't buy sugar for macaroni, but I get along quite respectably. A general store has to have just about everything.

My store, built of logs, near my house, with two bay windows on each side of the entrance and two more at the back, is really tidy, and the shelves covered with soft white cardboard make it look clean and attractive.

I visit the owner of the nearest store, at Charlotte, to ask him what his prices are so that our clients can't say that one sells cheaper than the

---

[1] Clovis-Justin-Ludovic Mollier was ordained in 1910. In 1911 he was the priest at Ste. Marguerite (40 families). He is the author of two books, both published in 1951 by Fides, Montreal: *Au Pays du Ranch* and *Les Broussards de l'Ouest.*

other. As soon as I hear that my merchandise is at Edam, I go after a load. On the way, I stop at Jack Fish, at Old John Ness's store. I'm on excellent terms with him, and I ask him for the names and addresses of wholesale houses.

On the way back I pick up a load of boxes at the station. As soon as I get home, I finish fitting up the inside of the store. Counters and shelves are in place, ready for the merchandise. The woodwork is a bit rough, for all I have at my disposal is a plane. Considering what I have to work with, it would be hard to do any better.

Nédélec comes to see me about hunting ducks, which are especially plentiful on a little lake near here. He compliments me on the appearance of my garden which my young hired man looks after. Everything is growing marvellously.

As early as March I sent to France for a barrel of wine for my own use and I've heard no more about it. At Battleford, at the customs, I am surprised to find out it has been there since May 9th. They sent word to me at Meota, where I've never lived, and naturally they didn't receive any answer. It finishes its last short trip in good order, thank heavens, and arrives here in a perfect state of preservation. Hubert and I savour it sparingly. We allow ourselves a bottle every two or three days. We only take half a glass with our meals, adding water to it as long as it keeps its colour. What a subtle art to make one's pleasures last!

I open my store on the appointed date. More and more people come to buy as the days pass, and there's never a day when I don't have a customer. Opening this store was quite a profitable idea. But there's the other side of the coin too! I eat my meals at impossible hours, and their preparation suffers from it. The days when I make bread I have to find time to knead it and bake it between waiting on customers and attending to my outside work.

Late one evening when I was about to sit down to eat, a Frenchman by the name of Bousquet turns up with his little boy Albert. They're recent arrivals in the district. After waiting on them, I invite them to share our meal. When it's time for them to leave, I see that it is so black out that they can't see two steps in front of them. And so, because of the youngster, I insist that they stay overnight. Still not familiar with that area, they would have surely got lost and would have had to sleep under the open sky, no doubt.

The young man I brought from France has left me in a not-very-considerate fashion. I had advanced him the money for the trip and promised him the going salary of twenty dollars a month and his keep. The last two months his enthusiasm has been waning, and even though he wasn't working as hard, he wanted to be paid more. I raised his monthly wage to 175 francs (i.e., $35), thinking that that would whet his appetite. Not in the least!

He came home one evening from Edam, where I had sent him to pick up a delivery of merchandise, and I brought to his notice a missing sack of flour — lost somewhere along the way.

"All right," he says, "pay me off and I'll leave."

I pay him immediately and he leaves at ten o'clock that night without even unharnessing the horses. I learn next day from a neighbour who came home with him that he met a settler on the way and made an agreement to go and work for him. No doubt he's been looking for a pretext to leave me.

I sound out my neighbour Besteland about making a few trips to Edam for me. This new neighbour is of Norwegian origin and has just come from the States. While waiting to start building, he's living in a tent with his family and his furniture (including a player piano!) which he brought with him. Besteland agrees to pick up this merchandise, even without pay, in return for small services I've done for him. Alone now, I can no longer leave the farm. Work in the fields and in the store doesn't leave me much free time. When I see a customer coming, I have to run and wait on him.

Above all it's flour that I most often need, since people here all make their own bread. Fortunately this American comes from time to time and lends me a helping hand. How could I have managed all alone? He's very handy; over the summer he built himself a beautiful home. Like all settlers, he's always short of money.

My Indian Customers

The "Indian telephone" must have worked pretty well. Every week I'm visited by several Indians who come to buy cheap articles in return for their furs. Generally speaking, they never arrive alone — the whole family comes along. They are curious to watch. You must never be in a hurry with them. If there are several of them, they squat on the floor, legs crossed Indian fashion, and wait. Men and women alike stuff their pipes and smoke in silence. I find doing business with them very pleasant. If you treat them loyally and honestly, you make faithful customers (and often friends) of them.

Here's how you do business with them. Very often an Indian has furs with him which he'll use for payment. He wants to sell before he starts buying. After waiting for a while, one of them takes a bundle, undoes it and shows his skins. I make an offer, depending on the kind he has — muskrats mostly, fox, ermine, skunk, or wolf. Thanks to the daily newspapers, we know the going market value of furs in Chicago, Saint Paul, Minneapolis, the big fur markets in the States. You mustn't try cheating an Indian. If you do, he'll repack his bundle and go somewhere else. If he agrees with you on the price, the skins are counted and the amount totalled up. It is rare that there isn't at least one Indian among them with more or less mixed blood, who can manage a few words of English, thereby facilitating operations. (In the beginning I was the one who mixed up the similar pronunciation of fifteen and fifty. Once I straightened out that mistake, my business was much the better for it.) As soon as the balance due him is figured out, I give the Indian the dollars we have agreed upon, but it is at this point that matters take a comical turn.

The Indian begins by making a tour of the store. He thinks for a long time, touches an object to find out the price and, when it is given, he offers one of the big bills he has just received, and you give him his change. For each object it's the same, and he continues with the most expensive items: flour, smoked pork, lard, tea, sugar, tobacco. He pays after each purchase — adding things up is beyond his understanding. When he has only a few dollars left, and if the price is beyond his means, he comes down to less expensive objects. To finish off with, he always exchanges the small change for candy. Each Indian present does the same.

These Indians lead a nomadic life, changing camp, depending on what the fishing or hunting has to offer. They are always backing up towards the north, forced that way by civilization which is invading their territory. They feel that they have been definitively conquered by the Whites. It's really a pity to see this noble race dispossessed of its entire wealth by virtue of the law of the strongest.

Of course the government has tried to get them to settle down, opening Indian schools which are generally run by representatives of different religions. They are taught agriculture and even given farm equipment and cattle if necessary. But as soon as they're out in the wide open spaces again, their Indian blood comes out. This race can never be domesticated. It's exactly the same as if we tried to pen up the Gypsies in France in some city. They, too, prefer their caravan, the road, the open air, and freedom.

My Indian friends and customers invite me to attend their Sun Dance. It's an annual event not to be missed if you're an Indian — or no matter who you are if you've never seen it. I accept and I attend.

Each year the tribes gather together for this three-day celebration. For some of these savages, it's entertainment, for others a kind of penance. During the year, the Indian, especially the Indian woman, promises one, two or three days of dancing — either as a penance or in order to obtain certain privileges from Manitou. Anyone for whom dancing is a pleasure might consider this sacrifice an ironically easy one. But it's nothing of the kind: they must not eat or drink at any time during the dance they have imposed on themselves. This promise, this vow, for some of them — for those who have promised to stick it out the three days — becomes a long period of torture which they endure to the very end without flinching.

51

I arrive on a great plain where the "teepees" (cone-shaped Indian tents) form a large circle. In the centre there is an enclosure made of branches in the middle of which stands a pole. From the top of this pole, garlands of leaves and many-coloured materials go off toward the balustrades of the enclosure. Inside, all around, there's a fence of branches behind which stand the men and women dancers.

The dance begins under the watchful eye of the Royal Mounted Police. These rough mounties with their shiny uniforms, all dressed in bright red, see to it, above all, that no one sells liquor to the Indians.

We get inside the enclosure. In the middle, around the pole, the spectators, Indians and Whites, are squatting on the ground. We, too, sit down on the ground, our legs folded, around a wood fire.

An Indian is entrusted with keeping the fire going during the whole dance. From time to time, using a forked stick, he takes a glowing wood ember and offers a light to those smoking a clay pipe, the old pipe of peace. They smoke this long-stemmed pipe religiously. Some, after taking a few puffs, point the stem towards the sky to let Manitou have a puff, and then towards the ground so that the dead can have a smoke, and they do this with admirable repose, gravity, and a nobility which I find striking. The pipe is then passed on to the next person, who does the same. When it reaches me, I take a few puffs of smoke from the pungent tobacco, their own kinnikinnick, when they haven't any other kind.

In the midst of the dancers is the chief, a son of the sun, or of thunder, or of some other great power. This chief has long feathers in his headpiece, and his face is painted in all colours. He's wearing the costume which is only brought out for great occasions, such as when they made war not so long ago. Old settlers of eighty remember this era (which they lived through) and they tell stories of buffalos and Indians which make children and adults alike tremble. Cruelty wasn't always the prerogative of the Indians. The Whites have often set the example for them.

As soon as the tom-tom starts playing, the dancers get up behind the balustrade. They shake their whole bodies from tip to toe without turning, and they whistle with their lips, "fu-fu-fu-fp," keeping time with the tom-tom. Maybe it's not always the same tune, but it's always the same movement and the same dance.

In the afternoon, outside the ring, there's a great parade of horses; young horsemen, their faces painted, wearing their full dress, prance about while the dance continues within. All their equipment — gloves, mocassins, saddles — is delicately embroidered with beads of different colours, producing a magnificent effect, especially if the sun is shining. A pair of gloves worn by an eighteen-year-old rider impress me by the richness of their colour and the delicacy of their design. I'd like to have them, and through a Métis who is with me I offer him five dollars. He won't hear of it — he wants, first of all, to please his sweetheart, and I have the impression that as long as the dance continues, all the money in the world won't make me the owner of them.

These Indians once were an excellent race, but they are degenerating and deteriorating since their contact with the Whites and the consumption of their rotgut alcohol. Now when an Indian meets up with a white man, it's indifference he shows more than scorn or hate.

Returning home at night, after watching that Sun Dance, my Métis companion tells me stories of the Indians. So in some small way I have been an eye-witness of life in the old Northwest.

Home again. It was a good day's holiday, far from the trivial daily tasks and the duties in the store. Summer is advancing rapidly and I can see that I've been talking mostly about building the house, and about the business and the store. As if it were possible to see a whole summer slip by without preparing for and supervising the coming harvest! So let's talk about those occupations for a while, because in addition to the store there have been all these other tasks.

Last year I "broke" the easiest part of my 64 hectares. Now I've got to grapple with some willow saplings which are in the way of the plough. While I cut down the young shoots with my axe, which is a rather easy job after my experience of the first year, the horses have a rest. If this chopping makes the task a little harder for me, for them it's a godsend. Instead of getting a breather at the end of the furrow, they can rest at this spot while I clear enough brush to make a clean place for the next round of the plough.

It was for good reason that the first ploughing on the virgin prairie was called "breaking." The sod is quite unyielding and the horses have to pull with all their strength. The rootlets cut by the ploughshare are deeply buried and prevent the clod of earth from falling apart. That's why it is so helpful to go over it afterwards several times, both ways, with the disk. In this way I prepare 20 hectares. With the ten seeded this spring, that will make a nice field of 30 hectares, all in one piece — in other words, nearly half of what I have to sow on my homestead next year. With favourable weather I should be able to count on a good harvest.

The Roussels come to do their shopping and I invite them for dinner. During the meal they can't help admiring the magnificient view in the distance through the bay window opposite the table. And the father suggests between two mouthfuls that I'm just lacking one thing now — a wife. I reply that I've scarcely taken the time to think about that.

Farm jobs need doing. We begin by haying, first of all what is on my property. My friend and neighbour Grialou is going to cut what is on the unoccupied neighbouring land for me. We also have to think about wintering the animals. We bring about ten loads in and make one long stack out of them, near the barn. We leave other stacks out on the range, and we'll let the cattle eat them where they are during the winter.

In the same way one has to think about fuel for the long months to come. Counting the store, where liquids, oils and medicines can easily freeze, that makes two fires for me to keep going. Fortunately there's an abundance of wood. For extra warmth I also bank the lower part of the house and store with straw. I bring in all the garden stuff except the cabbage and turnips, which can wait until the snow comes.

In August, cutting is finished and the sheaves put in stacks, waiting to be threshed. Judging by their number and size, the harvest could be very satisfactory. So I've learned how to build a stack, nice and straight, well planted on its big cone-shaped belly. It's quite an art and lots of work. My companion throws me up the sheaves as fast as he can. We trade jobs at intervals, because wielding a fork with a heavy sheaf at the end of it all day long is laborious and tiring work, especially when the stack gets quite high. You don't have to be rocked to sleep when night comes.

A woman from Aveyron who arrived a short while ago asks permission to glean the heads of wheat on my field for her chickens. I tell her to go ahead, but the poor woman doesn't seem to know that in this wheat country you never glean. It's simpler to buy a bushel of wheat for seventy-five cents. Gleaners? That's all very well back in France to inspire a Millet.

The grass dries up at the end of the crop year, and prairie fires are to be feared. Once again I judge it prudent to plough fireguards several furrows wide around the buildings.

The neighbours come in to buy groceries for the threshing. The machine can't be far away then, and will be coming here soon. I get in touch with the neighbours I'll be needing.

Threshing Time At Last
The separator is here. And it's about time; for in view of the lateness of the season I was afraid I'd have to wait until spring. I've had to find eight men: four at the stacks, three on wagons to bring the wheat to the granary, and another at the steam-engine to keep feeding in straw and wood. The machine, the caboose, and the wagons are all in position. Before lunch we get set up near the stacks, and as soon as we've finished eating we're ready to go.

And yes, I have to feed the whole crew! One day in advance, I get in touch with the neighbour lady who has agreed to do the cooking. I ask her to bring her dishes, for I haven't enough for fourteen people.

54

Gone are the days when a couple of weeks could slip by without my seeing a living soul!

Suddenly there's this invasion. In a twinkling everything is upside down. The house and store are full of people. My table can only accommodate eight people, so we have two sittings.

I cleaned out the granary ahead of time so that we could store the wheat there. I even went after three loads of dead wood for the steam-engine. When you haven't got wood you can use straw, as some do, but with straw for fuel you have to keep feeding the fire continually; otherwise the pressure drops.

As soon as the meal is over, the steamer gives a long whistle. Each one takes up his position. A quarter of an hour later the machine is in action. I take the greatest pleasure in watching this first wheat pour from the separator. After all it's the product of virgin land, and I was the first one to make it bear fruit. A quick glance at a handful of wheat assures me of its quality.

Right away the work rhythm speeds up; the separator really hums, groaning each time it swallows up a sheaf. The wheat streams out, and it is put in sacks and loaded on to the wagons. A wagon replaces the one now taking those sacks to the granary (which, of course, is none other than the first shack I built). Since my horses and wagon are on their way to Edam after more goods for the store, all I have are two teams of oxen belonging to the neighbours. As a result there is a difference in pace.

We dump the wheat into the granary through an opening in the roof. That way we can fill it to the very top. As soon as a wagon is unloaded, I run back to the separator with the empty sacks and wait for the slower oxen to arrive. Then I'm back at my post again out of breath.

At five o'clock in the afternoon they've finished threshing the wheat. They move the separator in among the stacks of oats. Oats always yield better than wheat. The rhythm speeds up. A little after six o'clock everything is finished and I can breathe again. My granary is full to bursting. On the whole ten hectares I had in crop, the yield is good.

Supper brings us all together again. What a crowd and what a confusion of tongues in this miniature modern Babel. In one corner the little Aveyron colony carries on a lively conversation in patois. While on that subject, I think about what happened between Bousquet and one of his English neighbours last fall. I see them now, and they are glaring at each other.

Bousquet had just arrived on his land and hadn't had time before the cold weather set in to cover the roof of his shack with sod. He hadn't ploughed nor had any ploughing done for him during the summer when he was out working on a government gang trying to earn a bit of money. But then came freeze-up time, and he couldn't wait any longer. So he goes over to his neighbour's ploughed field and carries off a few clumps of earth. He neglects to ask this neighbour for permission for the simple reason that he doesn't speak a word of English. It seems to him, in any case, a matter of no importance. In his mind he thinks to himself, what's a clod of earth given or taken when there is so much land to give away in Canada? Any other time of the year he would have been able to plough a few furrows. But there was no need to give it another thought — he had to get his family under shelter right away.

The son of Albion, however, doesn't see it that way. In the face of such flagrant violation of another person's property, he rails at him and orders him to unload those sods. Bousquet explains his case as best he can. He succeeds in making him understand, by gestures and money in hand, that he will pay if necessary. The Englishman grabs at the windfall immediately and demands ten dollars from him. Bousquet is furious to see his good faith so exploited, and says to him in patois, "Manjo de m..., ce bos!" — and again in good French, "Go and eat marmalade if you want." And the Englishman, who understands no French at all, let alone patois, certainly must have guessed the meaning of that famous word — no doubt international by now — and makes him unload those chunks of sod.

When I returned from France, I had a barrel of red wine, 220 litres in all, sent to me. Wine wasn't expensive at the time — one sou for a litre, three litres for two sous. The freight on it cost more than the wine itself. After supper I offer all my guests a glass of hot wine in their honour, wine that I had just taken out of the pot on the fire. The English among them couldn't get over such unusual generosity in this country, and for a very good reason. I must say that a small cask of wine in a settler's cellar is indeed a rarity over here.

All the neighbours have gone home now and all I have left to spend the night are the three who are running the machine. They're to leave again early tomorrow morning. In the middle of the night the fireman asks me if it isn't time to get up and start a fire in the steamer, so that they'll be able to leave. I tell him he can go back to sleep, it's only two o'clock. I've hardly hit the pillow again when someone is rapping at the window. It is Besteland, who is returning from Edam without flour, having spent two days waiting there for the boxcars that were supposed to have come. I get up to put the horses in the barn and feed them. I get back to bed at 3, but I'm up again at 5 to get breakfast for the men who will be leaving. With relief I see the rolling convoy slowly move off and disappear in the distance.

The shortage of flour worries me a lot. People in these parts all bake their own bread and pastries. I'll find some soon.... Grialou still hasn't built his house. He'll come and share my winter quarters with me. I'll lodge and feed him and in return he'll look after the horses, clean out the barn, saw wood and keep the fires burning. He's a valuable man for me, a man who can do just about everything — everything but cook, and that's a pity. I'd be glad to leave the cooking to him. For three years I've been leading the life of a gentleman-farmer-cook-storekeeper, and I would willingly let someone else do the cooking.

The long rough Canadian winter, where the only other occupation is looking after the stock, is a life of idleness. The nights are very long. In the evening it's dark at five o'clock, and daylight doesn't come before 8:30 in the morning. As you get closer to the North Pole, the year is divided into six months of night and six months of day. Now's the time when the people here spend the evenings dancing at some person or other's place. Canadians like this very much and it's all highlighted with parlour games. I've never found much appeal in this kind of amusement; I prefer a seat by the fire, smoking my pipe, a book in my hand. The prolonged barking of the coyotes in the distance has its charm and puts you to sleep better than the best sleeping pill. At first you hear one of them, then two, and soon several reply in the distance. You see them go by in the daytime, but they keep their distance unless you're driving or on horseback; then you can get a little closer to them.

One morning just as I step out the door I see a buck deer a few yards from my field. By the time I go in and take down my gun he's gone into the scrub on the neighbouring section where there is no one living and lots of trees. Sometimes I go out hunting for deer, partridges, hares and rabbits. The Canadian jack rabbit is much larger than the ones found in Europe. Rabbits are particularly numerous every seven years, and then they disappear as if by magic. Why? That phenomenon undoubtedly recalls the period of the fat cows and the lean in biblical times. A year ago they were in such numbers that you saw them running about on the prairies by the hundreds. In winter they turn white. Several times in the winter when I went to get hay from the stack near the barn I found several hungry rabbits eating hay. By going around the stack as stealthily as I could, I ran one through with a quick jab of the pitchfork. In winter, too, if you cut an aspen and leave the twigs and branches where they fall, by next day the bark is carefully eaten away, leaving only the white of the wood to be seen. Rabbits and hares are responsible for cleaning that up. One morning I found a rabbit's tongue that had frozen fast to a link of chain under a load of wood and then pulled clean off. (If you pick up nails or metal with hot, damp hands, the metal sticks to them afterwards.)

Let's make the acquaintance of another animal, the skunk.

One night I'm bringing the stock into the barn. At about 200 metres from the house I hear the dog barking and barking in front of a clump of trees. Of course I wonder what it is all about and I come up and yell at the dog, urging him on. All of a sudden I see a tail sticking straight up. At the sight of that tail I think it's a badger so I grab a stick to give him a good crack. I sick the dog on all the more, when suddenly I see him rolling around and yelping, rubbing his nose along the ground and in the snow. I immediately smell an odour horrible enough to make me sick. The dog has just been sprayed in the face, head on, by a skunk. With a jump I back up ten metres. The animal itself isn't dangerous, but I risk getting sprayed, too. When this little beast is followed too closely, it makes a quick turn, does an about-face, aims with the tail and never misses. It can reach you from a distance of several metres. Its squirts gun is enclosed in its tail and is accurate even from a long way off. And what a stench!

I get out of there as fast as I can; but the dog, stinking to high heaven, follows me and I can't chase him away even when I threaten him. The odour is so penetrating and so persistent that I keep on sniffing, now my cap, now my jacket, imagining that I've got some of the stinking spray. This musky odour is violent enough to cause nausea, and the poor dog goes off to one side and vomits his guts up.

To think that I, and not the dog, might have received this present! If one ever gets sprayed, it's no use, you can wash your clothes all you like, you'll still have to throw them away. As for the dog, I make him sleep out in the haystack near the barn. I only have to step outside and the wind brings that stench back to me. And for several days afterwards, my customers, without even knowing what happened, say to me, "Oh, you've killed a skunk, have you?" If I'd had a gun or rifle I might have shot it, because its fur is worth quite a lot.

The Long Canadian Winter

Winter is coming; the warning signs are becoming clearer and clearer: the first snowfall, the threatening cold, the shorter days.

Bousquet, an Aveyronnais who arrived this spring with his wife and children, introduces himself to me. He worked all summer in Battleford and is here now to spend the winter on his land alongside of mine. He's putting in the required three months' annual residence. His house, which he just built this summer, isn't finished and it's freezing really hard. Luckily they have a tent. He's energetic and resourceful, and he has a fitting mate in his wife. I'll be very surprised if they don't make a go of it.

When his wife comes to pick up some potatoes I let her have them cheap because I know they're pretty hard up. She remarks about them, saying very simple, "We really like potatoes and eat an awful lot of them. We make a very thick soup so we don't have to put in so much bread, with flour costing as much as it does."

Unlike Bousquet, the American Besteland can leave his tent and move into his new house. That house is a real marvel for this country. It is divided into four rooms. On one side is the living room with the famous player piano, divan, rocking chairs, a small table with a lamp on it, and a carpet on the floor. In the dining room, he's got a buffet, a round table, framed pictures, and another table with a porcelain vase on it. The kitchen and bedroom are quite ordinary, but certainly better than my monastic interior.

The piano can be played all by itself, or by a pianist. But then where would you find anyone around here who could play it? So they are happy to take turns operating the crank, as for an organ grinder's instrument. The piano stayed in tune remarkably well, considering its long trip and the jolting it got over the prairie — fortunately for it, because a piano tuner would be even harder to get hold of here than a pianist.

During the week I have a tremendous number of customers, and they often take advantage of their visit to chat for a while. There's no hurry about their work at present, so these conversations can go on for hours at times. Often after they've done their buying, they still keep on jabbering. I'd like to send them to hell out — at meal times anyway.

I just have my breakfast on the table one morning when a customer comes in, a real chatterbox. I leave my bowl of porridge in the warming oven, thinking I'll soon be done with him. He's still there when an American comes in to buy some harness, then two Englishmen and a couple of Indians. At noon I'm finally free and I still haven't swallowed a bite. I put some steak in the frying pan, and just then another Indian comes. He keeps me until two o'clock. By the time I get back I find my steak burned to a crisp.

As a matter of fact, a band of Indians has set up camp a couple of miles from here. I was able to get a picture of one who didn't mind being snapped. Two others saw my camera and they gave me a surly and categorical no.

And now it's snowing with lots of wind, and it's cold. The snow swept by the wind storms whips you in the face. I go and fetch wood for the store stove, and I keep it going all night.

It's Christmas and I attend Midnight Mass in a moderate temperature. Twenty below here is relatively mild if there's no wind. I leave at nightfall and drop in at Roussel's on the way. We have dinner and decide that I'll go with them since they have room. I put my horses in his barn.

There are seven of us and we leave at ten, the sleigh skimming along at a good clip drawn by good fast horses. The runners slide noiselessly, just like over a sheet of water, on the well-packed frozen snow. We arrive at Sainte Marguerite mission at eleven o'clock and go and warm up at the home of some friends.

Mass begins at midnight. I take up my place in the gallery, and from my seat I can see the crib near the altar. Its wretchedness matches the miserable stable in which the child Jesus was born. He's all alone here under the little straw roof. In France we manufacture beautiful pink-faced smiling Jesuses, especially for the Christmas crèche. This one here is an ordinary bargain-store doll with a frightful shirt and a scrubby mop of hair.

Mass over, we have the traditional midnight *réveillon* with some Basques.[1] We leave in four sleighs; and the horses, restless because of their long wait, carry us off at a mad pace. The morning air, keen and cold, whips us in the face, and when we arrive at the Basques' home, our moustaches and fur coats are white with frost, and so are the horses. We celebrate merrily until daybreak.

I've been given a little dog and that makes me very happy. The other day, however, he did a job in the kitchen. I try to catch him and make him sniff the mess. He understands he's done wrong, but he tries to bite me when I grab him. That makes me furious and I unfortunately give him such a kick that I break one of his legs against the door jamb. And there I am, sheepish and ashamed of my burst of temper, even though the dog deserved some punishment. I make a bandage with small splints of wood to hold the bones in place after I set them. Twelve days later he's no longer limping. Could it be that I've got the talents of a sawbones?

January 1st slips by without my noticing it. The winter is still fairly mild except for a few cold snaps when the thermometer goes down to forty below. Since my bobsleigh is often on the road transporting merchandise for the store, I build myself a light sleigh to take me to the post office or elsewhere. I adapt the buggy-tongue to this rig, and hitch up to it the only two horses I've kept over the winter.

Galtier, a Frenchman who came over recently on the *Teutonic*, comes and orders a furnace and pipes. He has had to leave his own place, where he was freezing to death. All he has is a little stove, and in the morning he wakes up with icicles in his moustache. I've experienced that annoyance myself! The furnace which I install for him puts out a lot of heat, and quickly, too. At home here, Grialou, the man I took on for the winter months, sees to it that our stoves draw. In the evening we go through great quantities of big green logs, which keep burning until morning. But we don't lose heart — the days have been getting longer since Christmas.

Corentin Nédélec is getting married to a girl from Brittany who arrived from France with her parents. Naturally, since I'm one of their

---

[1] Among these Basques were Jean-Baptiste Larre, Jean Haristoy, Pierre Larre, and Jean-Baptiste Bidard. The last three eventually returned to France.

good friends, I've been invited to the wedding, just like all the other French people from around here. The ceremony is performed by Father Mollier from the Ardèche in France. After the banquet comes the dance that the Canadians like so much.

Then we go on to the games — from "button, button, who's got the button?" to the less innocent ones in which someone is made a fool of. For example, a sofa is made by putting two chairs together, and the person you want to trick is given two "servants," one on either side. After the "enthroning" speech, the king and his court go and sit on the throne. The two servants, pretending to sit down, both get up again at the vital moment, so that the king falls over backwards. All in all, Corentin's wedding is a happy and lively occasion.

A less pleasant interlude took place at the end of winter. I'm the victim of a burglary in my store — not of the merchandise, but of the cash left in the cash register. The thief didn't have to break it open because I never lock it up. He must have known that. He grabbed all the one, five and ten dollar bills, leaving behind the small change and the endorsed cheques, which could have been too dangerous for him. Paying by cheque is quite common here, even for small amounts if the customer doesn't have the cash with him.

Roussel contacts the police for me, and an officer of the Royal Canadian Mounted Police comes to investigate. I offer him my hospitality for twenty-four hours. He immediately suspects my neighbour Besteland, who knows my place and habits very well. After his investigation, he finds out, too, that when I send Besteland to Edam each week to pick up merchandise for me, he's often seen in the bars. I've given these details to the police, so let's leave the whole affair in their hands. The sheriff from Edam pays me a visit, too, and a few days later they come and seize that famous piano that was bought in the United States and never paid for.

The big thaw is here. Gophers leave their holes and I go out and hunt them in the ploughed field. They wait beside their holes, sitting up on their hind legs without moving. What a target for a small calibre rifle! If you get too close, the gopher goes down his hole, comes back up and only lets you see the tip of his nose as he watches you. The moment you go a few steps away, he comes out into the open again.

With the snow gone I begin getting my machines and fields ready for sowing. The sun is hot. Grass dries up and sometimes it can be dangerous. Somehow or other a fire starts a few miles away. From a distance you think you are watching a whole town ablaze. The fire is coming on a two-mile front, but I'm not much afraid of it because the wind isn't blowing my way. My ploughing protects me and, what's more, I'm also protected by the Fort Pitt road which was opened up last year and which runs along my land. And even if the fire jumps the road and goes around the breaking, I've got fireguards ploughed around the buildings. And so I can sleep peacefully. Nevertheless I set the alarm for two o'clock so I can take a look. Even if the wind turned, the fire wouldn't be at my door before tomorrow morning. If it came from the direction of the hill, I'd be more worried because of the thirty acres of woods which come up to my land. At any rate, when it comes to prairie fires you can never be cautious enough.

These fires are frequent when the grass is dry and are usually due to carelessness and not to malevolence. All it takes is a smoker who doesn't put out his cigarette, or a camper who makes a bad job of putting out his fire, and the prairie is quickly in flames; and in a short time you're no longer master of the conflagration. It spreads rapidly, especially if there's a strong wind. In fact, when the fire is being fanned by a strong wind, and when there are trees in its path, it can reach the speed of a trotting horse. Those responsible are almost always new-comers. The Canadians, especially the Métis, always blow out their matches and snuff out the glowing end between their fingers.

The Fort Pitt road I mentioned is one of the oldest in the district. For the Indians, missionaries, and coureurs des bois at the time after people like LaVérendrye, it was the main route between Saint Boniface, the West, and the Mackenzie on the Arctic circle. Although this road is used quite a lot, it is still only a trail in many spots.

Sowing Again

Spring again, seeding again. The fields are in better shape than last year, but I've still got to go over last summer's breaking several times with the disk in order to mellow it, then draw the harrows over it.

At the end of April everything is seeded, mostly in wheat, with a few acres of oats for the horses. In May the seed begins to germinate and come through the ground. Everything looks beautiful. By June the oats are already high, and we'll be able to cut them rather early this year. The region of the Canadian Northwest, because of its northerly latitude, gets more sun, light, and heat in the summer days than we do in France. It is already daylight at 3 a.m. and even at 2 a.m. it's not completely dark. Cereal grains ripen at different rates — oats in two months, wheat in three.

The influx of settlers has picked up considerably these last years. The land is almost all taken, and the "herd law," which prohibits letting livestock run loose, has just been enacted in this area. So now a ranch in this region is no longer possible. Even the settler with a few animals can't let them run in the open. While on that subject, I just learned that some of mine are in the pound. I go to get them out, and I have to pay a dollar a head, plus so much a day for feeding them.

Fortunately my homestead is fenced in with four strands of

barbed wire, but inside of this there's my crop which I have to enclose too to protect it from my own animals. However, they still have half my homestead for pasture (about thirty hectares), and that's more than enough.

For harvesting, the time around August 15th is always to be dreaded because of possible early frosts. Let the thermometer go down a bit and the crop is nipped by frost and only good to be fed to the livestock.

A violent storm breaks during the night, making the windows rattle. Another danger is thus to be feared — hail. I get up at daybreak and go around to see if there's been any damage. Nothing serious — only a few acres where the heavy wheat is lying flat. In spite of its fine appearance, this very promising harvest still isn't in and under cover. All farmers, whether Canadian, French, or of any other nationality, experience the same worries, the same dilemmas.

A short while later and we're right in the midst of harvest. In three days Grialou and I put up thirty-three loads in stacks. A rainy day gives us a day's rest which we can really use. Altogether we've put up fifteen stacks of wheat and oats. Returning home late in the evening I catch sight of my fifteen stacks of sheaves outlined against the sky in the dusky twilight like citadels with their towers.

More fireguards to plough around the stacks, for fire can race across the dry stubble. Since this area is becoming more and more populated, those prairie fires are less to be feared than before. That is because the ploughed areas on each farm make up so many barriers that the fire has to go around.

I've put in the three years' residence that I have to, and I've ploughed four times as much land as the law requires; so I'm now going to have the right to my "letters patent," that is to say the title to my property, and, with it, the right to sell my farm if I want to. That's why I didn't take on still more ploughing this year, because I've never meant to settle down here as a hayseed for the rest of my life. I frankly admit that in my wish to leave France there was certainly the taste for adventure but, above all, the lure of the dollar. Farming enables a man to live pretty well here, even on a large scale, but it won't make a Croesus out of him. And I ask myself this question: Am I going to stay on another year trying to be a gentleman-farmer-cook-storekeeper, or shall I go looking for a job in the city after the summer work and the harvest? Couldn't I get into some more lucrative business in a city, with less trouble than here — that is, judging by the success of my little country store? The idea is worth considering.

There's a lot of talk about Edmonton, capital of the neighbouring province of Alberta. They say it's a city with a great future. I'd be tempted to go there myself this winter and make up my own mind about it. Its geographical position makes it the focal point for all lines of communication from the Atlantic to the Pacific, and from the South to the North. It is also the entrance to the Peace River country, an immense and rich area recently thrown open to settlers.

I organize a big picnic for the end of August. These parties are enjoyed very much, and those invited never fail to attend. The dance lasts all night and attracts many young people. I'll have horse races and wagon races, and there'll be baseball games with money prizes, or prizes they can take out in merchandise. There'll be no admission charge, and the festivities will take place out in the open. I'll have refreshments served, sandwiches, cookies, oranges, candy, fruit, cigars, and a cold lunch. No alcohol — only hotels with licences can sell that. I'll set up a big tent with a plank floor for the dance once the games are over. I've ordered everything I'll need. A neighbour woman will look after the cold food and the bread, of which we'll need a considerable amount. Other neighbours have offered to help out with the serving. I put up signs at all the crossroads and already the news has spread far and wide. I've been assured that there'll be a big crowd.

And on the appointed day, the picnic is in full swing. The rather uncertain weather has prevented many people from coming. Nevertheless, about forty wagons with a hundred-odd people arrive. In the afternoon we have horse races — both saddle and harness, short and middle distance. Then games of all kinds — sack races, wheelbarrow races. Under a big tent they're serving tea, coffee, fruit and cake. It's really a wonderful atmosphere. I'm running the cash register and I have my eye on everything that's going on.

In the evening I have to think about the cold meals, because all these people will be staying until morning to dance. Neighbours help me to prepare it and pass it around. I've been able to get hold of two French Canadian fiddlers to keep the couples dancing. The whole night is spent in dancing and in parlour games, and everybody goes back home happy. As for me, I've covered my expenses and then some.

I've let the people know that I might rent my farm and sell the store. I've had callers from far away come to see me about it. The American is pestering me to rent him my farm, but I don't want to give it to him at any price. Again today, when I open up a big sack of sugar, I see that a twenty-pound bag is missing. When he brought me this sugar a month ago, I counted the big 100-pound sacks and they were all there. I didn't bother checking whether in each of them there were the five twenty-pound bags. After each trip I see that something has been pilfered — it's just like being held up by a highwayman! However, now that I'm warned, I'll keep my eyes open, but you can be pretty sure that the thief will be smarter than the one he robs.

Third and Last Harvest

At the end of October the threshing machine arrives at a neighbour's place. They tell me there's been one breakdown after another with the machine. It's a prehistoric implement on its last legs and it probably dates from the discovery of the West by the coureurs des bois. It's well on in the fall, and snow could come any time now and be with us all winter. If that happens, it will be good-bye to my city plans for Edmonton until next spring.

The neighbours, knowing that the machine is heading my way to thresh, arrive with their teams, but the machine doesn't show up and they go back home.

The next day, a Thursday evening and a day to remember, the whole crew comes back. On the way, the machine breaks a part and it has to be fixed by the blacksmith, who lives quite a distance away.

Friday the machine is finally at my place, set up between two stacks. When they are ready to start, the fireman notices that there isn't enough water in the steam-engine. He blows the whistle for the water carrier but in vain. I have to rush off and get a barrel of water from the well.

The grain begins to run into the bags when a piece seizes in the engine. The fire has to be put out while it is repaired; relighting it and bringing up the necessary pressure again takes a good part of the morning. At ten o'clock that decrepit engine is running once more, but at noon there's another breakdown. At four o'clock in the afternoon we start up again. A fine omen this is!

All goes well Saturday morning. The boss hopes to be finished by night. God be praised! That means I won't have to feed the whole crew over Sunday until Monday. But that would be too much to expect: bad luck continues. In the afternoon, despite all our efforts, new difficulties cause one stop after another. The boss would like to finish tonight — working, if need be, by the light from a burning straw pile. I couldn't ask for anything better, but at five o'clock the machine is plugged solid.

To unplug it, they have to remove all the sheaves and straw packed away in the different parts of its guts, and throw out the grain mixed with straw on the ground, about twenty bushels in all. It takes two hours to get everything going again. By night we haven't even been able to finish the stack we've opened up. It will sit there wide open until Monday. Let's just hope that the snow or the rain doesn't come and make matters even worse!

Luckily, a neighbour woman has come to help with the cooking. With so many people, my supply of bread, meat and vegetables is quickly exhausted in those four days. The store provides canned goods, smoked ham, bacon, jams and cookies. With a good modern threshing machine, they could have easily cleaned up my crop in a day and a half. Anyhow, I see that I'll be compensated by an enormous yield.

Monday morning all goes well. However, I have to go after an extra load of wood for the steamer, which consumes a frightful amount of it — ten loads in all. At noon everything is finally finished and I heave a sigh of relief. I'll need a whole day to restore order after this upheaval. What a waste of hay, of wheat and of oat sheaves, looking after that cavalry regiment!

Fortunately, it is an excellent harvest—in all, 12,000 bushels of wheat and 600 of oats. Converting all this to metric terms, in France I would have enough grain to fill 550 eighty-kilogram wheat bags.

I let it be definitely known that I'm going to liquidate my stock of merchandise at cost. Right away there's a stampede, with just about everything disappearing in a week. There were moments when I could have used a couple of clerks; and sometimes I didn't even have time to eat, and had to wait until evening to prepare a warm meal.

I send the first load of wheat to the elevator and it grades No. 2. I sell my horses, cattle, agricultural machinery, wagons, sleigh — in short, everything. I also give some thought to the renting or the selling of my land, the details of which I can work out later on.

I've decided to leave everything to try my luck in Edmonton. All the same it's not without some regret and a bit of legitimate pride that I leave this place. The many buildings I put up make a little hamlet and bear testimony to my feverish activity. How could I help being proud of what I've made this virgin soil produce as if by magic? Won't I regret leaving all that for an uncertain future in the city?

Now I'm free . . . I just take the time to call on my friends and then I leave this district which, after all, is very dear to me. I come back home from Nédélec's place at one o'clock in the morning. It is a beautiful night. The sky is full of stars, lit up from time to time by the northern lights. It's like a scene out of fairy land. My friend wanted me to stay overnight, fearing I might get lost, but I know this area very well. Like the Three Wise Men, I pick out a star for a guide in the general direction of home and I don't let it out of my sight. Whenever the horse strays a bit, or whenever I have to go around a fence or a ploughed field, I bring the animal back in the direction of my star and I reach my place without any trouble.

When I take the train in Edam, the sheriff tells me that Besteland, the man who stole from me, has been arrested. His furniture (including that famous piano) has already been seized. But let's forget all that and change the subject.

Edmonton: After Farming, Business

I arrive in Edmonton on a Sunday at the beginning of January

1914. It's in Alberta, the province which touches the Rocky Mountains, the second-last before the Pacific Ocean. At the hotel I meet a couple of Frenchmen who are going off to skate on a lake on the outskirts of the city. I go along with them.

There's a big crowd of expert skaters on the ice, circling about to the rhythm of the waltzes which carry them along. On the way back we drop in on a French-Canadian by the name of Napoleon Laliberté, who has a room to rent. His new house is very modern, with automatic telephone, central heating, bathroom, icebox, and comfortable furniture. And everything meticulously clean. After four years of life in the bush, this is more than luxury, so I take the room.

I learn that things in the business world are pretty slow at present. Real estate is feeling the effects of the crisis now sweeping the Canadian West, brought on by the international situation in Europe. (Remember that this is now 1914.) It's exactly the right time to buy land, and city lots are down in price. My own resources are fairly comfortable, thanks to selling my store, my livestock, and all my equipment.

I buy eight building lots adjoining the Grand Trunk Pacific switching yards. The seller, who had bought too many of them (which often happens here where credit reigns supreme), can no longer meet his payments when they come due. He sells a few lots, even at a loss, in order to pay off some of his debts.

When a city starts to develop, the municipality takes a compass and, with the post office as centre, draws a circumference on a mile radius. As the city spreads out, another circle is drawn, adding to the value of the lots included in the first. They've just drawn the fifth circumference, and it is within this perimeter that my lots are located. They are already served by streetcar; and lines for water and electricity are already laid out. Edmonton is a first class example of a "mushroom city."

MacNamara, the banker, tells me — his feet on his desk and a cigar in his mouth like every self-respecting American — that in 1880, scarcely 30 years ago, he was one of the few white people in Edmonton. All there was then was a Hudson's Bay Trading Post for its fur trade. Now, in 1914, Edmonton counts 67,000 inhabitants, has a beautiful provincial parliament building, and three bridges over the wide North Saskatchewan River. Three railway lines serve the city and surrounding area with several trains a day. The few Indians who frequented the post earlier fled into the surrounding country when the colonists came in. And the city is extending even further out.

Some fifteen years ago a Frenchman by the name of René LeMarchand had a vision of what the future held in store for Edmonton. He bought lots right out to 25th Street towards the west, which was still open country. The rest of the people said he was a fool.

He invariably replied that Edmonton would be a very great city one day. They let him talk on as they shook their heads. The English used to go to the Frenchman's just to make fun of him. However, he went ahead and put up apartment buildings on 15th Street — which are right in the city centre now. He had the right idea all along.

Now everyone's attention is drawn toward the Peace River region, a very fertile country, which has only been open to settlers for a short time. A big city will rise up in that area, too, but nobody knows where. Each one makes his guesses and offers names. They'll have to wait, however, until the railway from Edmonton to Peace River is further on than it is. And then what a "boom" there'll be! A boom is the fever of speculation in land and in business which is pushed to ridiculous extremes. The thermometer climbs at such a rate that it risks exploding at any moment. And if the fever abates, there's a crisis with its inevitable consequences.

Laliberté, my landlord, is a charming man. I see a big gold nugget on his watch chain. He tells me about the gold prospectors he associated with in Dawson City in the Klondike when he was land agent for the government. That was at the time of the famous gold rush in the Yukon shortly before 1900. Many people went up to this new Eldorado where the basic necessities of life reached exorbitant prices — and a bottle of imitation champagne was worth its weight in gold.

Among those gold prospectors were some who didn't reach their destination. Many died on the way from hunger or cold; and some were robbed by others more wretched than themselves. Among these adventurers who came from all over the world were all kinds of rascals. Some unscrupulous criminals found it simplest and quickest to rob the prospector on his way back with his cargo, killing him if necessary so that there wouldn't be any witness to what happened. That job finished, they'd go back home with their quick wealth without ever having seen a "claim" or a gold mine. In Edmonton they talk in whispers about one very prominent businessman with big holdings who they suspect did something of the kind. He and another left for the Klondike. He returned a wealthy man, and the other hasn't been heard tell of since. Nor is it likely he'll ever come back to tell what really happened.

Laliberté also tells me about the bar-tenders who made themselves a small fortune in the following manner. The prospectors pay for their drinks and all their other supplies with pure gold — with nuggets or gold dust. The money-scales sit on the counter on a thick plush mat. The client takes out his poke — a little purse made of leather with a draw string — and they weigh out what his drinks cost. If he's drunk — and that happens often — he might spill a little down the side on to the plush, where the dust isn't easily seen. And the floor is covered with sawdust which they would never throw out without carefully screening it first. When the man paying is quite drunk, his gestures are jerky when he pours his powder on the scale, and the dust is deflected on to the plush or the floor.

I go in for the sport which is all the rage here — skating. Everybody skates — men, women and children. When I did my military service in France, I skated a little in the Vosges, on the lake at Gérardmer. Keeping one's balance on a thin blade of steel is difficult, and I take a few tumbles. I'm still not up to making those fancy arabesques, nor can I waltz, even if the orchestra is inviting me to do so. It's good enough just to stay on one's feet, keeping one's equilibrium, for that's the whole secret. This sport is captivating, healthful and very graceful, especially when you're an expert at it.

I witness in Edmonton the biggest oil boom one can possibly imagine. It seems they've found oil at the very gates of the city. When it's a question of oil out here in the West, you must always be on your guard, because sharpers have actually been known to put oil into the holes they were drilling, and bring it back up again to fool people. This time, however, they say it's the real thing. MacNamara the banker tells me he's often been burned, but that he'll never be caught again. That's like a drunk man making promises, as you will see.

Whether it's true or false that they've found oil, the next day, as if by magic, I see the display windows of the main street, Jasper Avenue, flooded with oil shares for sale. The printers must have been working all night. It's inconceivable! In a few days you see come to life not just one company but a multitude of them. These shares are printed on beautiful parchment-like paper. The display windows of the banks aren't enough for them, they are displayed in hardware store windows, tobacco shops, and at the grocery stores.

Since this fever is very contagious, all they can talk about in a few days, in Edmonton and in the whole region, is oil and the companies with shares. It's an infectious madness and you have to have some strength to be able to resist it. I see MacNamara again. In spite of swearing as he did (maybe he forgot to swear it on the Bible), he's organizing a company to prospect for oil and exploit it. Will he be luckier this time? I hope so. To do as everyone else does, I buy four shares at five dollars apiece. That won't ruin me. Maybe I'm a budding millionaire now!

In the spring I have to get back to my farm to rent it, and to sell what I can't take away with me. I also have my grain to haul to the elevator.

Stopping off in Battleford, I go to the Government Land Office to get the title to my homestead. To do that I swear on the Bible, as is the English custom. With my hand on the Bible I state that I have fulfilled all the required duties each year on my homestead, living on it three months a year and clearing the prescribed number of acres. What's more, I swear to remain faithful to his majesty the King of England, to disclose any plots against him, and to remain on His Majesty's Service. That done, they hand me my naturalization paper number 3,180,929, making me a Canadian citizen, and the title to my land. I can now do whatever I please with it.

Back on my farm for a few days, I dispose of what I have left, except the wagon and two horses to haul my grain to the station.

The first trip I make is not without incident, and could have ended rather dramatically. I set out for Paynton with a great load of wheat. On the way there is a big lake which one crosses in winter, when it's frozen over. But it's getting on in the year now and I hesitate before starting out on it; yet it's very tempting since I can shorten my trip by several miles, and I'm in a hurry. I go and ask a farmer on the edge of the lake how safe the ice is. His reply is hardly encouraging. He says that it's about finished for the year, but a team has still managed to cross this morning. That makes up my mind for me.

I get out on the lake, and God help me. At the start along the shore everything is all right, but after making a few hundred metres I suddenly feel the ice give under the heavy load — 6,000 kilograms of wheat plus the weight of the sleigh and the horses. They're in water up to their knees and the situation is becoming critical. Going back is just as risky as going on — too late for that now. I keep asking myself with anguish if the ice isn't going to break, and if I'm not going to go through. I can already see myself swallowed up with my horses, sleigh and load of wheat. Maybe I'll be lucky enough to be able to climb out on the ice and be the only one to escape. The risks are tremendous, and the thoughts going through my mind bitter ones. It makes me shudder, but, as the saying goes, when the wine is drawn you have to drink it.

My last hour has not come, however. I reach solid ground again and I let out a long sigh of relief. I recognize when it is all over and done with that I have been very foolhardy. Every year there are drownings from crossing lakes and rivers when it's thawing. In the fall, that kind of thing is less frequent, because at that time of year the ice gets thicker and thicker with the passing days; but in spring time it's the other way around. It is difficult to know when you can no longer make it across, and it is a matter of luck. I finish hauling my grain, using the normal route. Then I sell horses and wagon, and leave for Edmonton again.

As soon as I get back, I make the acquaintance of a French doctor, Dr. Valéry, of Alex Michelet, a French-Canadian and manager of Edmonton's French newspaper, *Le Courrier de l'Ouest,* and of Mr. Lefort, manager of a bank.

We found the Société Immobilière Franco-Canadienne with a

capital of 150,000 dollars, in 1,500 shares of 100 dollars each. The Honourable Wilfrid Gariépy, a minister in the provincial government, agrees to be president of the company. Our goal is to invest advantageously French and Belgian capital in the Canadian West, in the purchase of land, and in first mortgage loans. We call ourselves in English the Franco-Canadian Realty Company, with its headquarters in Edmonton. Companies of this kind flourish in the Canadian West. The whole country has prospered.

At the beginning of this century Sir Wilfrid Laurier, Prime Minister of Canada, said, "The 19th Century belonged to the United States; the 20th will belong to Canada."

A few figures show how well founded that prophecy is. Canada is eighteen times the size of France, as large as all of Europe, with a population after the 1910 census of seven million.

Immigration has gone from 22,000 in 1896 to 375,000 in 1913; the production of cereals from 93 million bushels in 1901 to 688 million; railways from 4,590 kilometres to 67,243; the population of Edmonton from 3,167 in 1901 to more than 67,000 in 1914; construction permits from 3 million francs in 1905 to 74 millions or more now. These figures need no comment and are, of course, incomplete.

The Call

But now it's August 1914. Unforeseen events prevent our young company from flourishing, just as they do several others.

For some days we had been expecting to hear news of the declaration of war. Pessimistic dispatches coming from Europe hinted at a situation that was becoming more and more tense. When the news is finally posted in front of the newspaper office at 4 o'clock in the afternoon of August 4th, all Frenchmen present sing a rousing Marseillaise. And we all say without hesitation that we have to leave. There's still no mention of England getting into the war.

We ask for instructions from the consular agent in Edmonton. In a panic he leaves for Montreal to find out. We telephone the consul in Calgary, and he says that all Frenchmen subject to call-up should return to France.

The die is cast. We pack our baggage and are on our way for Montreal and France. On the train we are pampered, particularly in the diner, where they stuff us with food. And we have the best sleepers in the pullman.

In Montreal we find a thousand Frenchmen waiting for a boat to come in. On August 18th we embark on the Fabri Company's liner the *Venezia* (Marseille). It has come from New York and has been requisitioned by the French government.

We know neither our destination nor where we'll disembark.

Even the captain doesn't know. At the consulate he's been given a sealed envelope which he's not to open until he's two days from the French coast. We are warned about two German corsairs in the Atlantic, too, the *Emden* and the *Gneisenau,* which are just watching for tempting prey such as our ship. We can receive wireless messages but are forbidden to send any ourselves under any pretext, for fear we might give our position away. We move along at night, all lights out, and there's the risk of colliding with another ship.

During the day when we sight smoke on the horizon in the distance, we all get up on deck and we ask with apprehension if it's a friendly or a hostile ship. A couple of magnificent English warships are patrolling along our route. As soon as they see us, they ask by radio who we are. And when we don't reply, they come up to us. Once they've identified us, they point out the safest route for us to follow.

When we're one day from the shores of France we learn that we'll be disembarking at St. Nazaire. During the night a tragic thing happens to us. We are awakened with a start by a bump of unusual violence, bad enough to throw us out of our bunks. Of course we all think we've been torpedoed and hurry up on deck. I'm suffering from a severe fever which has really laid me low, and I'm one of the last to join my comrades on deck. And anyway, I keep saying to myself, "If I'm going to die then it will make no difference whether I'm above or below deck, that won't change matters any." Each one has taken out of his baggage and brought with him what he considers most valuable, and I see a man clutching his violin. Does he mean to play for his own funeral?

As soon as we're on deck we see this big boat all lit up, fifty metres away. Our light are all out. Our life-boats are already in the water. After this first bit of panic, the officers on board inform us that there is no immediate danger and tell us to keep cool. The other boat, an English one, has also lowered lifeboats and offers to help us. Our captain replies that we can go on our way under our own stream, even though the prow of our boat has been ripped wide open. He had had the presence of mind to have the watertight bulkheads closed immediately.

The English ship, the *El Kantara,* was going from London to Gibraltar. How can this collision be accounted for? Sure — we were travelling without any lights, but they had all theirs on! It is inconceivable that in the immensity of the ocean, on the open sea, two boats could meet at the same point, at exactly the same minute, at the same second! And yet...

When we disembarked in France at the end of August we knew absolutely nothing about the military situation. We had been twelve days on the sea and we had received news by wireless all the time, but it was garbled or camouflaged to hide the truth from us. We had left Canada, blown up with self-assurance, saying we'd meet in Berlin for Christmas, just as they were saying in France. We didn't know a thing about the defeat at Charleroi. At the station we were stunned by the sight of the many trains of wounded waiting there. Some of those badly wounded were lying on the floor of cattle cars in a really pitiful state, uncared for, with horrible-looking wounds.

After a never-ending journey of 48 hours I arrive home. The welcoming greetings don't last long, and 24 hours later I'm off to the recruiting office. All those coaches of wounded that I see here, there and everywhere, haunt me, and it seems to me I'm not going to arrive in time.

How powerful it is — that call from the mother country in peril. It brings back her sons from the farthest corners of the earth — even those beyond the seas, lost in the solitude of the Far North, or the immensity of the Prairie.

IV

MY TRIP TO CANADA
IN 1957

Prior to the War of 1914, I had spent a few years of my turbulent youth in the Canadian Far-West in the days of the Old Timers, the pioneers of the prairie.

I returned to France in August 1914 to fulfill my duties as a French citizen, bringing to an end my life of adventure.

This all dates back to over half a century, which seems to be a very long time ago; and yet during my youth, between 1880 and 1890, I met nonagenarians who had lived during the time of Napoleon I. Two generations, that is in fact a very brief period of time.

I had always dreamed of returning to this country of which I still had such pleasant memories, in spite of the trials and tribulations. With my family and business responsibilities, it had become impossible for me to realize this dream after the 1914-18 war. When I retired from business and the children had left the nest, the dream became possible in spite of the fact that I was now over 70 years of age.

On April 30, 1957 I embarked on the ship *Neptunia* at Le Havre. In Montreal, I climbed on the Transcontinental (CNR) which carried me to the Canadian West.

I stop over for a day in Saskatoon. There I leave the main line of the Montreal-Vancouver transcontinental to finish the last lap of my train trip. It's Sunday. I've already sent a telegram to Thomas Nédélec, telling him of my arrival. He's the friend I fished through the ice with way back in 1910. Now I can't reach my final destination fast enough. Passing through the cities, changing trains, all the while dragging my heavy baggage after me, is back-breaking.

From Saskatoon to North Battleford, the final station, it's only a few hours' ride. I ask the conductor about something, but my English vocabulary is only coming back to mind in bits and pieces. He has guessed my nationality and asks me in French where I'm going. When I speak to him about St. Walburg, and about the Larre and Puech families, we are immediately on familiar ground, for he once lived in St. Walburg. When we arrive at the North Battleford station, he kindly offers to put my baggage on the platform. Now — did Nédélec get my telegram? I'm not too sure, because it was sent on Sunday.

My Reception Forty-Three Years Later

On the platform two men the same age as myself come up to me, also a big lad of 27. Although our last meeting goes back almost 45 years, there is no hesitation on their part, nor on mine. Nédélec is accompanied by his fourth son and by his brother-in-law, Sévère Blaquière, whose family is from Aveyron, and I know them.

We have so many things to talk about that we don't know where to start. A beautiful roomy American car is waiting for us. I'm glad I don't have to drag my baggage behind me any more. A strange coincidence: I arrive on the same train, and at the same time, as I did when I arrived first in 1910. Opposite the station I recognize the old Metropole Hotel where I stayed. At that time, the main street leading away from the station was only a few hundred metres long. Now it is studded with electric signs as far as the eye can see.

What a welcome! I go from one surprise to the next, from astonishment to amazement. I ask myself at times if I'm dreaming and if I'm not reliving a tale out of the Thousand and One Nights. We have dinner in a restaurant and we leave that evening for Vawn, where Nédélec lives. It's 50 kilometres away.

I'm sorry we can't make this trip in daylight, because I did it with horses and wagon on the old winding road, the Fort Pitt Trail which passed the corner of my land. That was when I drove to Battleford for supplies. Now it is a beautiful wide road — straight, and covered with black-top. At Meota the driver makes a little detour to show me Jack Fish Lake where the Nédélec brothers and I went fishing.

During the whole journey we revive old memories. All these Bretons, Basques and Aveyronnais have married and are almost all related by marriage. Their descendants occupy huge farms of several hundred acres, sometimes a thousand or more, from Jack Fish to St. Walburg, 125 kilometres to the north. Wheat grows well in this country, but families do even better. All those friends of mine who weren't married when I left for France in 1914 have several children now and countless grandchildren.

We arrive at Nédélec's home and I find a whole houseful of people: sons, daughters, sons-in-law, brothers- and sisters-in-law, all there to welcome me. The Messiah himself could not have been more anxiously awaited. Once the introductions are over, I need a good while to assimilate the connections and relationships. It's easy for them to identify me, but for me to figure all of them out is a real problem.

And so until midnight there is an exchange of questions and answers. Of the eight Nédélec children, three big boys are still at home along with one of the girls who has just graduated from high school.

I bring out the bottle of Armagnac that I've toted religiously all the way from France to celebrate our reunion. This flat bottle in the form of a demijohn impresses them very much — more, in fact, than the liquor it contains, which is unknown to them. There isn't a bottle like it in the whole district. They don't even know what a litre is. I'm talking about the children, of course, those born in Canada. I expected that my first contact would be sensational, but even that word isn't strong enough. I'm entertained, and warmly and eagerly welcomed.

Next day, Nédélec shows me over his place. Complicated agricultural machines are everywhere: two combines, two big tractors, immense disk-ploughs, disks, huge harrows, station wagons, machines of all kinds, some of them no longer used, rusting away, dating from our epoch as pioneers. What's more, numerous granaries full of wheat they are unable to sell, thanks to several abundant harvests; a big henhouse with 120 chickens, a big barn with two purebred bulls and many milk cows. I think I'm dreaming when I look back on those days when we were all as poor as Job — and now to see such abundance. It is true that in America credit reigns supreme and has largely contributed to the prosperity here, even if it has had disastrous results for some people.

Thomas shows me all around his land in his Plymouth (the latest model), crossing over fields that have been seeded, over holes and ruts at 40 miles an hour. Pastures several hundred acres in size enclose 150 head of cattle and horses. In the afternoon we call on Henri Esquirol, from Aveyron, brother of the late priest of Jack Fish who put me up in 1910. Of course he's married, too, and has many grandchildren. I'm going to see (if he hasn't been warned, of course) whether he'll recognize me. Nédélec introduces me as if I were an insurance agent making his calls. No reaction. Then I say to him in patois: "Take a good look, don't you recognize me?" His stupefaction in hearing himself questioned in the patois of Languedoc is both visible and comical. Not so much recognizing me as guessing who I am, he exclaims, "Aren't you Gaston Giscard?" We go to his house, where we down several stiff drinks; and, in the end, we have to stay for dinner. He bought Chaland's land and his house, the same house I lived in those three months when I seeded his land on a fifty-fifty basis.[1]

At eight o'clock in the evening at Nédélec's, the big boys come in from the field, black as miners. That's another surprise for me. They carry out their work at such speed that those big machines raise up clouds of fine black dust. The farmers don't get up as early in the morning as they used to. With mechanization there are no longer horses that have to be looked after first thing, no manure to clean out, no currying to be done, no harnessing, no hitching up. They just press

---

[1] It seems more likely that the terms of the rental agreement were as stated in Chapter II above (see p. 32): "I'll furnish everything and will take two-thirds of the crop."

the starter button and the tractor is ready to move off. They don't go to the fields until 7 o'clock — after breakfast. That evening I tell them all about mountain climbing in the Pyrenees and about my cave explorations with Norbert Casteret.[1] My audience is very interested in these sports, sports they don't know the first thing about.

The next day, May 22nd, it snows! In the evening there is a beautiful sun, and the weather is splendid. I tell Thomas how much I wish to see Jack Fish Lake again, and the old presbytery where I stayed that first winter when we went ice fishing. He offers to go with me. When we arrive where we think the church used to be, there's no sign of anything. It has been moved five miles away; nor is there any trace of the old presbytery. We spend some time looking for vestiges of the old buildings: nothing! Thanks to a little road grown over with brush leading to the lake, we figure out to within a few metres where the old church used to be. Another hundred metres further on, on the edge of the lake, we find the old abandoned buildings, still in fairly good shape, of old John Ness's general store where I used to go for my supplies and mail.

On the way home we drop in on an Aveyronnais. The mother tells me she has read my brochure "On the Canadian Prairies"[2] which was sent to Esquirol. These old Aveyronnais might have all said a definitive "Good-bye" to the mother country, but they certainly have kept the accent of the old soil. As for the children, and especially the grandchildren, they talk more English than they do the paternal language. That's a heart-rending statement to have to make.

I telephone Vicario, the old trapper, now retired and living in Edam. He's waiting for me and is at my disposal to drive me to St. Walburg and to show me around afterwards. What luck to have these chauffeurs at hand, he and a Parisian from Ménilmontant who arrived in Canada in 1905, and his wife, a Bretonne, who came only recently. She is sorry she can't be there the next morning to make us breakfast. Because of her job as school teacher in Edam, she has to leave at 8 a.m. and doesn't get back until 4 p.m. While expressing these regrets, she tells me not to worry about her husband preparing the meal in her place. I have no misgivings at all, since I am already familiar with his resourcefulness.

Of course Vicario first offers us an aperitif: whiskey, gin, Dubonnet. Thomas Nédélec has brought me over to Vicario's. We have an excellent meal: canned chicken (in jelly) which he raised himself, potatoes country style, ice cold milk or coffee with the cream jug alongside. For dessert, an enormous mouth-watering cake, with

---

[1]   See Preface, p. viii.
[2]   See Preface, p. viii.

liqueurs to finish off with. He tells us all about how he started out, when he was very young, trapping in the great North country. His own youth had scarcely prepared him for such a hard life. He had been a printer in Paris. But Vicario had always been a tough one. In a lively and interesting fashion he tells us some of his adventures. His eyes twinkle mischievously at the amusing parts. I regret not having a tape recorder to get down everything he says. A newspaper reporter could have made a sensational story out of it.

Vicario came to Canada in 1902 and took a job as hired man in Manitoba. During the summer he did everything imaginable. In winter he left with a fishing company for Hudson Bay. Two or three years later he went to Saskatchewan, where he did ice-fishing with the Nédélecs.

He's over seventy, still husky, and in very good shape in spite of an accident to his hip which forces him to get around with crutches. However, that doesn't stop him from driving his car — or even from gardening. All his life he's been a glutton for work, never taking enough time to eat and sleep. He once harnessed eighteen oxen abreast to a plough — an achievement unique in the annals of Canadian agriculture. People came from a long way off to see this curious feat of harnessing, and to take pictures. A large photographic reproduction, suitably placed, bears witness to this exploit. He hires someone to work his land for him since he has no children and is unable to work it himself. He lives in a pretty cottage in Edam. Edam was head of the railway line in my time. That's where I used to go for my supplies, halfway to Battleford, and where I used to haul my grain to the elevator. There was only a general store, a bank to cash the grain cheques, a lumberyard, and a blacksmith shop.

In the evening at dinner I meet Mme Vicario. She's from Brittany, and she's very likeable, intelligent and refined. Her home is thoroughly modern, with every desirable comfort: a combined electric and oil stove in the kitchen, central heating, electric heating, refrigerator and a freezer to keep vegetables those months when they aren't to be had.

Vicario is to come and pick me up at Nédélec's tomorrow in his car and take me to see my old friends. Afterwards he'll drive me to St. Walburg, the area where I used to live as gentleman farmer. My really enchanting trip continues very pleasantly, thanks to these benevolent people who drive me around.

We call on Malhomme, a Frenchman from Chaise-Dieu (Hte Loire) whom I used to know very well at Bourret the rancher's place. He's really up-to-date — beautiful house, luxuriously furnished inside, big barns, everything freshly painted, with many granaries and lots of agricultural machinery all around.

They pass a bottle of beer to everyone present, politely bringing me a glass as well. Following the example of the others, I drink it right out of the bottle Canadian style to show them that I haven't completely forgotten the ways of the country.

From there we go to Sévère Blaquière's place. He's from Aveyron and lives along the big North Saskatchewan River. It appears to me that he has done very well, for he is the owner of several thousand acres, with many purebred cattle, as well as the most up-to-date agricultural equipment. Vast fields are ploughed and in crop. Great stretches of prairie and woods are fenced in along the river where large herds of purebred cattle are peacefully grazing.

I can now explain how the owners of these big farms were able to expand so rapidly. When settling began, some of the less careful farmers became debt-ridden, thanks to the easy credit, and they either couldn't or wouldn't pay their taxes to the municipalities. The municipalities seized the land and sold it again for the amount of the unpaid taxes, oftentimes a ridiculously low figure. And so a good number of farmers bought adjoining land for a few hundred dollars, perhaps at a tenth of the real value. Misfortune for one was good fortune for the other.

Since Vicario is to drive me to St. Walburg tomorrow, I say good-bye to all these good friends — but only temporarily, as I'm to see them all again before I leave for the States. This will be after a long stay with the Larres and Sergents, my old neighbours.

I don't know whether Mme Larre is living on the farm or in the village, so we immediately go to the town, where I know that two of her sons have a big store. At the Larre Brothers General Store I run into Henri Bonnet, who has retired and who has turned his farm over to his children. He invites us all to have dinner with him. Mme Bonnet, who wasn't married back then, has no trouble remembering me. As for Henri, he recalls how we set up camp in the snow one night and how it caught fire.

Right after dinner, Vicario drives me out to Mme Larre's farm, which we passed earlier in the day. She has been expecting me from one day to the next because I've been in touch with them by telephone. There, too, the welcome is warm, all the more so because I've brought them news of the brother-in-law who lived in Canada for ten years with his brother, the late Petit-Baptiste. Bernard retired to Hasparren, near Bayonne, and I see him twice a year when I go to the Basque coast.

Mme Larre and several sons look after the property — some of them do the farming, and the others look after six or seven hundred head of cattle. She has had thirteen children, twelve of whom are living, and forty grandchildren. Her husband, Petit-Baptiste, still wasn't married when I left in 1914, and he died in 1932. There are so many of these Larres that I can't remember which are which. I'd need a camera in my brain to make order out of this confusion once and for all.

Here I meet again my old friend Grialou, now 87 years old, retired and living with the Larres. He receives a pension of $75 a month ($35,000 A.F.) from the government. In Canada all the old people receive a pension when they reach the age of 75. Just as in the old days, he doesn't say much, but he never takes his eyes off me. In winter he used to come and stay with me because he didn't have a homesteader's shack of his own. A really decent fellow all around.

With mechanization, horses have almost disappeared. There are only a few of them left — for rodeos, which are always very popular. Nevertheless I was still able to admire a few flesh-and-blood cowboys, with the creased wide-brimmed hat, fringed leather jacket, and the embroidered high-heeled cowboy boots with silver rowelled spurs. One of the sons shows me around the property with the truck, driving across seeded fields. We cross large fenced-in enclosures where numerous cattle are quietly browsing. After that he saddles a beautiful well-trained pure-blood Arabian three-year-old. It would bend one or the other front leg at a motion from his whip, strut around like a real circus horse, or lie on its side, head and neck stretched out on the ground.

I left the manuscript of my memoirs of Canada, illustrated with photographs, in the dining room. When visitors come, they show them these documents where some of the old people recognize themselves when they were much younger. In those days I was just about the only one to own a camera.

I also have to show them my fishing equipment, my box of artificial flies, my lures, my reels. As for fly-casting, they don't know there is such a thing. I have to give them a demonstration on the open terrace. They are flabbergasted that an artificial fly can be sent out 15 to 20 metres without the help of a lead weight.

Unlike in the old days when there weren't any fisherman — none, at least, who used a line — there are now a good number of them. But here there are many more fish than there are fishermen, because fishing here is strictly regulated and watched. The regulations are very strict as to size, number, and the weight of the fish you can keep. Unless you have a special professional permit, you can't sell the fish you've caught. No one would take it into his head to break these rules, or to fish without a licence. In all things, the Canadians strictly comply with the laws, with driving regulations, and they do this without criticizing or grumbling as we do in France. In the West, maintenance of order is in the hands of the Royal Mounted Police, who with their bearing and their bright red uniforms are certainly impressive. There's no joking with them if you step out of line!

Alas, My Buildings...

Henri Bonnet drives me up to my old homestead, and along with us are Mme Larre and her parents, who lived on the homestead next to mine. I am impatient to see that spot again. It takes us a good while to find it, by way of new gravelled roads. They are even wider than our national highways in France. Bonnet claims that my house was in the middle of Paradise butte. I reply, categorically, "No, down below." True, he hadn't been out of the country; but as for me, I had *lived there* for three years. We look around for quite a while without any luck.

He suggests taking me to my old neighbour Besteland's farm, and I agree. From there I'm bound to be able to locate the site, because from my place I could see his house perfectly. A half a mile away we find what's left of Besteland's house. At the foot of the butte I catch sight of buildings in ruins and I cry out, "There it is, I'm sure of it." We retrace our steps. The woods have grown over a corner of my farm, very close to the road we drove over a while before without seeing anything. Through the encroaching brush I find my old road again. Mme Larre is amazed at my memory. It's just my old Indian sense of direction coming back.

I examine these old buildings which I'd seen from a distance. The logs were squared off with an axe and the corners dove-tailed, whereas I never squared off mine nor put them together that way. I must admit I'm quite perplexed. My house built of lumber must have been moved, transported elsewhere. In this country, houses travel like the people do, and sometimes quite far. My friends tell me that about twenty years ago a big prairie fire devastated this area. My buildings must have fallen prey to the flames. I am a bit disappointed at finding no trace of any of my buildings, despite their number and size.

While strolling around I suddenly discover a hole hidden by the brush with planks that have given away inside. Immediately I recognize that that was where my well used to be. Alongside, I find a trench partly filled-in which would correspond to the cellar of the house. Now there's no doubt. And so, without hesitation, I can figure out to within a metre the site of all the buildings — the house, store, granary, stable, and even the garden plot now overgrown with brush and brambles.

It is a moving experience to see this corner again where I spent three years working so hard when I was young. A field of 30 or 40 hectares in one piece, which I had ploughed, was still under cultivation, but now in stubble. If I had been alone, I would have stayed here for hours, dreaming and thinking. I would have liked to find this area less changed — more as I had left it. But that would have been asking too much, alas!

DATE DUE
DATE DE RETOUR